全図解 メーカーの仕事

需要予測
商品開発
在庫管理
生産管理
ロジスティクス
のしくみ

著
山口雄大
行本顕
泉啓介
小

ダイヤモンド社

はじめに

「メーカー」と聞いて、皆さんはどんなイメージをおもちでしょうか？

自動車、食品、家電……などの商材が、パッと思い浮かぶかもしれません。そうしたモノやサービスを作り、世の中を便利・快適にする製造業を「メーカー」とよびます。

ちなみに、英語では製造業を「Manufacturer」とよぶので、「メーカー（Maker：創造主）」は国内でのみ通用する造語です。ただ日本ではよく耳にする身近な言葉ですし、本書のタイトルにも使わせてもらいました。その「メーカーのビジネス」の構造と課題を、本書ではわかりやすく説明していきます。

本書を手に取ってくださる読者には、メーカーですでに働いているビジネスパーソンや、将来メーカーで働きたいと就職活動中の学生の皆さん、あるいはメーカーと取引・仕事をするようになった異業種の方などがいらっしゃると思います。そうした皆さんに、外資も含め現役の実務家４名から、次のような点についてお伝えしていきます。

- 「メーカー」とよばれる業種と特徴
- メーカーがもつ機能とビジネスのしくみ
- メーカーのビジネスを取り巻く課題
- 必須キーワードと最新トピック

振り返れば、高度成長期におけるメーカーでは「良いものを作れば売れる」という考え方が主流でした。生み出した商品・サービスを、広告やその他マーケティング・プロモーションによって広く伝えることで、どんどん売れた時代でした。

皆さんの中にも、「メーカーのビジネス」というと、主にその商品開発やマーケティング・プロモーションを思い浮かべる方がいらっしゃるかもしれません。しかし近年では、良い製品・サービス作り、その価値を斬新なプロモーションで伝えることだけでは、顧客の満足を得られなくなりました。

では、何が必要でしょうか？

それは、「製品・サービスと情報の流れを管理し、顧客の望むタイミングでそれを届ける」ことです。え！　そんな当たり前のこと!?　と驚かれるでしょうか。たしかに、顧客の立場で考えれば、ウェブサイトで1クリックして商品を注文すれば、数日内に商品が届くのは当たり前の世の中です。しかし、それをきちんとメーカー側に収益の上がる形で、コストと成果のバランスを調整しつつ実現できるかが、腕の見せ所なのです。

というのも、メーカーのライバルは、なにも同業のメーカーだけとは限りません。昨今では、あらゆる商材を取り扱って消費者と直接つながっている「アマゾン脅威論」が、さまざまな業界で語られています。メーカーが収益力を維持・向上させるうえで、魅力的な製品・サービスづくりと同じぐらい、それを顧客に届けるしくみの構築が不可欠なのです。新商品が顧客に受け入れられるか、を予想するのは難しいことですが、それを間違いなく顧客に届けるしくみについては科学的に検証・改善しつつ、日進月歩で進歩している分野でもあります。

本書では、そうした「メーカーのビジネス」について「顧客ニーズ」「商品開発」「製造」「サービスとコスト」「物流」と全5部に分けて説明していきます。

皆さんが本書でメーカーのビジネスに少しでも興味をもち、その本質をつかみ、今後の就職や仕事の参考になれば幸いです。

全図解 メーカーの仕事

目次

はじめに　i

序章　メーカーの全体像

1 メーカーの種類　2
2 メーカービジネスの ものと情報の流れ　4
3 バリューチェーンとメーカーの組織　8
4 さまざまな業界にあるバックオフィス　11
本書の構成と各部のメイントピック　15

第1部　顧客のニーズをつかむ

1章　顧客のニーズを予測する

1 顧客ニーズと売り上げ　20

2 顧客心理と商品供給の時間のギャップ 22
3 需要予測の位置づけ 24
4 在庫量と経営の関係 27

2章 需要予測の準備

1 ビジネス需要予測で知っておくべきこと 30
2 代表的な需要予測モデルの概要 32
3 さまざまな予測精度の測り方 35
4 何のために予測精度を測るのか 37

3章 需要予測が生むビジネス価値

1 需要予測の二つの価値 40
2 市場を解釈するインテリジェンス機能 42
3 BtoBとBtoCの需要予測 44
4 需要予測のデジタルトランスフォーメーション 47

第1部の内容についてより詳しく学びたい方のために 49

第2部 商品を企画する

4章 商品を生み出す思考

1 商品開発の四つの原則 52
2 マイルストーンとなる四つのステージ 54
3 チームを導くアクティビティマップ 56
4 魅力的な商品を生む10のスキル 58

5章 商品を生み出すアクション

1 チャンスを定義する 62
2 アイデアを具体化する 64
3 ディテールを設計する 66
4 最高の商品のための改良 68
5 商品の価値を伝える 70

6章 新商品はどれくらい売れるのか
1 新商品の需要予測手法 74
2 予測モデルとナレッジマネジメント 78
3 気をつけたい認知バイアス 80
4 消費者心理の変化とマーケティング 82
第2部の内容についてより詳しく学びたい方のために 84

第3部 商品を作る

7章 どの商品から作るのか
1 メーカーにおける工場の役割 88
2 工場のものづくりを支えるさまざまな仕事 90
3 100万ドルの計算機が支える生産管理の仕事 92
4 どの商品を何個作ればよいのか 94

8章 ものづくりを支えるさまざまな仕事
1 製造課の仕事と製造工程 98
2 生産技術課と工程設計・管理 100
3 購買課の仕事と調達リスク 103
4 メイド・イン・ジャパン神話 105

9章 ものづくりのリスク対応
1 なぜメーカーは「売れないもの」を作ってしまうのか 108
2 メーカービジネスの前提となる「不確実さ」 111
3 メーカーのリスクマネジメント 113
4 リスクはどこからやってくるのか 115

10章 メーカーが利益を上げるしくみ
1 利益を上げるための二つの方法 118
2 製造原価の中身と計算方法 119
3 メーカーの成績表 121

4 経営指標としてのROIC 125

第3部の内容についてより詳しく学びたい方のために 131

第4部 顧客サービスとコスト

11章 在庫が多いとなぜ問題なのか

1 在庫の種類 134
2 在庫の役割 136
3 在庫を計画する 138
4 在庫と顧客サービス 143
5 在庫とコスト 146

12章 在庫管理をやってみよう

1 どこで在庫をもつか 150
2 商品のランク分け 155

3 商品の一生 157
4 デマンドプランナーが考える在庫計画 160

13章 メーカー内の情報コミュニケーション
——S&OP入門——

1 S&OPとは 164
2 S&OP会議で決められること 166
3 S&OPの基本的な流れ 168
4 S&OPの管理指標（KPI） 170

14章 メーカーの組織マネジメント

1 ビジネスモデルとサプライチェーン戦略 174
2 組織の権限と責任 178
3 企業間の連携と分業 180
4 CSR、SDGs、ESG投資 183

第4部の内容についてより詳しく学びたい方のために 186

第5部 顧客に届ける物流

15章 顧客に届いて売り上げになる

1 なぜ物流が重要なのか 190
2 産業革命と物流の歴史 192
3 物流活動に期待される役割 194
4 物流を利益源と考える 197

16章 メーカービジネスにおける物流問題

1 物流環境の変化 200
2 ラストワンマイルの問題 202
3 メーカーが物流を把握する三つのレベル 204
4 物流の評価指標 206
5 物流会計 210

17章 消費者が変わり、物流も変わる
1 流通革新 214
2 進化する情報管理 217
3 ビジネス事例研究①【ZARA】 220
4 ビジネス事例研究②【アマゾンVSウォルマート】 222

18章 物流の進化でメーカーのビジネスが変わる
1 リバース・ロジスティクス 226
2 フィジカル・インターネット（PI） 228
3 πコンテナ 231
4 物流のDX 233

第5部の内容についてより詳しく学びたい方のために 236

おわりに 238
索引 245
参考文献 251
各部の執筆を担当した実務家 253

序章

メーカーの
全体像

1 メーカーの種類

さまざまな製造業

「メーカー」とは「製造業」を指します。扱うもの（商材）は、日常生活でなじみのあるものから想像が難しいものまで、非常に多くの種類があります。総務省「**日本標準産業分類**」[1]を参照すると（製造業の中分類の抜粋が図0－1）、食料品、飲料・たばこ・飼料のほか、石油・石炭製品や生産用機械器具など、さまざまあることがわかります。

　商材が異なれば、商品の大きさや重さのほか、材料や部品の数も多岐にわたります。そのため、作るのにかかる時間や保管の仕方、輸送手段なども多様です。

　例えば食料品は多くの場合、消費期限があり、長期間の保管が難しい商材です。この点、例えば筆記用具であれば、長い間保管しておいても使えなくなることは基本的にありません。

　また、食料品は一般に、自動車などと比べると小さいため、一度で大量に輸送できます。しかし**単価**（1品当たりの価格）が比較的安いため、高価な化粧品などと比べると輸送効率が悪くなります。段ボール1箱分のカップラーメンを運んでも、その中の商品が生み出す売り上げは数千円程度ですが、それよりも少し小さいサイズの化粧水は1本1万円で売られるものもあり、段ボール1箱で何十万円もの価値になります。

扱う商材とビジネス

　このように、メーカーはさまざまな商材の特性を踏まえてビジネスのあり方を考えています。一例として、新製品が中心のビジネスか、**定番品**（ある程度長い期間売れ続けるもの）が中心のビジネスか、という商品寿命の長さと、単価が1万円を超える製品が多いか、数百円程度のものが多いか、という価格帯とで、いくつかの業界を整理したマトリクスを図0－2で示します。

　新製品の売上構成比が大きいアパレルメーカーでは、常にトレンドを捉えた魅力的な新製品を開発できる組織能力が重要となります。一方、安定した

図0-1｜日本標準産業分類の製造業項目

大分類	E	製造業		
中分類	09	食料品	21	窯業・土石製品
	10	飲料・たばこ・飼料	22	鉄鋼業
	11	繊維工業	23	非鉄金属
	12	木材・木製品	24	金属製品
	13	家具・装備品	25	はん用機械器具
	14	パルプ・紙・紙加工品	26	生産用機械器具
	15	印刷・同関連業	27	業務用機械器具
	16	化学工業	28	電子部品・デバイス・電子回路
	17	石油製品・石炭製品	29	電気機械器具
	18	プラスチック製品	30	情報通信機械器具
	19	ゴム製品	31	輸送用機械器具
	20	なめし革・同製品・毛皮	32	その他

図0-2｜新製品・定番品×価格帯での業界マトリクス整理

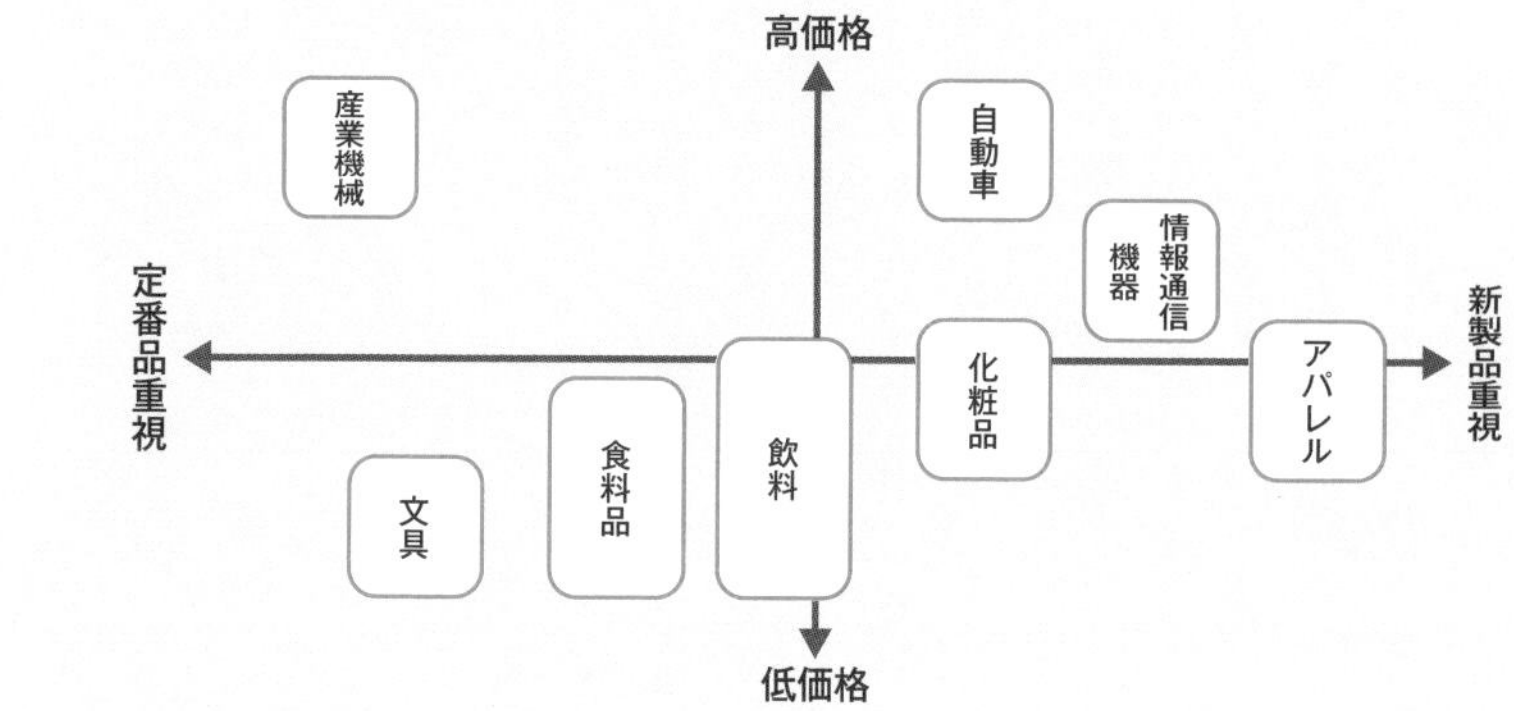

需要がある文房具メーカーでは、長期的な原材料の確保や安定した製造に注力することが重要となります。また、口紅1本で数千円以上するような化粧品では、輸送費の高い航空機で運んでも利益を確保できますが、同じようなサイズでも数百円の付箋のような文具では、航空機での輸送はコスト高になりすぎます。

もちろん、同じ業界の中でも特徴が異なる商材を扱っている、あるいは一つのメーカー内でもそれに合わせてビジネスを変えている場合も多くあります。重要なのは、「商材の特徴を踏まえ、ビジネスをデザインする」ことです。

一方で、製品やサービスを通じてなんらかの便益《ベネフィット》を消費者へ提供するために、「商品を開発し、製造して、届けるというビジネス構造」は基本的に共通です。そのため、ビジネスを推進する組織の設計や、人材が持つスキルにおける共通点も明らかに多いといえるでしょう。

2 メーカービジネスのものと情報の流れ

多くの人が関わるメーカービジネス

メーカーのビジネスは単純化すると、価値のある「もの」を作って顧客に届けることです。メーカーは物質ではない「サービス」も作り出しており、これらを包括した概念が「商品」です（詳細は4章1項。本書で「もの」という表現を用いる場合は原則としてこれら両方を含みます）。

商品を作る過程には、多くの企業や人が関わっています。各領域のプロフェッショナルが役割分担することで、それぞれの専門性を高め、協力し合うことでビジネスを効率的に推進しているのです。

メーカービジネスを支える機能はさまざまあります。

- 役割や価値
- 具体的な業務内容
- 世界の研究成果
- 現実に直面している課題
- 現場でのプロフェッショナルの試行錯誤

本書では、これらについて各領域の現役プロフェッショナルがお伝えしますが、その前に全体像を示しておきます。全体像を把握したうえで、各機能について知ることで、そのダイナミックな連携を想像できるはずで、それこそがメーカービジネスだからです。

ちなみに本書では、混同しやすい「製品」と「商品」という言葉を、あえて区別して表記しています。「製品」は生産者の目線、「商品」は販売者や消費者の目線で捉えたよび名です。ビジネスの現場でもこれらは同じものを指す言葉として使われていますが、販売に近いところでは「商品」、生産に近いところでは「製品」とよばれる傾向があります。

原材料から完成品までのものの流れ

メーカービジネスにおけるものの流れにおいて最初に登場するのは、原材料を製造する企業群です（図0−3）。

完成品（消費者が利用するもの）を製

図0-3｜メーカービジネスにおけるものの流れ

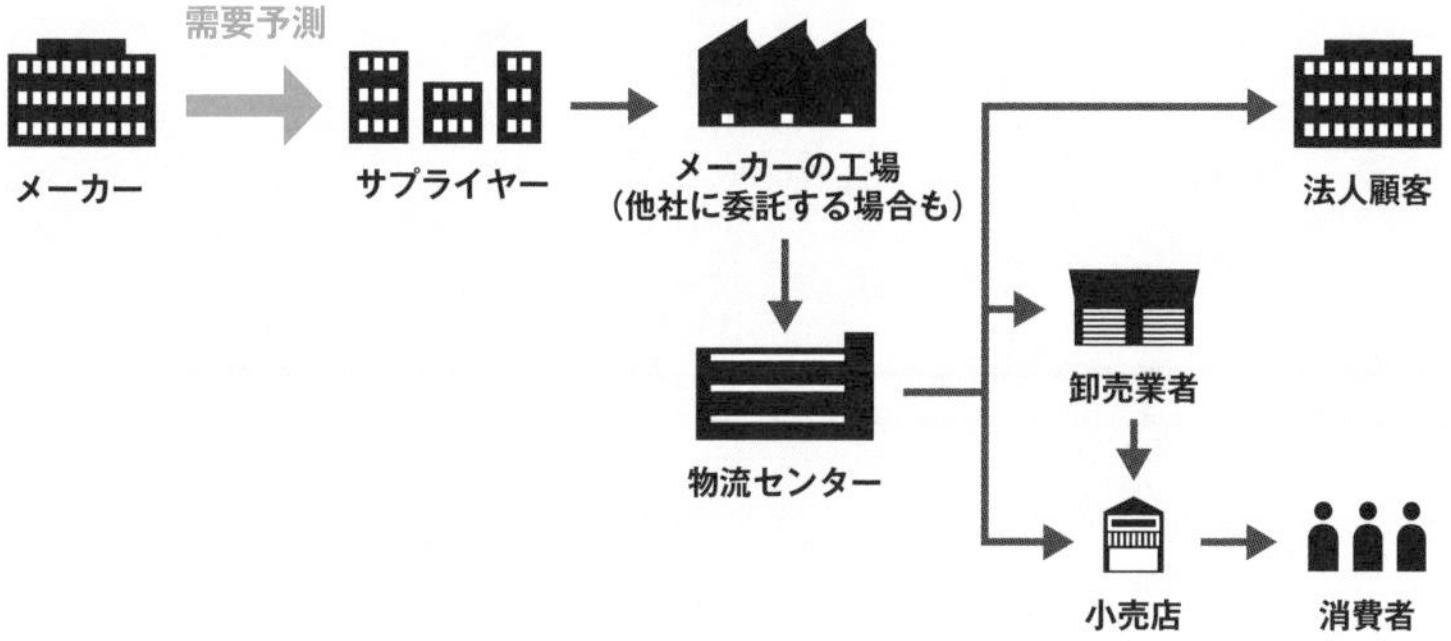

造するメーカーからすると、**サプライヤー**とよばれます。多くの場合、一つの完成品を構成する原材料は複数あり、メーカーが扱う製品も1種類ではないため、メーカーは複数のサプライヤーと取引をしています。

サプライヤー各社で作られた原材料はメーカーの工場に納品され、そこで製品が製造されます。自社工場をもたないメーカーは他社の工場で製造を行いますが、これは**OEM**（Original Equipment Manufacturer）生産とよばれます。

ここで作られる製品は**完成品**や**Finished Goods**などともよばれ、**原材料**や**仕掛品**《しかかりひん》（原材料と完成品の中間の状態のもの）などと区別されます。そしてこの完成品が物流センターで保管され、卸売業者や小売店からの発注を受け、商品として出荷されます。物流センターは商品を保管し、出荷する機能を担います。

商品の利用者である消費者は、リアル店舗であれウェブ上の店舗であれ、小売店から商品を購入します。幅広い小売店に流通させるネットワークをもつ卸売業者が介在することもありますが、インターネットの発達によって、メーカーが消費者へ直接販売するビジネスも増えてきています。

そして近年、消費者が使用した後の廃棄物についても、メーカーは考慮することが重要になってきています。これは、経済協力開発機構（OECD）が**拡大生産者責任**という、製品のライフサイクルのすべてにわたって生産者が責任をもつという概念を提唱し、[2]それに基づいて容器包装リサイクル法や自動車リサイクル法などが次々と制定されたことで、さまざまな業界のメーカーが意識を強めています。

廃棄しても地球に害を与えない製品設計、製造の過程で排出される二酸化炭素を減らす活動など、環境への影響についてさまざまな工程において考える必要があります。

消費者を起点とした情報の流れ

メーカービジネスにおいて、ものの流れと同じく重要な流れがもう一つあります。それは、「情報」です（図0-4）。メーカーがものを作り、顧客に届けるという前ページの全工程において、情報がもとになっているからです。

そしてこの情報の流れは大きく、「商品開発」と「商品供給」という2種類に整理できます。まずは商品開発について見ていきましょう。

メーカービジネスの起点となる情報は、商品を利用する消費者からの情報です。これは消費者が発信しているものとは限りません。消費者の購買行動や、消費者の心理も該当します。メーカーは直接的・間接的にそういった情報をさまざまなしくみで**センシング**（情報を取ること）し、それを商品開発に活用します（この手法やオペレーションについては第2部で詳説）。消費者にとって価値のある製品・サービスを開発しなければ売れません。また、そのニーズの規模を適切に把握できなければ、実際にどれくらいの量の製品を作ればよいか、サービス提供のための人や設備をどれくらい用意すればよいかがわかりません。

顧客のニーズを適切に把握し、それを満たす商品を設計できた後は、そのニーズの大きさを「**需要予測**」によって数字に変換します。この需要予測という定量的な情報をもとに、いつ何個作るか、といった「**生産計画**」が立案されます。このとき、すでに発売になっている商品であれば、その在庫が現時点でどれくらいあるのかも考慮しなければなりません。たくさん売れる商品であっても、今、手元に大量の在庫をもっている場合、短期的には生産する必要がないからです。この在庫の数も、メーカービジネスにとって非常に重要な情報といえるでしょう。在庫はメーカービジネスのサービスレベルとコストのバランスを調整する非常に重要な概念であり、これについては第4部でフォーカスします。

そしてこの生産計画をもとに、必要な原材料の量が計算されます。商品ごとに構成要素となる原材料の種類や量は異なりますが、ある商品Aに使われている原材料Xが、別の商品Bに使われているということもあり、どの商品にどの原材料がどれだけ使われているかを正確に管理することが重要です。この各種原材料の必要量が、メーカーからサプライヤーへ発注されます。

商品供給につながる情報の流れ

次は、商品供給のための情報です。消費者が小売店で商品を購入すると、小売店はメーカーや卸売業者へ、商品を補充するための発注を出します。この数量情報をもとに、メーカーや卸売業者は商品の出荷を手配します。卸売

図0-4｜メーカービジネスにおける情報の流れ

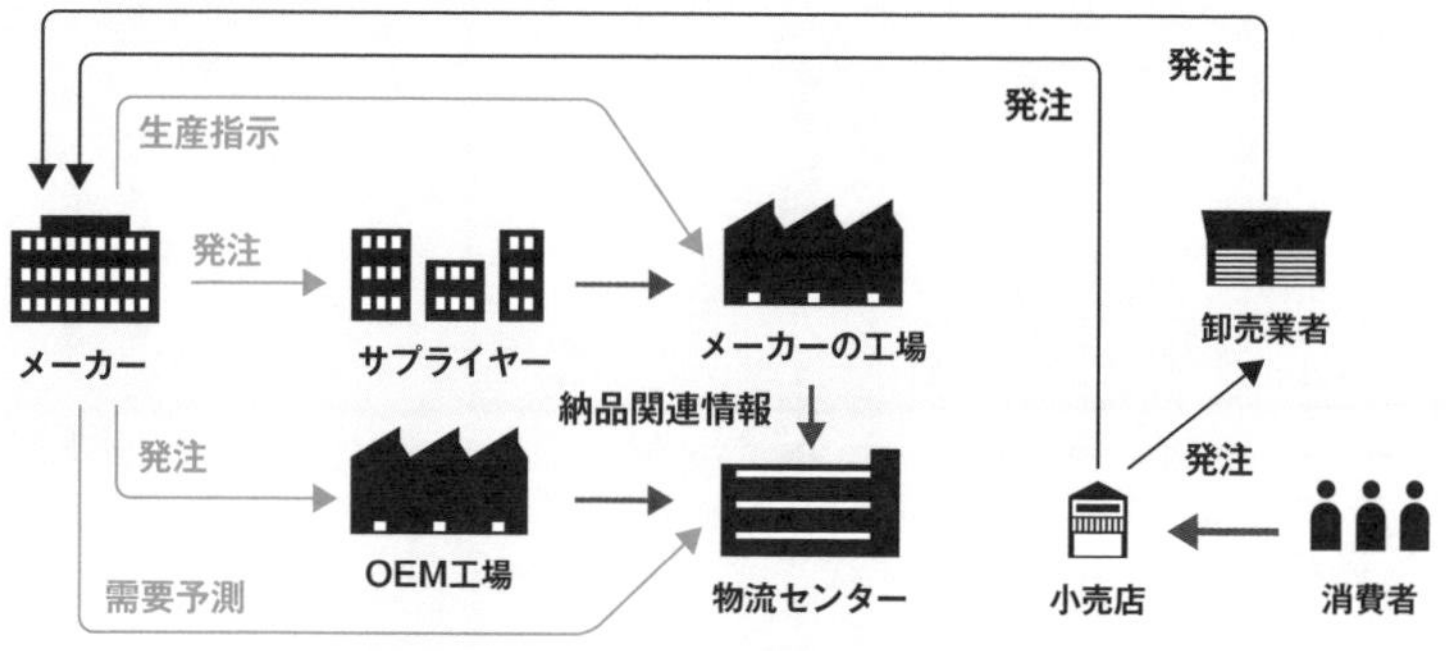

業者も自社が保有する在庫を考慮し、メーカーへ商品を発注します。つまり、消費者の購買数量が発注数として、小売店から卸売業者、メーカーへ伝わっていくわけです。

メーカーは、これに在庫で応えます。しかし、その生産には時間を要するため、原材料から手配していると数カ月はかかる場合がほとんどです。加えて、商品の出荷にはそれを行うための人や、商品を運ぶトラックなども必要になります。これらは急には準備できないため、発注が入るより前に、その規模を想定して用意しておかなければなりません。小売店や卸売業者からの発注、もしくは消費者の購買に対し、どこまで準備しておくかも、メーカービジネスでは重要な意思決定ポイントになります。これについては12章で説明します。

これらはあくまでも基本的な情報の流れであり、実際にはサプライヤーから原材料生産の制約数が提示されることもありますし、メーカーの工場から同様の制約が提示されることもあります。また、小売店から特売のための大量発注が入ることもあります。必ずしも消費者を起点とした情報ばかりではありませんが、消費者を起点とした情報が商品開発と商品供給という二つの大きな流れでメーカービジネスを動かしていることは事実でしょう。

3 バリューチェーンとメーカーの組織

バリューチェーンとは

ビジネス規模（売上規模）や業界、企業ごとの戦略によって、組織の設計はさまざまです。またビジネス環境の変化に合わせ、組織は常に変化し続けている、といっても過言ではありません。実際、筆者らも毎年のように大小の組織変更を経験しています。

一方で、どんなメーカーも**バリューチェーン**（Value Chain：価値連鎖）に沿って顧客へ価値を提供するという構造は同じであり、それを支える組織の役割分担には多くの共通点があります。

バリューチェーンという言葉は、メーカーのビジネスを知るうえで不可欠です。製造業のオペレーションに関する用語や定義についてグローバルで標準化を推進している**ASCM／APICS**という団体では、バリューチェーンを次のように定義しています。[3]

■**バリューチェーン**：
企業が消費者に販売し、支払いを受け取る商品やサービスの価値を増大する企業内の機能。
（『サプライチェーンマネジメント辞典　APICSディクショナリー第16版』）

つまり、メーカーが製品やサービスといった新しい価値を生み出し、それを伝達するとともに、顧客に安定的に届け、なにか問題があった時にはすぐに対応して価値を守る、といった一連の流れを指します。バリューチェーンは、**図0-5**のようにさまざまな機能が連携することによって構成されており、各機能は専門的な組織によって遂行されます。

バリューチェーンを支える社内の機能

顧客のニーズに応える製品・サービスは、マーケティングを担う部門によって開発されますが、新しい価値を提供するためには、新しい知見や技術が必要です。それを生み出すのは研究開発部門であり、製品・サービス開発を直接の目的としない基礎研究を継続す

図0-5｜バリューチェーンとメーカーの組織機能

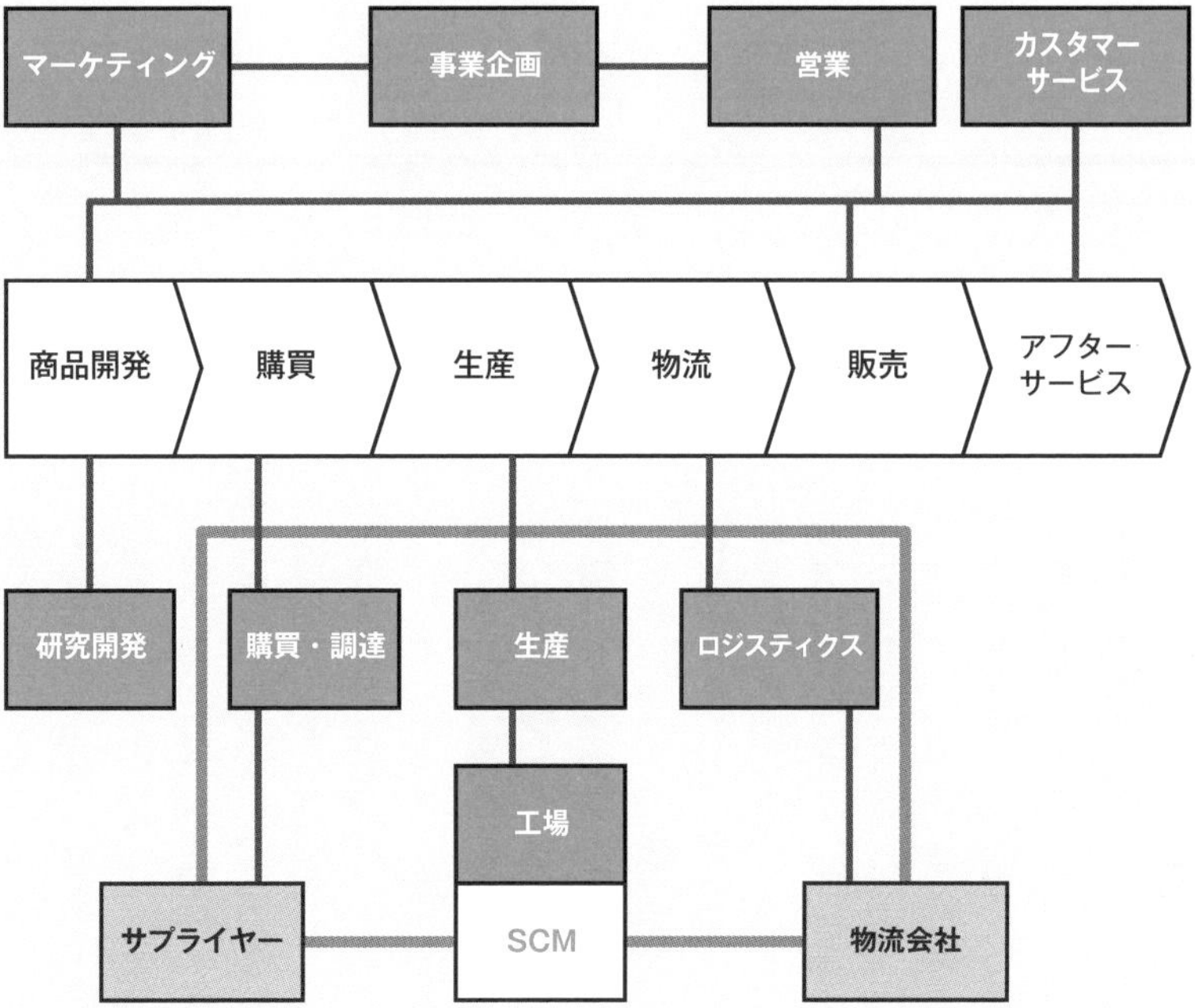

る中で蓄積されていきます。もちろん、あるニーズを満たすことを目的に研究が行われることもありますが、研究には長い期間を要することも多く、常に長期的な目線で研究開発を続けることがメーカーの競争力につながります。

しかしアパレルメーカーでは、自社に研究開発部門をもたないことも多いです。よく見られるのは、洋服などの素材はテキスタイルメーカーが、縫製においても機器メーカーが研究・開発し、アパレルメーカーはそれを採用するといった構造です。つまり、これらの組み合わせで新しい価値を生み出していくことが、アパレルメーカーの一つの競争力といえるでしょう。

こうして設計された製品・サービスの原材料は、購買・調達部門によって手配されます。原材料の品質、価格、納期を購買・調達部門とマーケティング部門で確認し、取引を行うサプライヤーが決まります。

調達された原材料を使って、工場で

図0-6 | **バリューチェーンを支える後方支援部門**

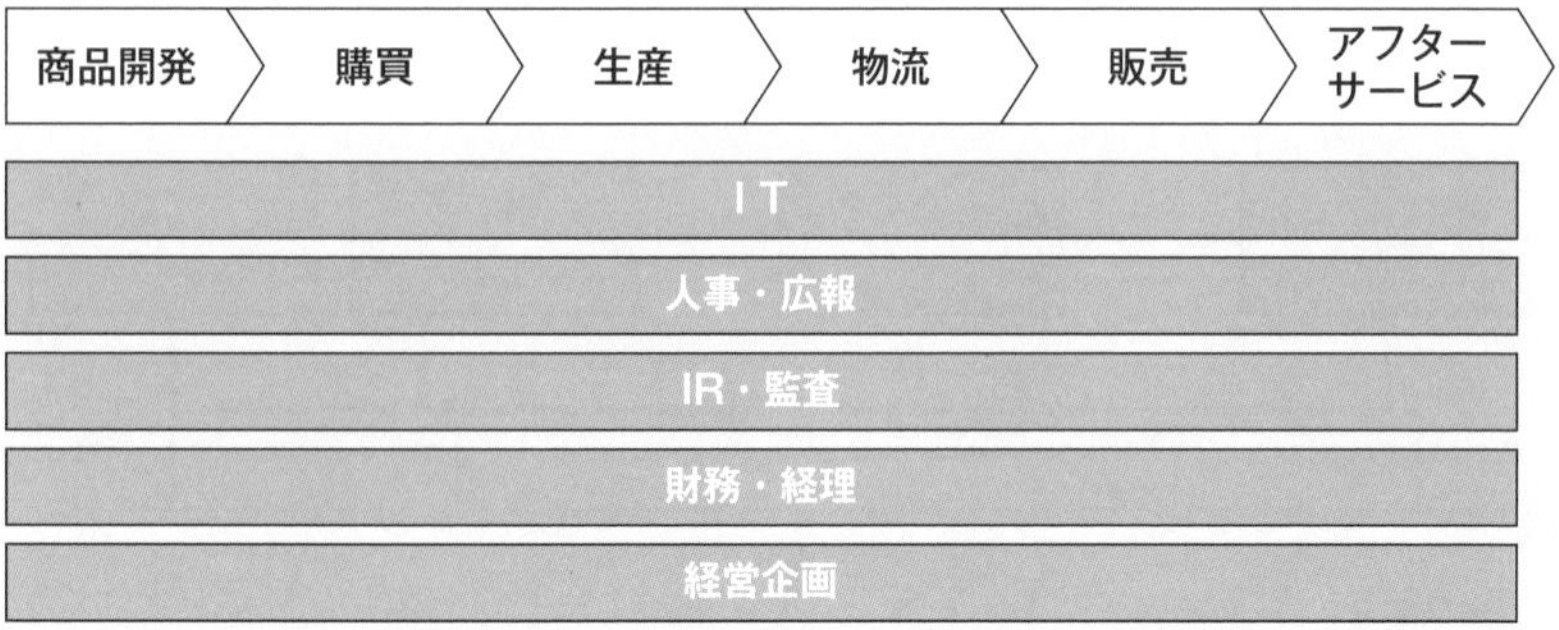

商品が製造されます。このとき、基準を満たす品質の商品を、安定的に、需要を十分に満たせる量を生産すること（量産化）が重要です。それは商品の設計とは別で、生産部門や工場が確認しなければなりません。これらの機能については第3部で詳しく解説します。

　量産された商品は、物流センターで保管され、小売店や卸売業者からの発注に合わせて出荷されますが、このオペレーションを担うのがロジスティクス部門です。実際に商品の配送は協力会社が行うこともありますが、この交渉や管理もロジスティクス部門の仕事です。近年の経営におけるロジスティクスの重要性については第5部でフォーカスします。

　メーカーにとっての顧客である小売店や卸売業者へ商品が出荷されると金銭のやりとりを伴うため、この取引を担当する営業部門があります。顧客や消費者からのクレーム、返品への対応や商品に関する問い合わせには、営業部門だけでなく、**カスタマーサービス**を専門的に担う部門が対応している場合もあります。

　さらに、これらのバリューチェーンを横断的に支えるIT、人事、広報、IR（Investor Relations）、監査、財務・経理といった後方支援部門（**バックオフィス**）、あるいはメーカーの目指す方向性を決定する経営企画部門などもあります（図0-6）。これらはメーカー特有のものではなく、他業界でも設置されています。本書はメーカービジネス固有の機能に焦点を当てていますので、これらの機能については次項で簡単に触れておきます。

4 さまざまな業界にあるバックオフィス

間接的にメーカーの仕事を支える部門

IT部門は、近年ではICT（Information and Communication Technology）ともよばれ、主に社内の情報処理に関する環境の構築と維持管理を担います。メーカーで取り扱われる情報は、多岐にわたります。例えば、従業員間のメールを用いたコミュニケーションや基幹システム内で処理される生産や販売の情報、そして製造の現場の設備から収集されているセンサー情報などがあります。これらの情報は、適切に伝達されることが望まれる一方、漏出を防ぐセキュリティも必要です。そのため、ICT部門はメーカーのビジネスを促進するための基幹システムなどのアプリケーションの選定・導入・維持管理と、これらを安全に運用するためのサーバやローカルエリアネットワーク（LAN）などの情報処理・通信インフラの構築・維持管理の両方を担っているのです。

人事部門は、採用や教育、評価、労務管理などを担います。人事権を握っていると勘違いされやすいですが、それは各部門のトップにある場合が多く、人事部門は組織運営を管理するほうといえるでしょう。

IR部門は、対外的、特に株主に向けた情報発信を担います。対外的な情報発信という意味では広報部門も同様ですが、企業に対するイメージのリスク管理といった守りの側面が比較的強い部門といえます。そのため、開示する情報の正確さや根拠を重視しますし、社外からの反応を想定し、表現などにもかなり注意を払います。

財務部門は、企業の経営資源のうち資金＝カネの「運用」を担当します。具体的な業務としては社内の各部門が活動するために必要な資金の分配計画の立案（予算編成）、銀行からの融資や社債発行など、さまざまな方法を用いた企業の活動資金の調達、および余剰資金の運用などが含まれます。

これに対して、経理（経営管理）部門は財務部門と同じく企業の経営資源の一つである資金の「管理」を担当します。その中心的な業務は、企業の活動に伴って生じた資金の動きや状態を整理する資料として**財務諸表**（決算書＝損益計算書・貸借対照表・キャッシュフロー計算書）を作成することです。通常これらの資料は毎月作成され、経営層および各執行部門が社内の諸活動の状況を把握しやすくするための数値資料として用いられますが、さらに四半期・年間を通じた活動の影響を加味したものについては、社内だけでなくさまざまな利害関係者にも、ＩＲ部門や株主総会を通じて開示されます。これらの業務は、それぞれ月次決算・四半期決算、本決算とよばれます。

経営企画部門は、企業がビジネスを行ううえでの経営資源の用い方についての企画を担当します。経営陣のスタッフとして「何のために活動するのか」「どのような活動をするのか」といった企業としてのミッションや方針（経営戦略・事業戦略）を起案し、これらを執行部門に提示する、いわば企業活動における軍師のような存在といえます。メーカービジネスにおいては、経営資源の配分に関する販売部門と生産部門の利害を調整する立場からＳ＆ＯＰ（13章参照）を主導する役割を担うこともあります。

クリエイティブ系の部門

アパレルや化粧品など、商品のデザインが重要になる業界では、それを専門とするクリエイティブ系の部門がある場合も多いです。商品そのもののデザインだけではなく、宣伝広告も同様であり、これは特に化粧品やバッグ、アクセサリーなどの嗜好品のブランディングに大きな影響があります。また一部の化粧品メーカーでは撮影のプロフェッショナルも採用しています。ただ、毎年の定期採用ではなく、そのタイミングに合うかは運次第ともいえます。

アパレル業界では、１９８０年代は商品のデザインを考えるデザイナーが花形でした。しかし商社がアパレルビジネスに参入し、トレンドを押さえつつのコスト競争が激しくなって、デザイナーの存在感が薄れました。一方で、商品を宣伝してくれるインフルエンサーの影響力が増しています。芸能人やユーチューバー、一般の人までインフルエンサーの動きは基本的にはメーカーがコントロールできないので、インフルエンサーに気に入ってもらえる魅力的な商品を作ることが重要になります。

価値の源泉を生み出す研究開発

本書では深くは踏み込みませんが、メーカーが生み出す価値の源泉の一つは、**研究開発**（R&D／Research & Development）部門にあります。メーカー経営者は「売上高や利益の何％を研究開発に投資している」といった情報を投資家に向けて発信することも多く、これが技術力や将来的な競争力

図0-7｜研究開発の種類とバランス

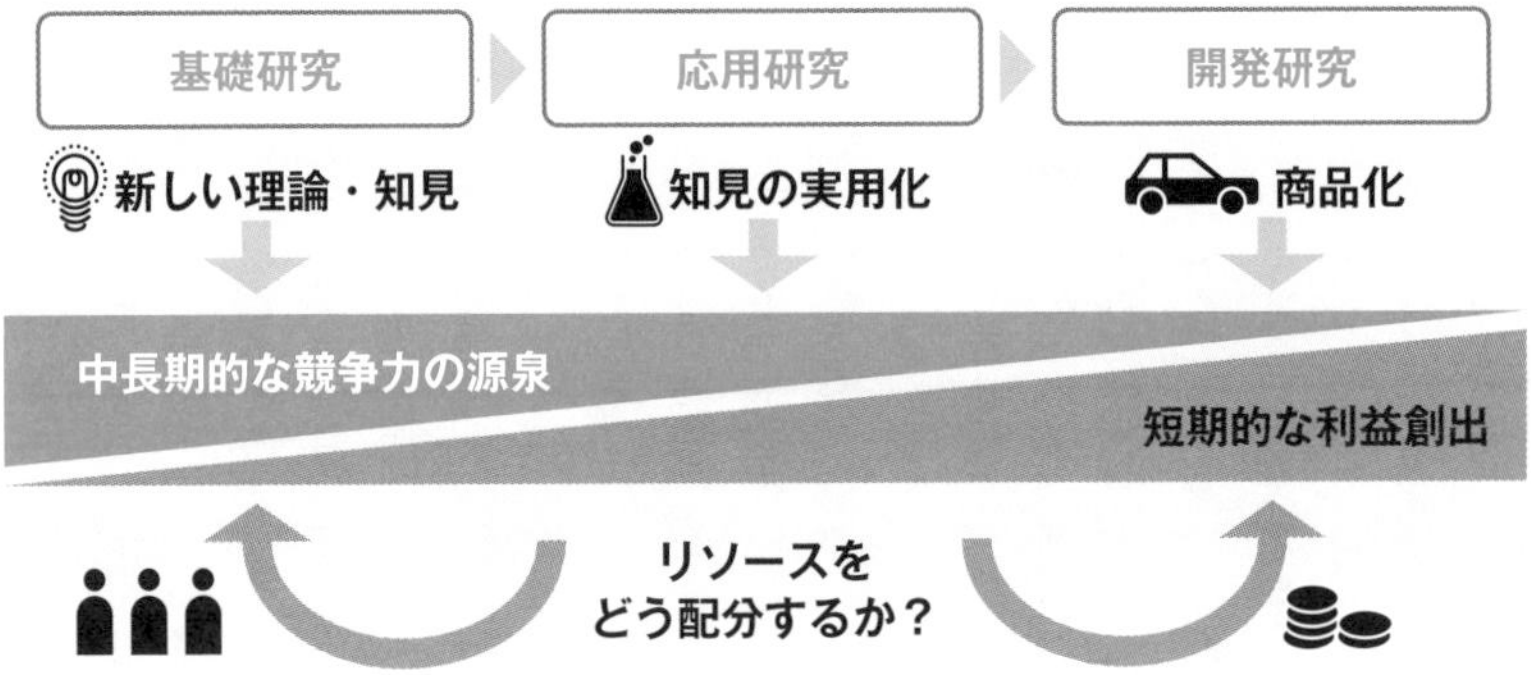

への自信と捉えられることもあります。

R&Dはさらに大きく三つに分けられ、直接商品化を目指さず新しい理論や知見を求める「**基礎研究**」と、そこから得られた知見の実用化を目指す「**応用研究**」、これらから新しい製品・サービスを生み出す「**開発研究**」があります（図0−7）[4]。基礎研究はその分野の新しい知見創出を目指し、中長期的な投資を必要とする領域です。そのため、営利企業の活動と合わない側面があり、大学などと協同研究を進める企業もあります。

この基礎研究と応用、開発研究のバランスは重要です。なぜなら、中長期的には応用、開発研究には基礎研究による知見が必要になる一方、短期的に利益を創出できるのは応用、開発研究だからです。短期的な利益を求め、基礎研究の予算を削れば、中長期的には新しい価値を生み出す、いわゆるイノベーションを生み出せる可能性を低くしてしまいます。日本（2015年）ではこれらのバランスは1：2：6程度であり、中国は1：2：17、フランスは1：1・5：1・5など、国によって大きく異なります[5]。

研究開発の具体的な中身は業界によってさまざまであり、公表されていないことがほとんどです。それは、研究知見は競合に対する商品の優位性の源泉となるからです。公表されるのは特許としてであり、模倣されたとしてもそれが明らかにわかる技術や知見のみです。模倣されてもそれを容易には特定できないと考えられる場合、メーカーはそれを秘匿発明として社内に保持します。

このように、研究開発については重要な部門であるものの、その具体的なオペレーションについて整理することは難しいため、本書では詳しく扱いません。研究開発に関する情報は、メーカー内でも新しいものは入手することが難しく、極めて重要な位置づけにあるといえるでしょう。

R&Dの変遷

メーカーのR&D機能は、ビジネスの競争力の源泉となるだけでなく、その国の経済的な競争力においても重要と考えられています。[6]特にBtoCの消費財メーカーなどでは、競合よりも良い品質のものを、より安く作ることがR&Dの目指すところになります。

そのためには、より適切に顧客のニーズを捉えることや、顧客がまだ気づいていない新しい価値を提供すること、アフターサービスやメンテナンスの対応など、商品に付加するサービスで差別化を図ることもあります。R&Dに基づくこうした商品やサービスのイノベーションが、海外のメーカーに対しても優位となれば、それは国の競争力につながるのです。

このR&Dのドライバーは、直近100年程度の間にも大きく変わってきました。20世紀中頃までは技術ドリブンのR&Dが主流であり、新しく開発された技術がイノベーションを駆動してきたといえます。その後、1960年代後半からは、市場ドリブンのR&Dが登場しました。消費者、顧客のニーズを捉え、それをR&Dで実現するというものです。

1970年代になると、先進国を中心に市場の成熟が進み、生産コストの削減とコントロールを通じたR&Dの合理化が進められました。

1980年代の終わり頃になると、技術ドリブンの供給と、市場ドリブンの需要のバランスをとることが求められるようになりました。これはもちろん、R&Dだけで進めることは難しく、マーケティングやサプライチェーン、カスタマーサービスなど、複数の部門横断で対応することが必要になります。

そして1990年代以降は、変化が加速する市場に対応するため、自社だけでなく、社外の知見も活用してR&Dを進めるオープンイノベーションが注目を浴びるようになりました。さまざまな専門性を備える外部の知見を活用することで、R&Dのスピードを加速させる目的からです。

ただ、すでに述べた通り、メーカーのR&Dは秘匿性が高く、技術流出の懸念がオープンイノベーションの一つのハードルになっています。

本書の構成と各部のメイントピック

機能間の連携で差がつくビジネス

ここまで、本書の導入部として、メーカービジネスの全体像について、もの、情報、価値の連鎖に沿って概要を述べてきました。ここからはメーカービジネスの軸となる重要な機能について、各領域のプロフェッショナルが解説していきます。

メーカービジネスにおいて、個々の専門機能のレベルを高めることは重要ですが、近年では企業の競争力の差は、むしろその機能間の連携にあるといってもいいでしょう。機能間の連携レベルを高めるためには、相互にそれぞれのミッションや課題を知るとともに、全体を横断的に考えるための知識やスキルが必要です。これからのメーカービジネスでは、そういった俯瞰的な視野をもつ人材がいっそう求められるでしょう。

本書の構成

第1部では、メーカービジネスの情報の原点ともいえる、「顧客のニーズを考える」機能を取り上げます。メーカーにとっての「顧客」とは、小売業や卸売業者であったり、消費者であったり、それらすべての場合もあります。

ニーズについて考えるポイントは、大きく二つです。

1. 何が（どんなニーズが）
2. 何個（どれくらい）求められるか

第1部ではまず、すでに販売されている商品がどれくらい求められているかを予測する機能にフォーカスします。続く第2部では、これから発売になる商品のニーズ、言い換えると「顧客のニーズを商品にする」機能について取り上げます。ニーズを満たす商品を開発する機能にフォーカスするとともに、そのニーズがどれくらい求められてい

図0-8 | ものの流れと本書のカバー領域

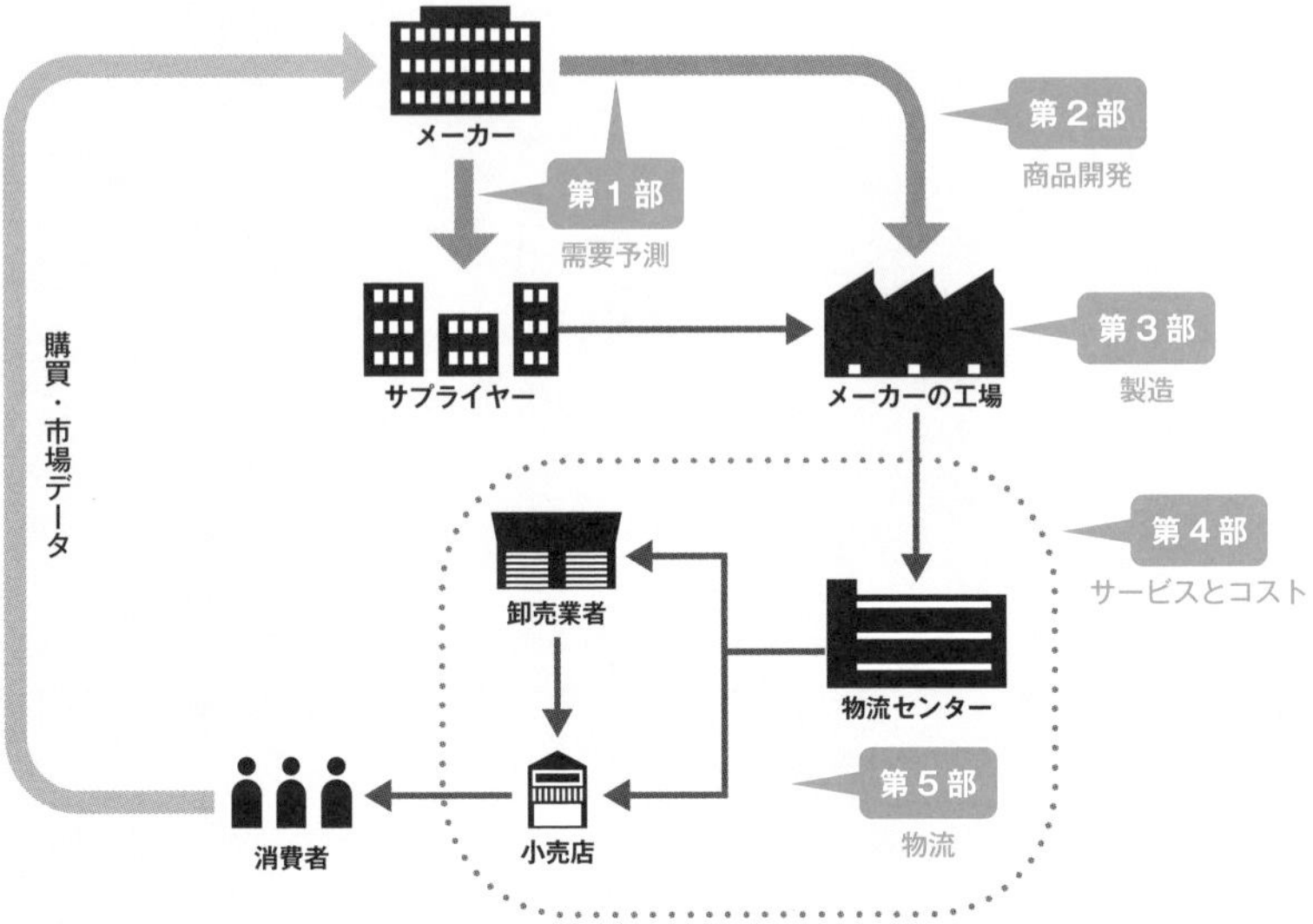

るか、より多くの顧客に求められるためにはどう考えればいいのかについて概説します。

第3部では、「商品を作る」機能を取り上げます。この機能は主に工場が担当しており、顧客のニーズや在庫に関する社内の意思決定に対して効果的・効率的に応えることがその中心的なミッションとなります。工場が商品を作るためには「作り切れない場合はどうするか」といったことについて判断する生産管理部門や、品質の管理や新しい技術の導入を判断する生産技術部門、さらに環境への配慮について検討する経営企画部門など、たくさんの部門がかかわっていることも見逃せません。

第4部は「顧客サービスとコスト」のバランスを考える際に重要な、在庫について取り上げます。在庫は少ないほどいいのですが、なくてはならない、という一見矛盾する特徴をもちます。在庫管理に関する書籍は数多く発売されていますが、実務を踏まえて解釈しないと、在庫をもつべきなのか、もたないほうがいいのかという間違った議論に向かってしまいます。答えはそのどちらでもなく、そのバランスにこそ意思決定のポイントがあります。

最後の第5部では、「顧客に商品を届ける」をテーマに物流を取り上げます。ドライバーを含め、労働人口の減少問題や、販売のECシフトが進む中で、ビジネスの多様性への物流対応がメーカーの競争力に大きく影響する時代になってきています。この領域は、アマゾンやウォルマートといったグローバルメガプレーヤーが強い領域でもあり、そういった強い競合のビジネスの変化についても知っておくことが重要です。

各領域のビジネスの最前線で試行錯誤するプロフェッショナルだからこそ伝えられるリアルから、メーカービジネスの本質を感じてください（図0-8）。

第1部

顧客のニーズをつかむ

1章

顧客のニーズを予測する

1 顧客ニーズと売り上げ

「ニーズ」とは?

ニーズとは何でしょうか。メーカービジネスにおいては「欲求が満たされていない度合い」を指します。

例えば、より多くの顧客が、より強く欲していれば、「ニーズが非常に大きい＝メーカーにとって売り上げのチャンスが大きい」ことになります。つまりメーカーにとっては、大きなニーズを察知できれば、金脈を探り当てたも同然です(参考:図1-1)。

具体例を挙げましょう。2017年、化粧品業界では目もとのしわを改善するクリームが流行しました。大手各社から相次いで目もとのしわ改善クリームが発売され、大ヒットとなりましたが、それまでに発売された類似機能をもつクリームとの大きな違いは、医薬部外品有効成分として国が認めた点でした。これをニーズという側面から解釈すると、多くの消費者は目もとのしわを改善したいと思っていたと同時に、それまでの化粧品の効果には不満をもっていて、科学的な根拠がある商品を待ち望んでいた、と考えられます。これをうまく捉えた商品を開発できたメーカーが、多くの消費者のニーズに応えることができたのです。

同様の事例は枚挙にいとまがありません。今も多くのビジネスシーンで使われている「ポスト・イット」は、失敗作から生まれたヒット商品であることをご存じでしょうか? 微妙にくっつく力が弱い接着剤ができてしまい、それを研究員が讃美歌集のしおりとして使うことをひらめいて商品化されたそうです。消費者すら気づいていなかったニーズを生み出した、といえるでしょう。

ニーズと需要

そして、このニーズにお金の観点が加わると**需要**(demand)という概念になります。いくら多くの顧客が望んでいても、容易に買えないほど高価であれば、みなが買えるわけではありません。つまり「ニーズは大きいけれど、需要は小さい」ということになり

図1-1｜さまざまなニーズを捉えたヒット商品

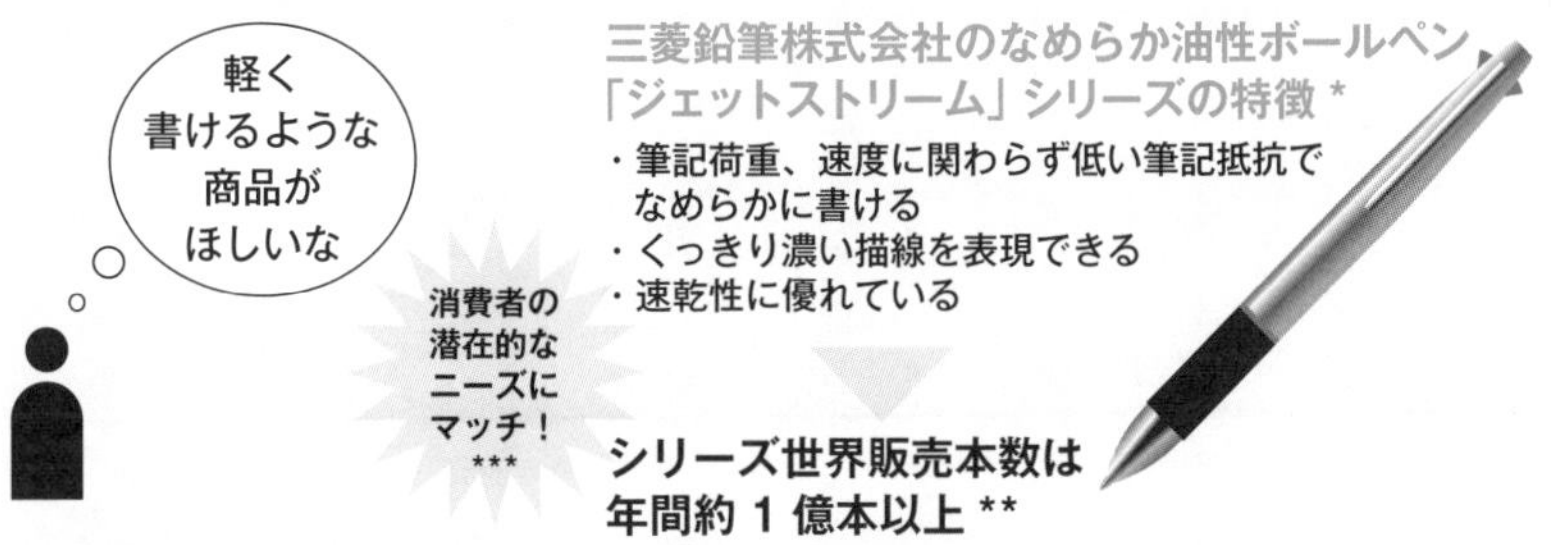
軽く
書けるような
商品が
ほしいな
消費者の
潜在的な
ニーズに
マッチ！
***
三菱鉛筆株式会社のなめらか油性ボールペン
「ジェットストリーム」シリーズの特徴 *
・筆記荷重、速度に関わらず低い筆記抵抗で
なめらかに書ける
・くっきり濃い描線を表現できる
・速乾性に優れている
シリーズ世界販売本数は
年間約 1 億本以上 **

* 三菱鉛筆株式会社ウェブサイト『商品情報』より https://www.mpuni.co.jp/products/ballpoint_pens/jetstream/jetstream2/4_1.html
** 三菱鉛筆株式会社プレスリリース 2020 年 11 月 10 日『JETSTREAM EDGE 3（ジェットストリーム　エッジ 3)』より https://www.mpuni.co.jp/news/20201110-36628.html
*** 日経 MJ. 日経 MJ ヒット塾 . 2017-07-31,002 ページ

図1-2｜価格と需要、利益の関係

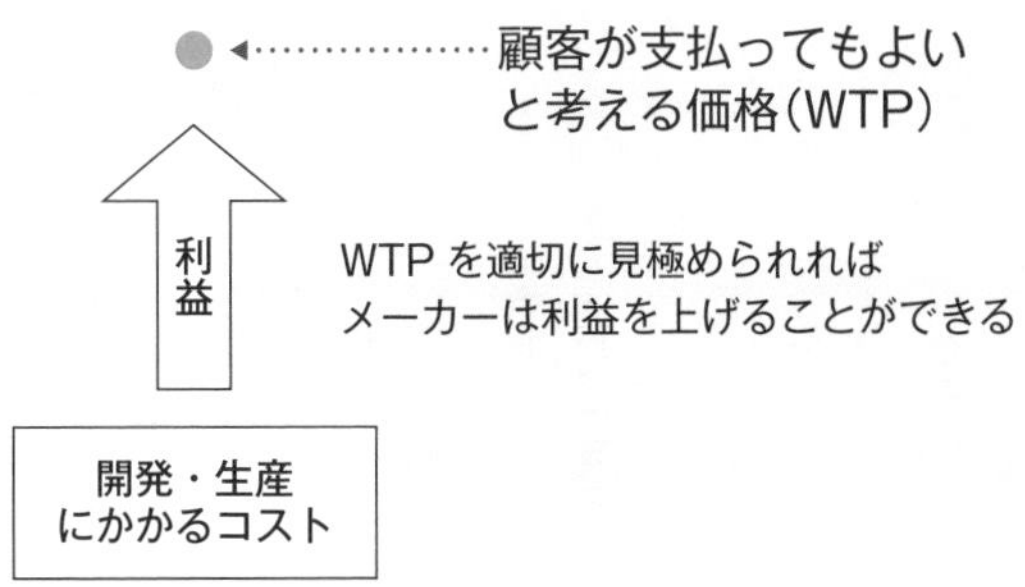
顧客が支払ってもよい
と考える価格(WTP)
利益
WTP を適切に見極められれば
メーカーは利益を上げることができる
開発・生産
にかかるコスト

ます。

あるニーズを満たす商品に対し、いくらまでなら顧客は納得して支払うか、という程度のことを**ＷＴＰ**（Willingness To Pay）とよびます（図1－2）。メーカービジネスではこの見極め、つまり価格設定が売り上げや利益を左右する一つの重要な意思決定となります。

コストが一定であるとすると、価格は高いほうがメーカーの利益は増加します。一方で、価格が高くなると需要は減る傾向があります。価格がＷＴＰ以下であれば、需要は大きく減少しないことになり、メーカーは利益を最大化することができます。

以上から、メーカービジネスでは顧客のニーズを把握するとともに、そのニーズを満たす商品に対するＷＴＰを考慮し、需要の大きさを考えることが重要になります。需要の規模の適切な想定が、メーカーの競争力に直結するのです。

2 顧客心理と商品供給の時間のギャップ

商品が届くまでの時間

消費者が商品を購入する際は、小売店の店頭やウェブサイトの画面を見たタイミングが多いでしょう。心の中で事前に購入しようと決めている場合もあるでしょうが、それは他者からはわからず、メーカーも把握できません。消費者が購入という行動をして初めて、小売店はその意向を知ります。

一方で、商品の原材料が製造され、商品になり、小売店の店頭やウェブ販売用の倉庫に届くまでには、短くても数カ月はかかります。海外のサプライヤーから原材料を輸入している場合は、輸送の**リードタイム**が長くなり、半年〜1年かかる商材もあります。海外からの輸入では、航空機を使うと輸送リードタイムを比較的短くすることができますが、コストが非常に高いため、宝飾品といった単価が高い商材でなければ、船での輸送が一般的です。

例えば自動車であれば、顧客は購入を決めてから納品まで半年以上待つことも珍しくなく、メーカーは受注してから製造できます（**受注生産**）。それでも原材料を一から作る時間はありません。つまり、オーダーメイドの商品を除けば、顧客の注文を受けてから原材料を製造することは、ほとんどありません（詳しくは8章参照）。

ちなみにリードタイムにはいくつかの種類があり、商品の原材料調達や生産のための**調達リードタイム**や、生産したものを小売店に届けるための**輸送リードタイム**などがあります。

小売店やメーカーが顧客の購買行動よりも前に需要を知る手段として、「予約」があります。しかしこれも、予約期間が製造期間よりも長く設定されるということはまずありません。ただし、予約情報をもとに、どのエリアにより多くの商品を届けられるように準備すればよいか、といった在庫の配分（**在庫アロケーション**）に予約は非常に有効です。

例えば、北海道で予約が多く入っていて、沖縄はさほどでもない場合、同数の在庫を送り込むのではなく、北海道に多く送り込むほうが、後で在庫を

図1-3｜商品供給と購買行動の時間のギャップ

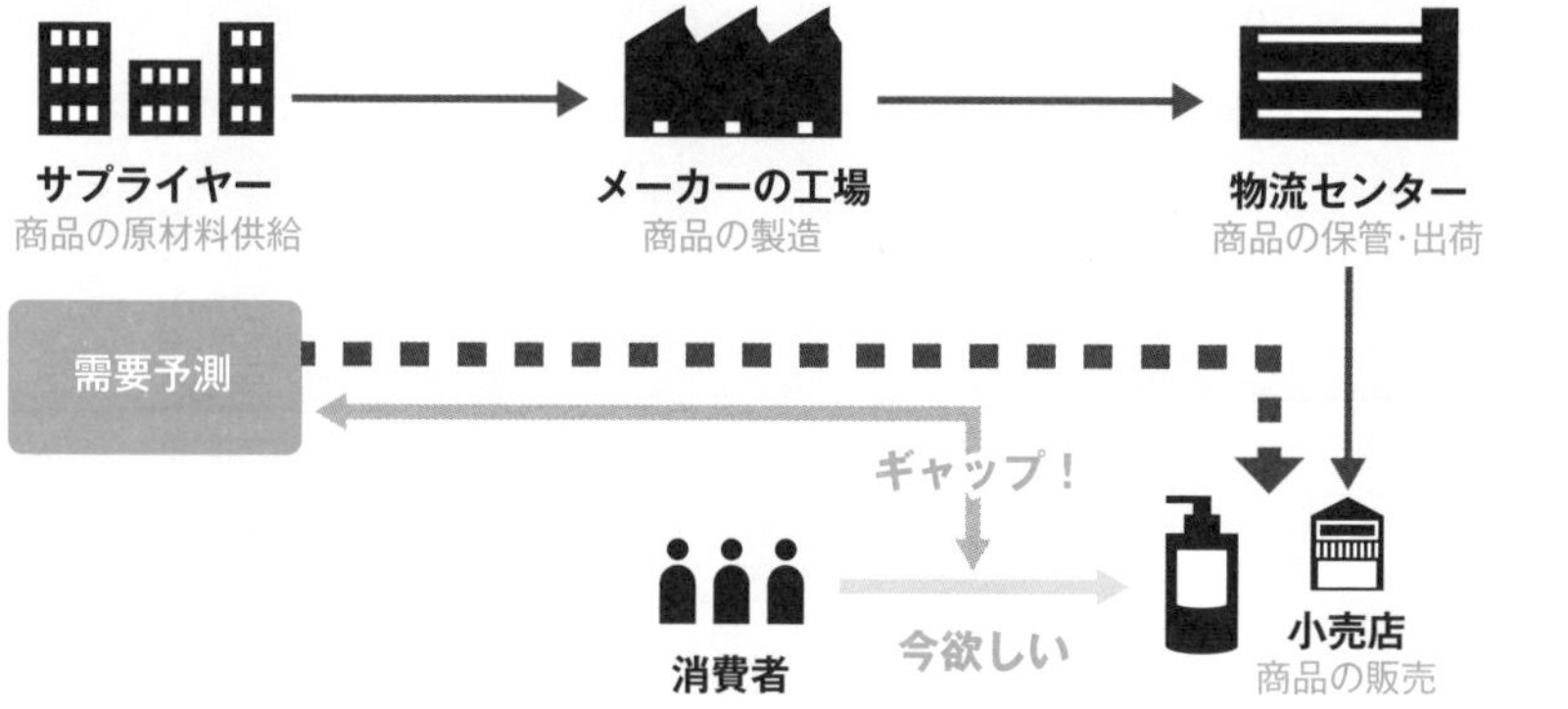

やりくりしなくて済む分、コストを低く抑えられます。これはメーカービジネスにおいて、大変重要な考え方です。

ほかにも、予約情報をもとに想定よりも売れそうだから生産数を増やしておこう、といった意思決定が行われます。

時間のギャップを埋める需要予測

以上のように、顧客の購買行動と商品供給（原材料が製造され始めてから、顧客が購入する場所に届くまで）の間には数カ月～1年の時間のギャップが生じます（図1-3）。よって、メーカーは顧客の購買行動が発生する前に、商品供給にかかる時間を踏まえたうえで、需要を予測しておかなければならないのです。この機能は**需要予測**とよばれ、メーカービジネスにおいて大変重要な概念です。

なぜなら、需要予測とは顧客の購買行動を予測することであり、それに基づいて商品を用意しておくことで、顧客は望むタイミングで購入できるからです。先述の自動車のように、多少の期間は顧客が待ってくれるような商材であっても、原材料は需要予測に基づいて発注されます。

この需要予測という機能は、メーカーだけでなく、例えば飲食店でも行われています。飲食店は、来店客からの注文を受け、調理し、料理を提供することが一般的ですが、その食材はどのメニューがどれくらい注文されるかを事前に想定し、仕入れられています。仕込みも同様でしょう。来店客をできるだけ待たせずに料理を提供するため、これから来る注文を想定し、調理を途中まで進めているのです。これも需要予測の一種といえます。

では、この顧客心理と商品供給の時間的なギャップを埋める需要予測は、メーカービジネスにおいてどのような位置づけにあるのでしょうか。

3 需要予測の位置づけ

需要予測を担う組織

需要予測は簡単に言うと、次のような点を予測する業務です。

- 何が
- いつ
- どこで
- いくつ売れるのか

メーカービジネスの中では、生産部門とマーケティング部門の間に位置づけられています。というのも、どの商品を（Product）、どこで（Place）、いくらで（Price）、どうやって売るか（Promotion）を決めるのはマーケティング部門であり、「いつ、いくつ売れるのか」をもとに生産が行われるからです。

マーケティング部門は営業部門などとともに、メーカービジネスの需要サイドを管轄します。一方で、生産部門は購買・調達部門や工場、ロジスティクス部門などとともに、メーカービジネスの供給サイドを管轄します。よって、需要予測は大きく異なる二つの機能領域の間に位置し、企業によってどちらに所属しているかが分かれています。

いずれにせよメーカー内の機能であり、顧客のためにできるだけ正確に需要を予測するというミッションは変わりませんが、所属する部門によって**バイアス**（考え方の偏り）が発生しやすいのも事実です。

具体的には、売上予算をもつマーケティング・営業部門に需要予測機能がある場合、**ゲームプレイング**（Game-playing）というバイアスが発生することが指摘されています。[7]「予測の精度以外のミッションが、需要予測の考え方に悪影響を与える」というものです。ゲームプレイングというのは、物事を真剣に考えない、ということを暗に意味し、ほかのミッションによって予測精度を高めることを真剣に考えないという意味で使われているようです。

一例を紹介すると、売上予算達成のためには在庫は十分にあるほうが安心であり、生産につながる需要予測を高

図1-4｜需要予測を担う組織（アンケート調査結果）

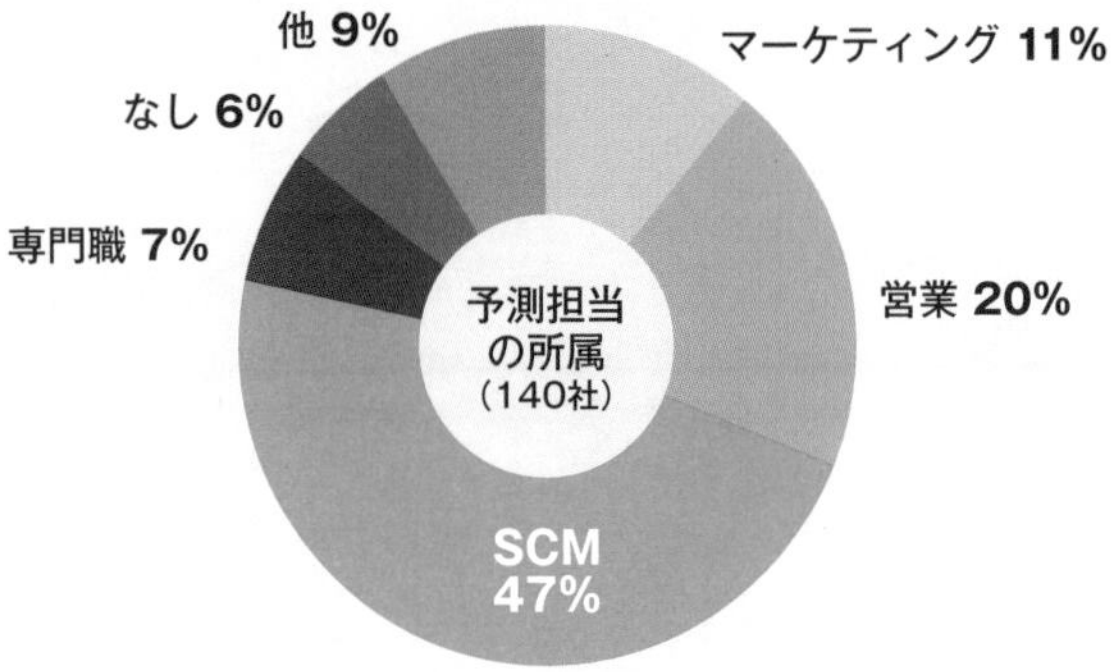

くしておこう、といった思考回路があります。これは売上予算の決め方や目標となる**ＫＰＩ**（Key Performance Indicator）によりますが、メーカーに入社すればすぐになんらかの事例を見つけることができるでしょう。

需要予測に関する講演中に行ったアンケート調査から、約140社のうち半数近くが、メーカーの商品供給を全体的に管理する**ＳＣＭ**（サプライチェーンマネジメント）部門で需要予測を行っていることがわかりました（図1－4）。つまり多くのメーカーが、そのよび名は知らないとしても、ゲームプレイングの存在を認識していて、それを踏まえた組織設計をしているといえるでしょう。

需要予測機能の価値

異なる属性をもつ複数のグループの間の位置を、経営学では**ストラクチャルホール**（Structural Holes）およびます。[8] ストラクチャルホールに位置する人はブローカーとよばれ、グループ間の違いやそれぞれの抱える課題、得意領域などに詳しくなるため、それらを活用した良いアイデアを思いつきやすく、組織において高いパフォーマンスを出すことができるということが研究で示されています。

これを使ってメーカービジネスを考えると、売上予算をもち、顧客や消費者に詳しく、比較的コミュニケーション力が高い人材が多いマーケティング・営業部門と、在庫責任をもち、原材料や品質管理に詳しく、比較的ロジカルシンキングが得意な人材が多い生産、購買などのＳＣＭ部門は異なる属性を持つグループといえます。よって、需要予測機能はメーカービジネスにおいてストラクチャルホールとなります（図1－5）。

実際、需要予測を担う**デマンドプランナー**（Demand Planner：正式にそう定義している日本企業は少ないで

図1-5｜ストラクチャルホールとしての需要予測

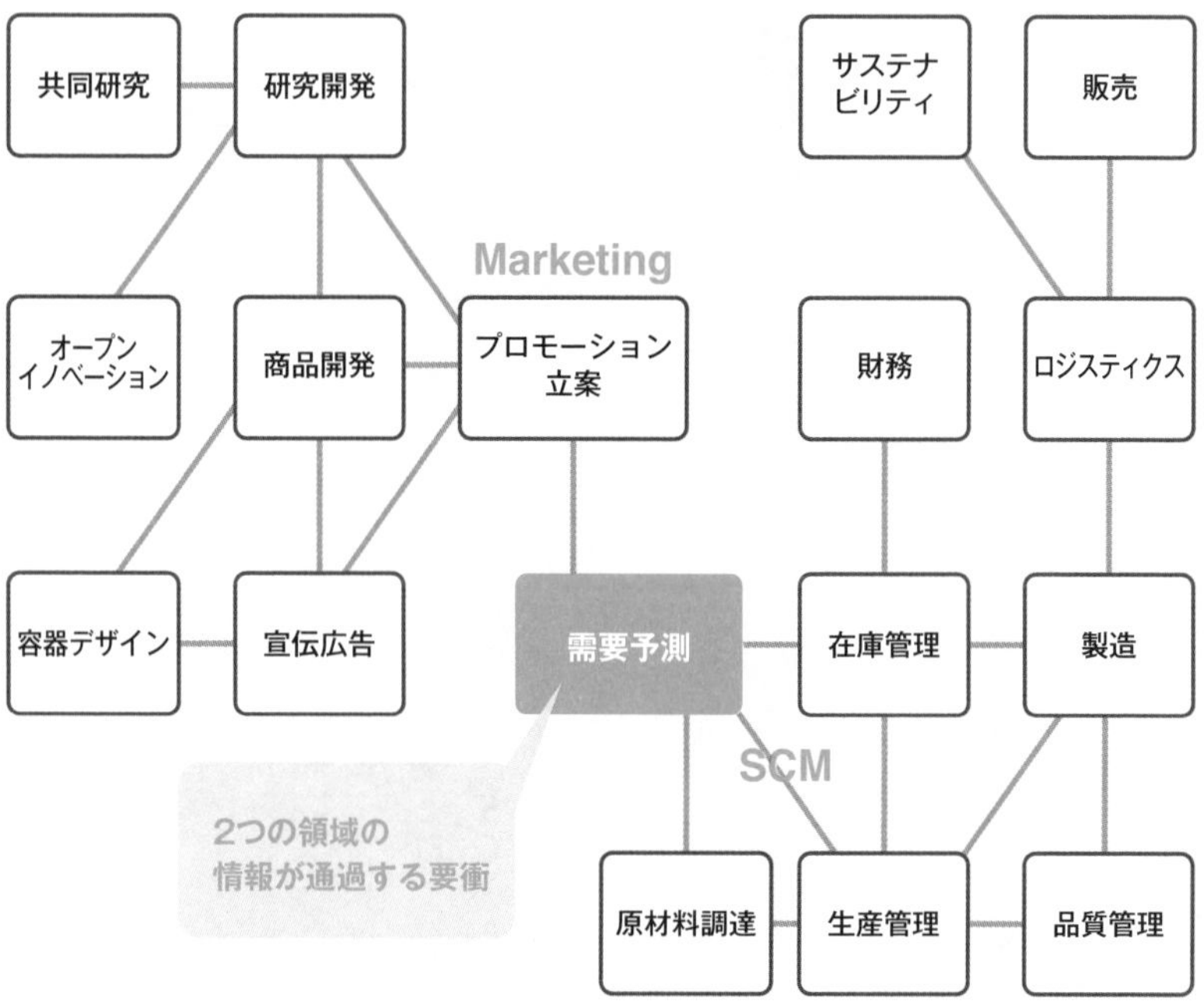

すが）は、マーケティングにもＳＣＭにもある程度詳しく、マーケティング部門からは商品供給について聞かれますし、生産や購買部門、工場からは市場について聞かれます。それぞれがもつミッション、それを踏まえた考え方の違いも把握しているため、両者が直面している課題も考慮しながら、企業全体にとって効果的な提案ができます。よって、需要予測は単に需要を予測するだけの機能としてではなく、マーケティングとＳＣＭをつなぐ重要な結節点の機能だと捉えるべき重要なものなのです。

4 在庫量と経営の関係

品切れと過剰在庫の悪影響

需要予測が外れると、品切れや過剰在庫など経営に悪影響を与える事態が発生します。品切れは販売機会の損失を生み、顧客の離脱につながる可能性もあります。在庫が適切に用意できていれば得られたはずの売り上げを失うのです。

一方、過剰な在庫が発生すると、その分の在庫管理費がかかります。在庫は雨風から守るために倉庫に保管するのが一般的ですし、冷凍食品であれば、保管場所の温度管理もしなければなりません。そのためには人件費や光熱費もかさみます。

また、すぐに必要でない商品を作るということは、それを作らなければ別のことに使えたお金があった、ということになります。それは新しい事業への投資や、より価値のある商品につながる研究に使えたかもしれません。

つまり、不必要な在庫はできるだけもたないほうがいいといえます。

財務3表への影響

こうした上場企業の活動成績が公開される三つの帳表があります。それは、**貸借対照表（BS）**、**損益計算書（PL）**、**キャッシュフロー計算書**です。

貸借対照表とは、ある時点（主に期末）において企業がもつ**資産**（現金や設備など）と**負債**（銀行などからの借り入れ）、**資本**（株主から預かったお金など）の構成が記されたもので、資産＝負債＋資本になります。「**バランスシート**（BS）」ともよばれます。

損益計算書には、ある期間（1年など）におけるお金の流出入が記され、売上高や管理費、営業利益などを把握できます。

キャッシュフロー計算書とは、営業活動によるキャッシュフロー、投資活動によるキャッシュフロー、財務活動によるキャッシュフローの三つが記されたものです。これらについては10章3項でより詳しく説明します。

これらは企業のウェブサイトで閲覧できます。業界内やその企業の過去の

図1-6 ｜ 品切れと過剰在庫の財務3表への影響

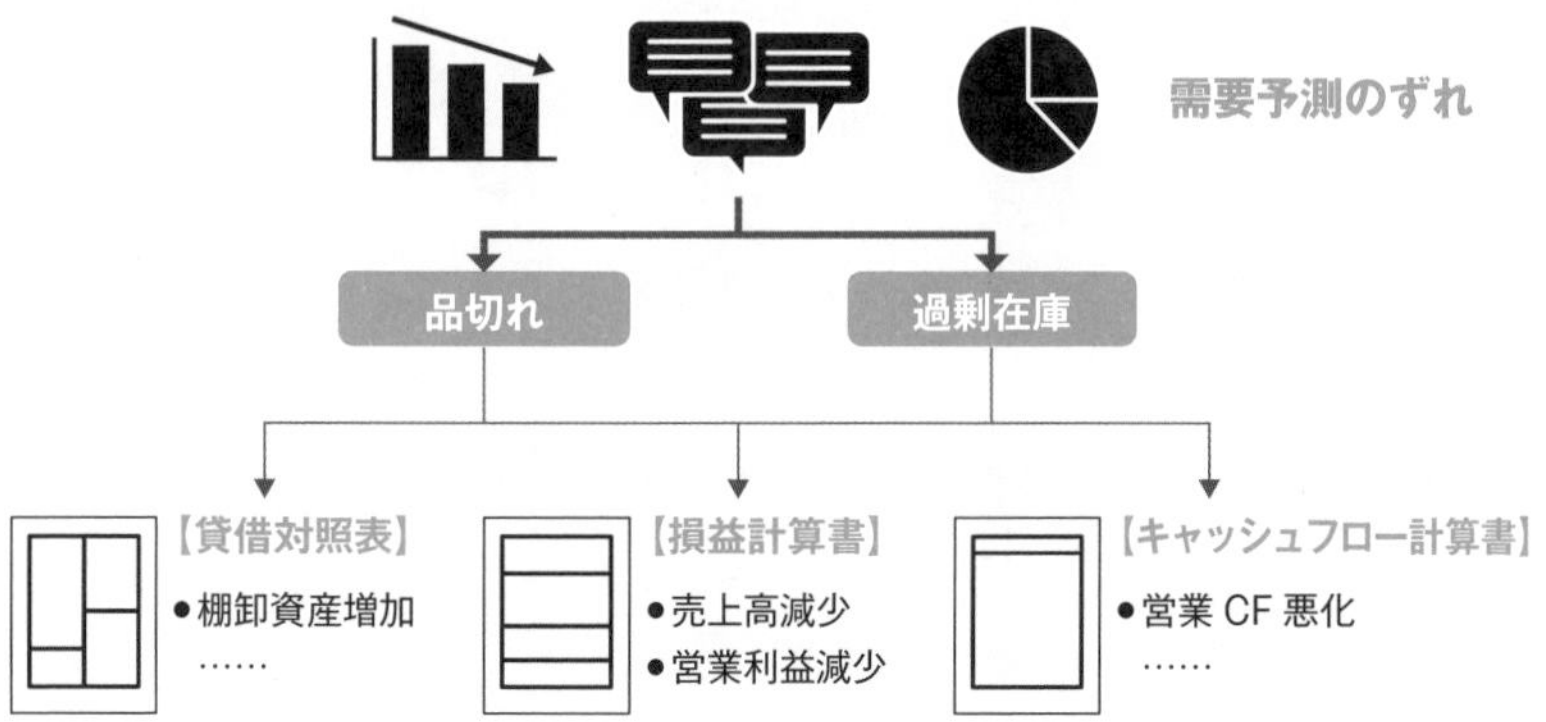

財務3表と比較することで、企業の経営的な課題を検討でき、これを財務分析といいます。財務3表の読み方や財務分析について詳細を学びたい方は参考文献などを参照ください[9]。

　さて、品切れや過剰在庫は、これら企業の成績表ともいえる財務3表のどの項目にどのような影響を与えるのでしょうか（図1－6）。

　まず品切れは、売上機会の損失を発生させ、損益計算書の売上高にマイナスの影響を与えます。結果、営業利益も減少するのが一般的であり、それはキャッシュフロー計算書の営業キャッシュフローにもマイナスの影響を与えます。

　一方、過剰な在庫は、貸借対照表の資産のうち、棚卸資産に計上されます。これは財務分析で一つの重要な指標となる、**在庫回転率**（売上高／保有在庫金額：高いほうが効率的に経営できているとみなされる）を悪化させます。これは上場企業であれば、株主からの評価を下げる一因になりえます。同時に、在庫の保管には費用がかかることから、損益計算書の一般管理費を増やすことになり、営業利益を押し下げます（詳細は12章および10章を参照）。

　以上のように、需要予測が外れることによって発生する品切れや過剰在庫は、経営のさまざまな指標に悪影響を与えます。もちろん、需要予測以外の要因によっても品切れや過剰在庫は発生しますが（第3部以降で解説）、需要予測の精度を高めることは、メーカービジネスにおいて大変重要です。

　次章では需要予測の基本的な手法や精度評価を含め、需要予測の中身について解説します。

2章

需要予測の準備

1 ビジネス需要予測で知っておくべきこと

「需要予測」に特化した日本語の書籍は限られているものの、海外では**Demand forecasting**や**Demand Planning**（3章で説明）というよばれ方で浸透していて、日本よりもはるかに多くの研究が行われてきました。

　需要予測を行うためには、大きく四つの適切な情報が必要だと言われています。①事業計画、②販売計画、③マーケティング計画、④過去の販売データ（Historical Data）です。[10]

　もちろん、需要予測に必要な情報はこれだけではなく、業界特有の情報もあります（図2－1）。

需要予測に関する基礎知識

ビジネスにおける需要予測で重要なのは、数学的に高度な予測モデルを構築することではありません。その目的は、事業の成長を支援し、コストを抑制して利益率を高めることです。

　ビジネスにおいて需要予測の対象となるのは、**独立需要**とよばれるもののみです。[11] 対になる概念は**従属需要**であり、例えば商品自体の需要が独立需要、それを構成する原材料の需要が従属需要となります。従属需要は独立需要から一意に計算することができ、予測する必要はありません。

　また、需要予測は多くの場合、対象の粒度が大きいほど、精度がよくなる傾向があります。例えば口紅であれば、1色ごとの需要予測よりも、「クレ・ド・ポー ボーテ」というブランドの口紅全色合計といった大きな単位のほうが簡単です。なぜなら需要には**ノイズ**というランダムな変動が含まれ、予測の粒度が大きければ、中で打ち消し合うからです。よって、予測精度は必ず粒度とセットで解釈する必要があります。

　生産のためには色、サイズ別といった**SKU**（Stock Keeping Unit：商品を管理する最小単位）別の需要予測が必要であり、大きな粒度で予測した場合は、なんらかのロジックでそれを分けることも必要になります。

　そして需要予測は、ターゲットとする時期が先になるほど、精度が悪化する傾向があります。これは、未来にな

図2-1｜需要予測に必要な情報

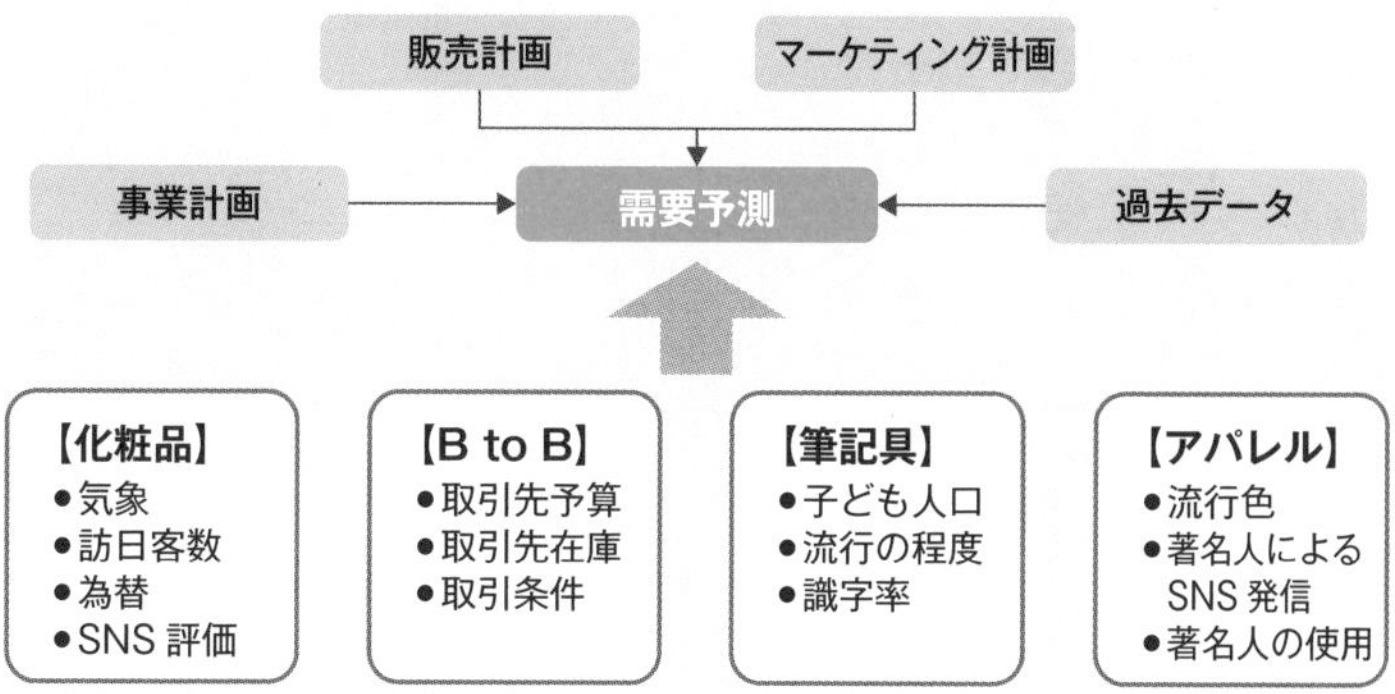

るほど環境変化が発生する確率が上がるからです。

予測モデルのロジック

需要予測の手法は、過去の販売データのない新商品と、発売後の売上動向がわかっている既存商品とで大きく異なります。新商品の需要予測については、第2部で解説します。既存商品の需要予測は、ニーズの変化を予測することといえます。

過去の販売データがある商品の需要は、**時系列分析**によって予測をすることが一般的であり、基本的には精度が最も高くなる傾向があります。時系列分析とは、時間的に連続するデータを、統計学などを使って特徴を把握する手法です。時系列分析は過去からの研究知見が膨大にあり、かなり高度な数学的な内容を含むため、その詳細については本書のスコープ外としますが、興味のある方は参考文献などを調べてみてください。

実際のビジネスで需要予測を行う際には、高度な数学の知識は不要です。なぜなら時系列モデルは、一般的なシステムに実装されているからです。需要予測を担うビジネスパーソンは、予測モデルのロジックを理解しておく必要はありますが、それをゼロから設計できなくても大丈夫です。需要予測システムを導入していない企業においても、エクセルで高度な時系列モデルを組む有用性はあまりありません。高度な予測モデルが必要なのであれば、システムを導入するほうが時間と継続性の観点からメリットが大きいです。また、高度なモデルを組まなくても、例えば**前年比**（本年実績／前年実績）や**FORECAST関数**を使えば、エクセルでも十分な精度で需要予測ができる場合も多くあります。ただし、特にSKU数が多い場合は予測システムを使うほうが効率的です。

2 代表的な需要予測モデルの概要

代表的な時系列モデル

　需要は、大きく次の三つの要素に分解することができ、さまざまな予測モデルがあります（図2－2）。

- **季節性**：周期的に繰り返されるパターン
- **トレンド**：水準が変化している方向
- **ノイズ**：ランダムな変動

　過去の販売データをこの3要素に分解し、ランダムで予測不可能なノイズを除く二つを引き延ばすイメージの予測モデルが、**ホルト・ウインタースモデル**（Holt-Winters Model）[12]とよばれるもので、これが既存商品の需要予測を理解するのに最適です。

　需要＝（直近の水準＋予測したい未来までの期間×トレンド）×未来の季節性[13]

（　）内で予測をしたい未来の時点までの水準変化を表現しています。これに未来の時点における季節性を掛けて、需要を予測するという考え方です。直感的に理解しやすく、同時に需要の特性を理解することができます。季節性を足し算で表現するバージョンもあります。

　この水準、トレンド、季節性を算出するために使われているのが**指数平滑法**（Exponential Smoothing）[14]であり、これは米国海軍の研究で考案された手法です。指数平滑法のベースとなる式は次の通りです。

　新しい予測値＝直前の予測値[15]＋α（直前の実績－直前の予測値）

　ある時点の予測値に対し、実績との乖離を踏まえて、次の予測値を修正するという考え方です。これは人の思考に似ています。予測よりも実績が高ければ、次の予測を上方修正しようと思うはずです。指数平滑法はこの思考を表現しているともいえます。

　この式は次の通り変形できます。

図2-2 | 代表的な時系列モデルと適する需要特性

予測モデル	特徴	適する需要特性
移動平均法	過去の一定期間の平均値 シンプルなロジック	需要の規模が小さい （ノイズ影響が大きい） 季節性がみられない 水準が一定
指数平滑法	直近の水準をより反映した 重みづけ平均値	これ自体では 実務では使われない 応用して高度な 時系列モデルを構築
ホルト・ウインタース モデル （三重指数平滑法）	トレンドと季節性を考慮 各要素を指数平滑法で推定	季節性が大きい トレンドがある
seasonal-ARIMA モデル	階差でトレンドに対応 過去実績をもとに予測 ノイズも考慮 パラメータが多い	トレンドが変化する 季節性が大きい
クロストンモデル	需要の発生頻度と 規模を予測	不定期に 大きな需要がある

予測値＝α×直前の実績＋α（1－α）×さらに前の実績＋α（1－α）^2×さらにもう1時点前の実績＋・・・

αは1より小さい正の数値であり、式の末尾にいくほど係数が小さくなります。つまり、直近の実績により重みを付けて平均値を算出している（加重平均）という式です。この重みを等しくしたものが（単純）移動平均です。

ホルト・ウインタースモデルは水準や季節性、トレンドを、指数平滑法を使って表現します。こうした指数平滑法の組み合わせは**二重指数平滑法**（Multiple Smoothing）や**三重指数平滑法**とよばれます。

さらに、階差の考えを使った**A《ア》RI《リ》MA《マ》モデル**（Auto Regressive Integrated Moving Average）があり、季節性を考慮できる**seasonal-ARIMAモデル**などが需要予測システムによく実装されています。

ほかにも、大きな需要が発生する間

隔とその規模感を指数平滑法で表現する**クロストンモデル**などがあり、指数平滑法はさまざまな時系列モデルのベースとなっています。指数平滑法そのものは季節性やトレンドを表現できず、αの決め方に難しさもあるため、需要予測の実務ではほとんど使われません。しかし、さまざまなモデルの基となる非常に重要な考え方といえます。

需要予測に複雑なモデルは必要か？

ビジネスにおいては高度な予測モデルが必ずしも有効であるとは限りません。海外の研究で、高度な数学を使って予測モデルを複雑にすることが予測精度向上に寄与しないどころか、一部の商材ではシンプルな予測手法のほうが高精度であることが示されています[16]。もちろん、業界やそのときのビジネス環境など、さまざまな要因によって最適な予測ロジックは変わります。

時系列モデルのほかに、需要の因果関係をモデル化する考え方もあります。需要の原因となる要素を想定し、それらの需要への影響度を回帰分析などで推定するものです。これは**因果モデル**（Causal Methods）とよばれますが、変数を多くするほど、モデルは複雑になっていきます。

なぜなら、原因となる要素の間にもなんらかの関係性がある場合もあり、それらを整理して表現することは簡単ではないからです。例えばテレビＣＭと小売店での特設売り場という二つのプロモーションが需要に大きく影響する商品があったとします。このとき、テレビＣＭが投入されるから特設売り場で大々的に展開しよう、という連動が起こる可能性は高いでしょう。つまり、需要の原因となる要素はそれぞれ無関係ではない場合があるのです。想定する変数を多くするほど、これらの関係性が複雑になり、モデルで表現するのが難しくなります。

そしてこのモデルにおける因果関係の表現を雑に行ってしまうと、それぞれの要素の需要への影響度の推定が正しく行われません。結果、変数を多くして一見高度なモデルを作っても、各変数の影響度の信頼性が低くなる傾向が指摘されていて[17]、必ずしも予測精度は高くならないのです。

人は複雑な予測モデルのほうが高精度と考えてしまう傾向があるようです[18]。本書で少し紹介した時系列モデルが不要ということではありませんが、例えば前年比を使ったシンプルな需要予測でも、スピード[19]やわかりやすさも重視されるビジネスでは十分に有効です。

ただし、過去データが豊富にある既存商品でも、２０２０年の新型コロナウイルスの感染拡大のように、外部環境に大きな変化があった場合や、不定期に行われるプロモーションを考慮する場合などは、統計学も使ってきちんとデータ分析を行うことが必要です。

3 さまざまな予測精度の測り方

予測精度の定義

ここまで何度か、**予測精度**（Forecast Accuracy）という言葉が登場しましたが、それは実際にはどうやって測定するのでしょうか。メーカーのビジネスに携わっていても、少なくない人が、実はこれを正確には説明できません。また、筆者の調査（n＝140社）から、約3分の1の企業が予測精度を測定する特定の指標をもっていないことがわかりました。需要予測の精度を向上させるためには、まずはそれを可視化することが必要になります。ここでは、世界で知られる代表的な予測精度指標を紹介します。それぞれ特徴があり、目的に合わせて使いこなせるスキルが重要になります。

まず、最も一般的な精度評価指標といわれているのは、**MAPE**（Mean Absolute Percentage Error：**平均絶対誤差率**）です。実際、予測システムを開発しているエンジニアや、SCMのコンサルタントと予測精度の話をする際は、ほとんどの場合でMAPEが使われます。MAPEの計算式は次の通りです。

$$MAPE = \Sigma\left(|予測 - 実績| \div 実績\right) \div 品数$$

1品ごとの絶対誤差（予測と実績の差の絶対値）を実績で割った絶対誤差率の平均値です。絶対値としているのは、正負で打ち消さないようにしているためです。MAPEが小さいほど、予測と実績の差が小さい、つまり予測精度が高いという評価になります。これはブランド全体やカテゴリー全体、事業全体など、ある特定の大きな単位における予測精度を評価するのに適した指標です。誤差率の分母を予測とする指標もありますが、世界で発表されている書籍や論文で一般的なのは分母が実績の指標です[20]。これはおそらく、予測者の意思が入らない実績を基準とする分母とするほうが、精度としての納得感が高いからだと考えています。

実際のビジネスでは、単純平均ではなく、売り上げで加重平均した、**売上**

図2-3｜売上加重平均MAPEの計算方法

あるカテゴリー	予測	実績	誤差	誤差率	絶対誤差率
製品 A	1100	1000	▲100	▲10%	10%
製品 B	50	100	+50	+50%	50%
（平均）				20%	30%

	売上構成比	MAPE インパクト
製品 A	91%	0.091
製品 B	9%	0.045

売上加重平均 MAPE　13.6%

誤差率の平均、絶対誤差率の平均、売上加重平均MAPE、どれが最もそのカテゴリーの予測精度として妥当か

加重平均MAPEのほうが、管理する指標として適しているといわれています。これは経営にとってより重要な、売上規模が大きい商品の誤差率を重視する指標であり、これを改善することがビジネスの改善につながりやすいためです（図2－3）。

複数の予測精度指標を組み合わせる

ほかにも予測精度を測る指標はあります。例えば、**バイアス**という指標は、特定の期間における誤差の合計のことであり、期間中の誤差は正負で打ち消されますが、乖離の方向性を評価することができます。[21] バイアスのみでは、予測精度を評価することは難しいですが、予測の修正の方向性については考えることができます。

また、誤差の方向性を知る指標としては、**誤差率分布**も有効です。SKU別の誤差率をヒストグラムなどで整理することで、プラスとマイナス、どちらの方向にどれだけ外れた商品があるのかを知ることができます。ただし、この分布だけでは、全体的な精度の評価は難しいです。

ほかにも、商品ごとの絶対誤差のある期間における平均値（MAD：Mean Absolute Deviation）や、それを使った**トラッキング・シグナル**（誤差の期間合計÷MAD）、予測絶対誤差を需要変動の規模でスケーリングした指標を使う**MASE**（Mean Absolute Scaled Error）などもあります。

重要なのは、まずこういったさまざまな予測精度を評価する指標があるということと、その定義を知ることです。そのうえで、各企業のビジネスモデルや戦略を踏まえ、指標を企業として選択し、それを継続的にモニタリングすることです。次項で詳しく説明しますが、予測精度は多面的に分析することが必要であり、そのためにはこういった指標を複数組み合わせてモニタリングすることが有効です。

4 何のために予測精度を測るのか

いつ、何をモニタリングすべきか

予測精度の測定は、精度を向上させるための分析に必要です。それには、モニタリングする予測精度の指標を決める必要があります。ここまでで紹介した指標を選ぶことも重要ですが、併せて、次の二つについて決めなければなりません。

- **時期**：いつ時点の予測を
- **対象**：どのような粒度を対象として

例えば翌月の生産計画を立案するオペレーションを行っているメーカーであれば、1カ月前時点の予測の精度を測定することが重要になります。同じメーカーでも、原材料を使用する4カ月前に発注しているのであれば、その時点の予測の精度も測定する必要があるかもしれません。つまり、何に需要予測を活用しているかを踏まえ、それに合わせたタイミングでの精度を測定し、モニタリングする必要があります。

また、商品ごとの予測精度、つまり誤差率だけ把握できればいいのか、ブランド単位のMAPEも把握する必要があるのか、といった測定の粒度も決める必要があります。これについては、さまざまな粒度で測定できるようにしておくほうが多面的な分析が可能になるため、自由な測定ができるようにしておきましょう。

ブランドごと、カテゴリーごと、担当者ごと、新商品と既存商品を分ける、統計的な時系列予測と人が行った予測を分けるなど、さまざまな切り口を考えることができます。これらを組み合わせることで、どこに解決すべき問題があるのかをしぼり込みやすくなります（図2－4）。

多様な精度比較から考える

予測の誤差には、二つの種類があります。一つは予測手法によるもの、もう一つは市場変化によるものです。予測手法に問題があって、予測の誤差が発生することもありますし、予測手法が妥当であっても、市場が変化したこ

図2-4 | 予測精度と課題分析

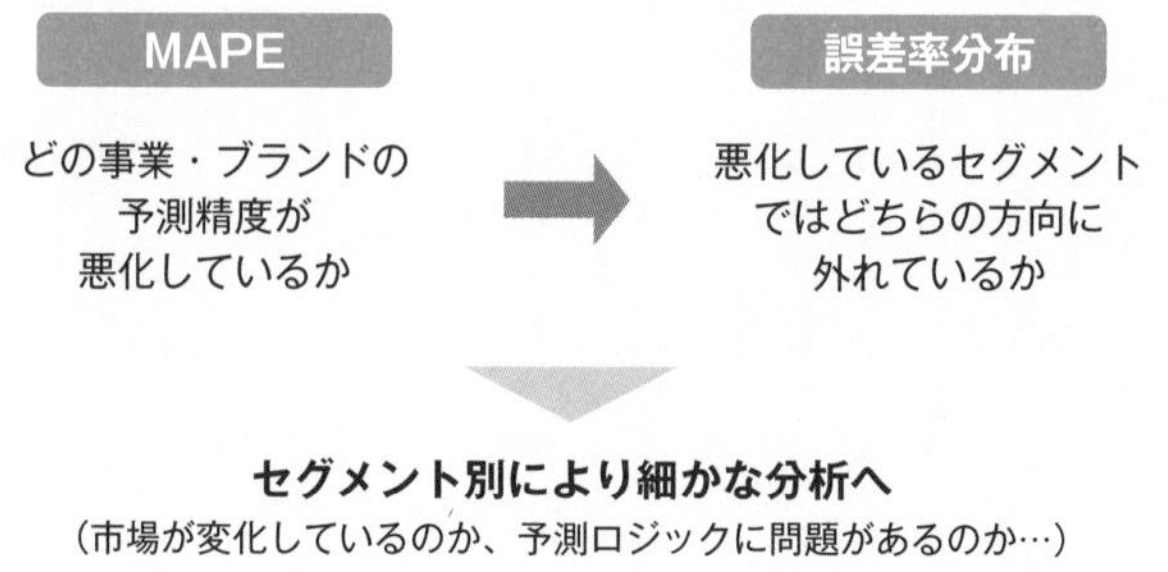

MAPE
どの事業・ブランドの
予測精度が
悪化しているか
誤差率分布
悪化しているセグメント
ではどちらの方向に
外れているか
セグメント別により細かな分析へ
（市場が変化しているのか、予測ロジックに問題があるのか…）

とによって誤差が発生することもあります。これが顕著にわかるのが、統計的な予測モデルの誤差と、人が行った予測の誤差に大きな違いが出た時です。

人による予測も、統計的な予測をベースにすることは多いですが、時系列モデルを含め、統計的な予測は環境に大きな変化がないことを前提にしています。よって、人はそこに未来のマーケティング計画など、過去とは異なるアクションによる影響を加味します。ここで、統計的な予測モデルのほうが高精度であれば、人による予測のオペレーションに問題があると考えることができます。一方、統計的な予測モデルの精度が大きく悪化した場合は、市場に変化が起こった可能性が高いと考えることができます。

さらにこれをブランド間で比較したり、同じブランドでも過去と比較したりすることで、より深い分析を行うことが可能です。**「分析とは比較である」と言われるように、より深く高度な分析を行うためには、さまざまな比較を行えることが重要です。**

そのため、予測精度を測定する指標は複数あるほうが理想的で、その対象となる予測の時点や粒度も、複数の切り口があるといいでしょう。予測精度をもとに多面的に分析することで、そのメーカーにおける需要予測の問題を適切に把握することが可能となり、市場の変化を早期にキャッチすることができるのです。

3章

需要予測が生む
ビジネス価値

1 需要予測の二つの価値

需要予測が提供できる精度と俊敏性

需要予測には二つの役割があります。一つがすでに述べた、商品供給のトリガーとしての役割です。需要予測をもとに、在庫計画や生産計画の立案、原材料の発注が行われるというものでした。そしてもう一つがこれから説明する、マーケティング・営業部門や事業管理部門への情報提供の役割です。それぞれの側面がメーカービジネスに提供する価値は、**精度**（Accuracy）と**俊敏性**（Agility）です（図3-1）。

需要予測はその精度によって、生産や原材料調達、輸送のムダを減らし、経営の効率を高めます。同時に、俊敏に市場変化を察知し、マーケティングや営業部門へ示唆を提供することで、メーカービジネスにドライブをかけることができます。前者は多くのビジネス書でも述べられている通り、メーカービジネスを知るうえで基本的かつ大変重要な役割です。後者はまだほとんど語られていないものの、ビジネス環境変化のスピードが速くなっているこれからの時代に重要性が増していく役割です。

マーケティング、営業、事業管理部門への情報提供の詳細を解説する前に、マーケティング機能について簡単に整理しておきましょう。

マーケティングの3機能

マーケティングは広い意味をもっており、人によって連想することは異なる傾向があります。メーカービジネスにおいては、以下の三つに分類すると、その特徴を整理しやすいでしょう。

①顧客のニーズを探る**リサーチ**
②ニーズを満たす商品の**開発**
③開発した商品の価値を顧客に伝える**プロモーション**

これら三つの機能は主にマーケティング部門が担当しますが、③における顧客との直接のコミュニケーションは営業部門が担いますし、①のヒントを営業部門がもっていることも多いとい

図3-1｜需要予測の2方向への価値提供

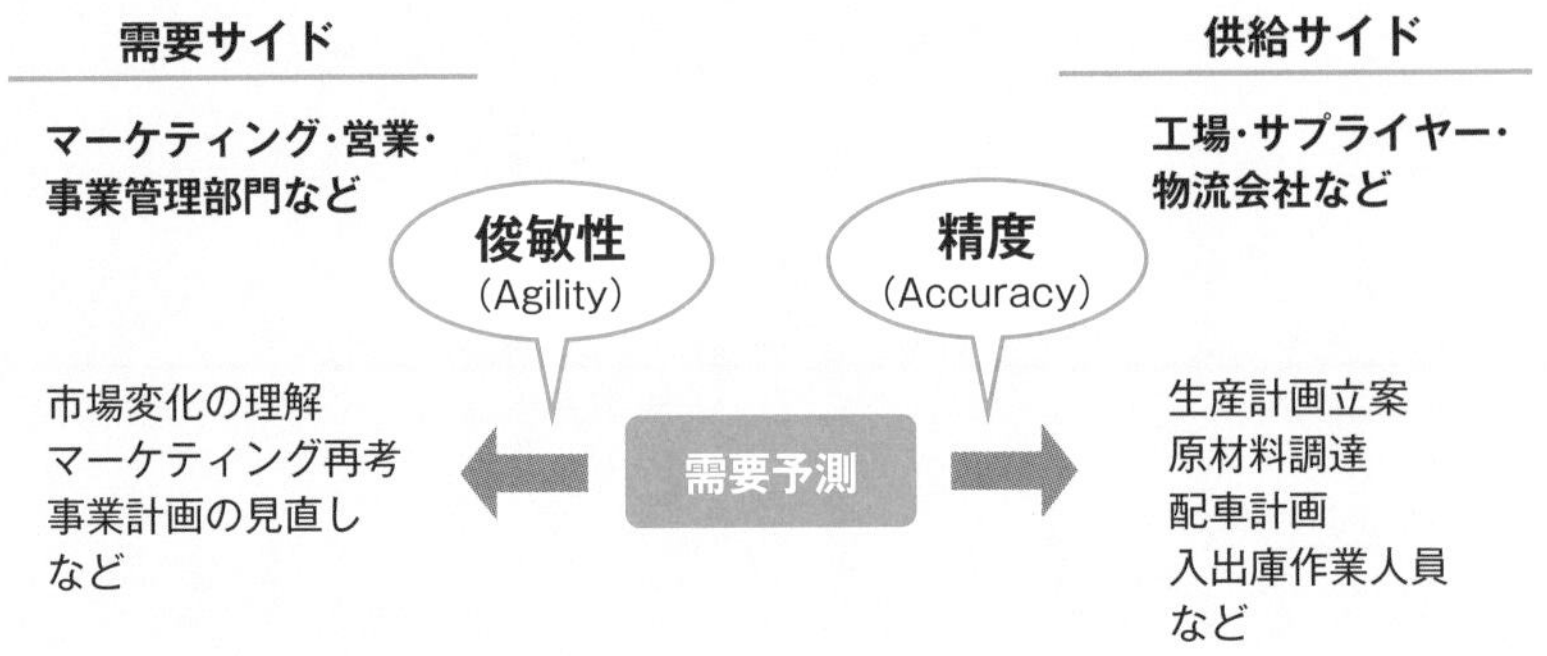

えます。これらの活動の結果が需要、つまり売り上げであり、メーカーはそれに見合った商品供給を実現しなければなりません。

需要予測というのは、これら三つのマーケティング活動を数字で評価することともいえます。つまり、マーケティング・営業部門から、これらの活動に関する情報を入手し、関連する情報を社内外から集めて分析することで、需要を数字で予測し、それが生産や原材料の発注につながっていくのです。

社内最速の市場変化察知

このようなマーケティング活動の定量的な評価と商品供給への連携が需要予測の一つの価値ですが、もう一つは、市場変化の早期察知です。

メーカービジネスにおける需要予測の特異性は、商品別の需要を常に予測しているということです。市場に変化があった場合、それは商品ごとに影響が異なることがほとんどですが、これを社内でいち早く察知することができます。ただしこれは、そのメーカーが需要予測にある程度の投資をして、オペレーションのレベルを高めている場合です。

メーカーの予算管理は、1カ月や四半期など、特定の期間の実績が確定した後、その時点での達成状況を踏まえて対策が考えられるのが一般的でしょう。しかし需要予測がある程度のレベルで行われているメーカーであれば、月や期の途中でも、最新の需要予測に基づいて期末の売り上げを見込むことができ、より早期に改善に向けたアクションを検討することが可能になるのです。これがプロアクティブな予算管理です。

詳細は次項で説明しますが、これがもう一つの需要予測の価値、社内で最速の市場変化の察知です。

2 市場を解釈するインテリジェンス機能

デマンドブリーフというインテリジェンス

デマンドプランナーは需要予測を工場へ提示するとともに、1〜2年分といった中期の需要予測をマーケティング部門や事業管理部門などへ提示して連携を図ります。生産や原材料の購買、調達につながる供給サイドへの情報連携に対し、マーケティング、営業部門といった需要サイドへの情報提示となりますが、これは**デマンドブリーフ**[22]（Demand Planning Brief）とよばれ、日本ではまだあまり知られていない概念です。

デマンドプランナーが需要データの分析と市場解釈をリードする意識をもち（ownership）、説明責任を果たすことによって（accountability）、マーケティング、営業部門からの信頼を得ること（trust）を目指すのがデマンドブリーフの骨格ですが、実務的な項目は大きく次の三つです。

① 需要予測の根拠の整理、可視化
② 予実（予測と実績）と知見（knowledge）の管理
③ 最新の需要予測の解釈と事業計画との乖離分析

需要予測は、主にデータ分析とマーケティング部門とのコミュニケーションをもとに行われますが、その根拠を整理し、関係者が理解できるように可視化することが必要です。そして予測と実績の乖離から市場の変化を解釈するとともに、なぜ予測が外れたのかといったナレッジを継続的に蓄積します。需要予測をある程度のレベルで継続的に行っているメーカーであれば、商品ごとの予測と実績の乖離を総合的に分析することで、市場の変化を考察することができます。

これらを整理してマーケティング・営業部門へ提示し、コミュニケーションすることはメーカービジネスにおいて大きな価値を生み出します。なぜならその市場変化が、マーケティングが意図したものでなければ、早期になんらかの手を打つ必要があるからです。

さらに、最新の市場変化を反映した

図3-2｜デマンドインテリジェンスという概念

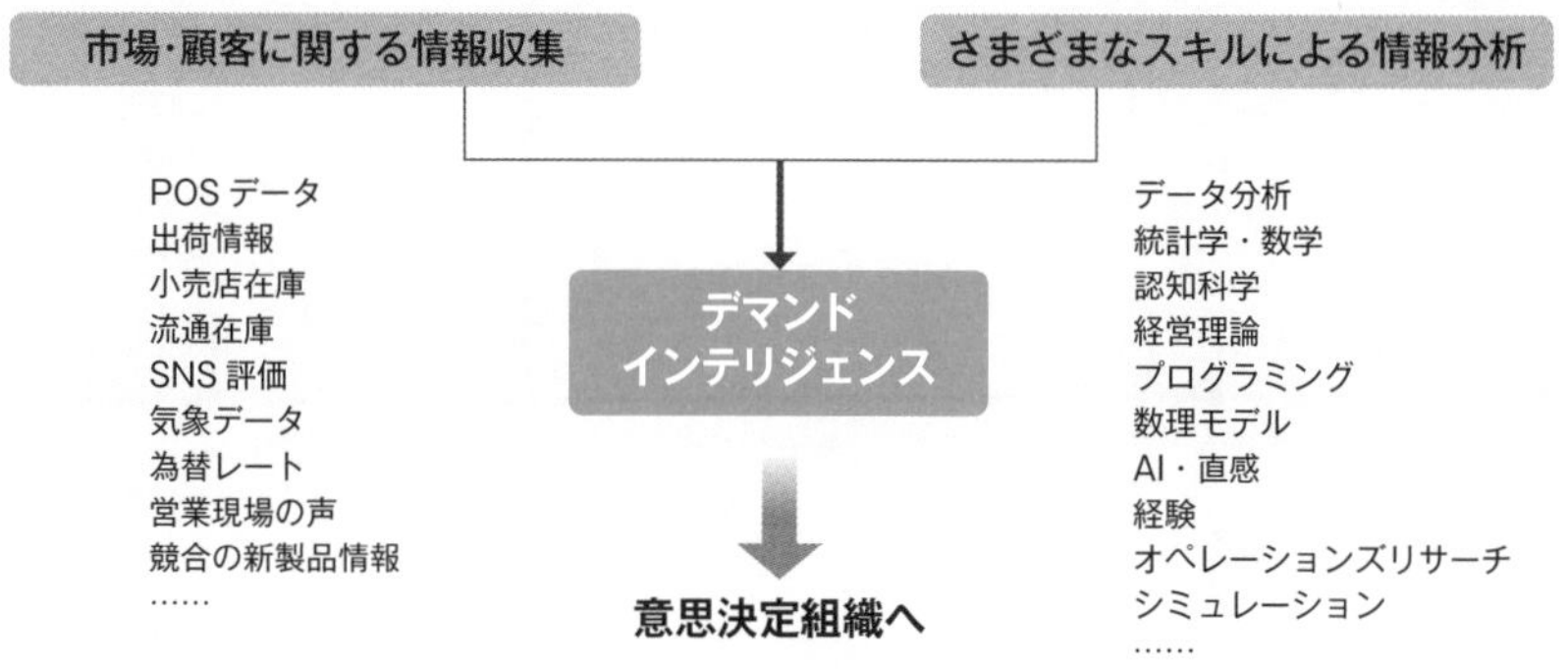

需要予測と事業計画の乖離と、その解釈もマーケティング部門や事業管理部門へ提示します。このとき、どの事業、ブランド、カテゴリーでどれくらい乖離があるのかを評価できるため、事業計画を達成するためのアクションを、早期に再検討できます。

インテリジェンス機能を実現できる組織

デマンドブリーフを提示できるようになった需要予測機能は、もはや従来認識されてきた、在庫管理やSCMのための一機能ではなくなります。それは市場の需要に関する情報の収集と分析を専門的に担う、**デマンドインテリジェンス機能**です（図3－2）。

マーケティングと商品供給の間にあるストラクチャルホールとして、供給サイドへの情報連携だけでなく、需要サイドへ市場変化の察知と解釈を定量情報として伝えられることが有効です。

インテリジェンス機能の二つの柱となる情報の収集と分析は、表裏一体の関係にあり、次の両方向の思考が必要です。

- 収集した情報からどんな分析手法で示唆を得るか（収集⇒分析）
- 示唆を得る分析のために、どんな情報を収集すべきか（分析⇒収集）

そしてこの二つの機能を高度なレベルで実現するためには、デマンドプランナーというスペシャリストを育成できる専門組織が有効になるでしょう。

3 BtoBとBtoCの需要予測

BtoBにおける消費者

メーカービジネスには取引相手によって大別して、対企業ビジネスである「**BtoB**」と、対消費者ビジネスである「**BtoC**」があります。両者の需要予測に違いはあるのでしょうか。

実は小売店や卸売業者を対象としたBtoBビジネスでも、その先にいる商品の消費者のことも考慮すべきです。つまり小売店や卸売業者からの発注を予測する場合でも、消費者の需要は予測すべきでしょう。

メーカーとしては、自社からの出荷を予測できれば、それに合わせた商品供給を実現できるため、それで十分だと考える企業も多いようです。実際、グローバルの需要予測パッケージでも、出荷のみを対象とする設計のものが多いのが現状です。

しかし、精度の高い需要予測を行うためには、消費者の需要から予測することが有効であり、その精度差は明らかです。海外の需要予測の研究・教育団体IBF（Institute of Business Forecasting & Planning）の2017年の調査では、消費者の需要データを使うことで2～3％の精度改善が見込めることが示唆されています。[23] SKU別の3カ月先をターゲットとする需要予測の平均誤差率は31％なので、[24] 2～3％の改善は決して小さくありません。

2段階の需要予測

消費者の需要からメーカーの出荷を予測する場合、その間にある小売店の在庫や卸売業者の在庫についての予測も必要です。これも需要予測と同様に、過去の実績から分析できます。小売店や卸売業者は季節やトレンドに即して**品揃え**を行うため、それを考慮することが重要になります（図3－3）。

例えば日焼け止めを多くの消費者が購入するのは、ゴールデン・ウィークや梅雨明けの時期です。しかし、小売店は春先から売り場を作りますし、それを見越して、卸売業者はもう少し早い時期に日焼け止めを多く仕入れます。

図3-3｜小売店や卸売業者の在庫予測も必須

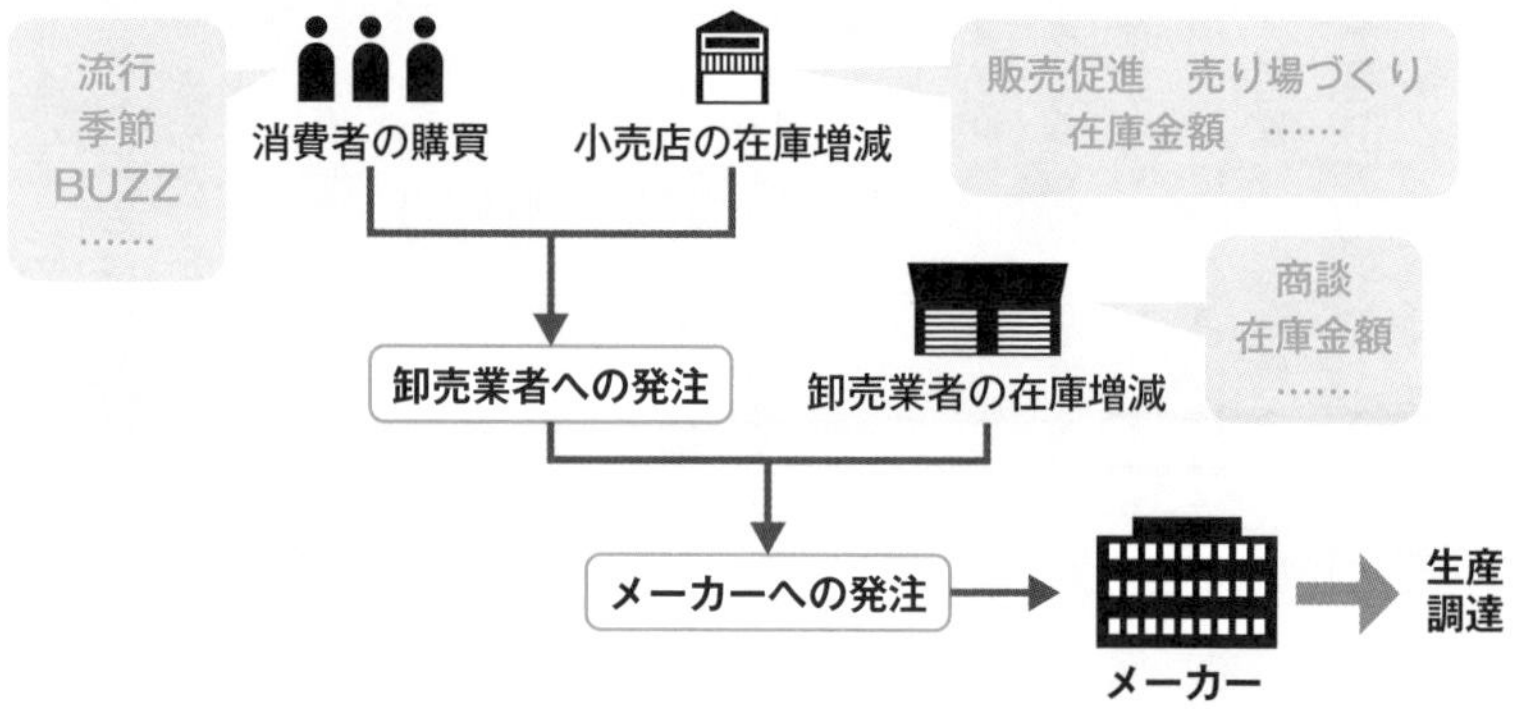

このように消費者の需要よりも先に動く商品の品揃えは、メーカーの営業部門と小売店、卸売業者の商談で決められるのが一般的であり、需要予測にはこの商談状況を踏まえる必要があります。つまり、マーケティング・プロモーションを加味する需要予測と同様、過去データの分析をベースとしつつも、最新の商談情報を把握し、加味する必要があります。

消費者の需要から予測を行うと、なぜメーカーからの出荷の予測精度も高くなるのでしょうか。これについて具体例を挙げて説明します。

例えばある商品の出荷が予測よりも増えたとします。出荷データのみを見ていた場合、その先の予測を上方修正し、工場には増産を依頼するという流れが一般的です。そうしないと、メーカーの在庫が不足する可能性が高いと判断されるからです。しかし、消費者の需要も予測していて、そちらは増加していなかった場合、小売店や卸売業者の在庫が増えることになります。これが前述したような先々の需要のための品揃えであれば、メーカーからの出荷がその後は下がるはずです。消費者の需要が増えたのでなければ、小売店や卸売業者の在庫が増え続けることになり、それは現実的ではないからです。

こうした動きは決して珍しいことではありません。小売店や卸売業者もただ売れた商品を補充するだけでなく、戦略的に販売を促進するからです。メーカーと小売店、卸売業者の情報連携をベースとした需要予測の取り組みは**CPFR**（Collaborative Planning, Forecasting and Replenishment）などとよばれ、近年ではメーカーが直接、消費者の購買データ（**POS**／Point Of Sales）を把握し、多段階の需要予測を行う例も増えてきています。

需要マネジメントとCRM

米国のオペレーションズマネジメン

トの教育団体ＡＳＣＭ／ＡＰＩＣＳが整理するところでは、顧客のニーズを管理する概念は**需要マネジメント**（Demand Management）とよばれ、需要予測（Demand Forecasting）はそれを構成する一機能とされます。ほかに、マーケティングと**ＣＲＭ**（Customer Relationship Management：顧客関係管理）が含まれます。この需要マネジメントという概念も、日本のメーカービジネスではほとんど耳にしませんが、ＣＲＭの定義は知っておくべきでしょう。

■**ＣＲＭ**：

顧客関係管理。顧客を第一に考えたマーケティング哲学。（ＥＲＰの情報とは対照的に）顧客の現存及び潜在ニーズを理解し、販売及びマーケティングの意思決定支援を行なうために設計された情報の収集及び分析を行なう。

（後略）

出所：APICS Dictionary 日本語版

この定義を踏まえると、実はここまで説明してきた需要予測は需要マネジメントともいえ、むしろＡＳＣＭ／ＡＰＩＣＳがいうDemand Forecastingとは、2章2項で紹介した統計的な予測のことを指していて、狭義の需要予測と認識すべきでしょう。

つまり、データ分析をもとにした需要予測に、マーケティングや営業部門とのコミュニケーションを加味した需要計画があり、それとマーケティングを含めて、需要マネジメントであると整理することができます。このマーケティング、営業部門とのコミュニケーションにおける顧客管理がＣＲＭです。グローバルに展開するメーカービジネスに携わるなら、このあたりも把握しておくほうが、コミュニケーションがスムーズになるでしょう。

また、1点留意すべきなのは、マーケティングでいうＣＲＭの対象は商品やサービスの消費者ですが、メーカービジネスにおけるＣＲＭの対象はそれだけではないことです。原材料をメーカーへ提供するサプライヤーと、商品を販売する小売店や卸売業者、つまり物流の両方向に顧客が存在するということです。この関係性の管理も、需要マネジメントのカバー範囲と認識してください。

4 需要予測のデジタルトランスフォーメーション

需要予測AIの実際

　顧客のニーズを考える需要予測は、新しい技術によって大きく変わっていくでしょう。

　2012年に**ディープラーニング**という新しいAIの学習ロジックと、その精度の高さが論文として発表されました。[25] 大量のデータ（**ビッグデータ**）を扱える基盤が開発されていたこともあり、AIの学習が劇的に進化したのです。これにより、さまざまなAIツールが登場しました。

　AIは過去のパターンを大量に学習することで、そこから一定の法則を導き出します。与信管理やウェブサイトの顧客管理など、一部のビジネス領域で、人と同等以上の精度を実現できるようになりました。需要予測も当初から精度向上が期待される領域でしたが、期待を上回る成果は2020年でもほぼ聞きませんでした。この理由は二つあります。

- 過去データのある既存商品の需要予測では、統計学を活用する時系列モデルを上回る精度を出せない
- ルールのないマーケティングの影響が大きい新商品の需要予測では、学習データの質と量が不足する

　特に二つ目が重要ですが、囲碁や将棋と異なり、マーケティングには決まったルールがないため、次から次へと新しい変数が登場し、継続的に同じ形でデータが何十万、何百万と蓄積されていることはほぼありません。メーカーは、データではなくものでビジネスをしてきた歴史もあり、ビッグデータの分析を前提としたデータマネジメントはしてこなかったからです。学習データの質と量が不足すれば、AIが精度の高い需要予測をすることは難しいといえます。

未来のデマンドプランナー

　しかし一部の企業において、従来の精度を上回る需要予測AIが開発されています。[26] この成功要因は、プロフェ

図3-4 | プロフェッショナルとAIの役割分担

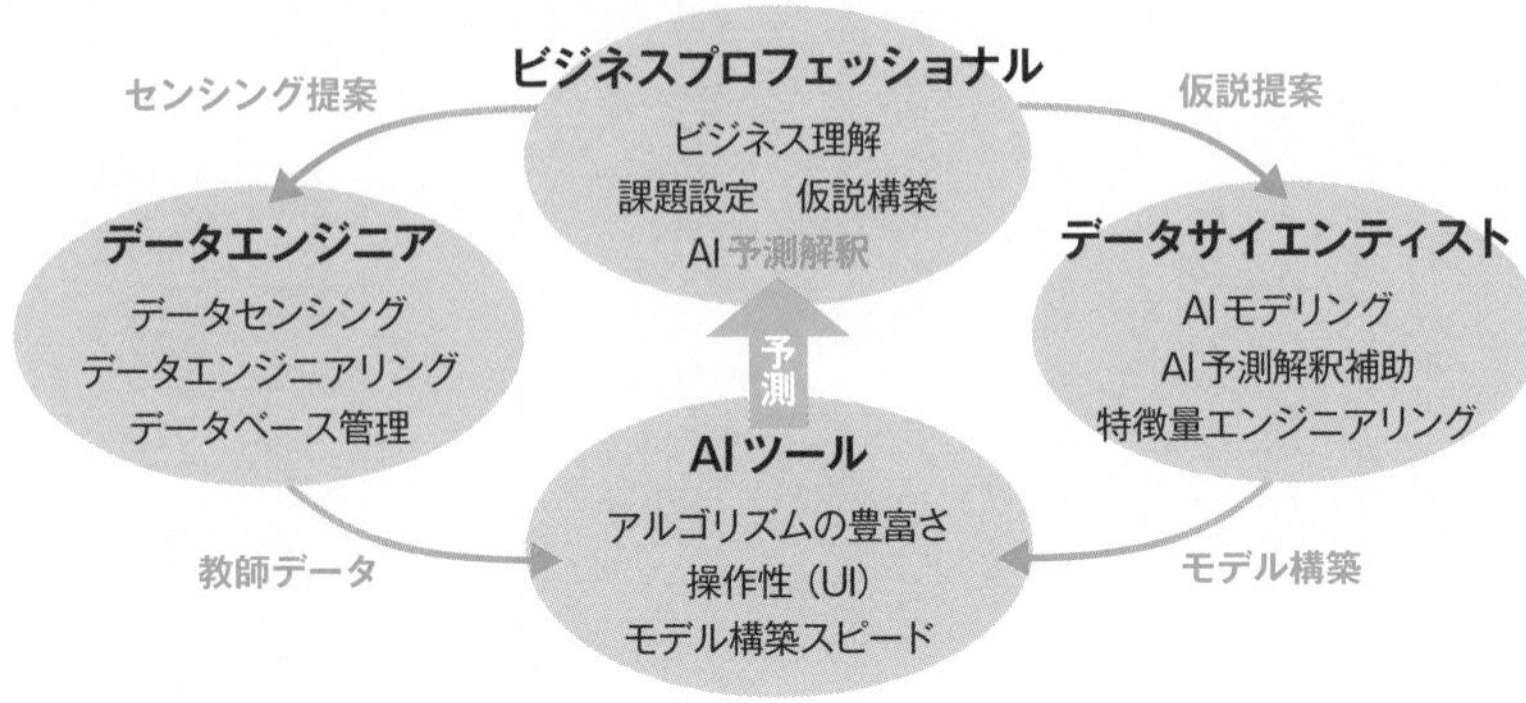

ッショナルによる**特徴量エンジニアリング**です（図3－4）。需要を予測する市場、消費者について熟知したデマンドプランナーが主導して、AIの学習データ（**教師データ**）を作ります。需要予測AIにおいては、消費者の購買行動を踏まえた、既存データの掛け合わせや新たなセンシング（Sensing）によって、AIの学習データで作り出すことが成否を分けるのです。

切り口は少し異なりますが、グーグルの研究者らも同様の知見を発表しており、単に大量のデータを学習させただけのAIはビジネスでは使えず、その領域のプロフェッショナルによる評価が必要だと述べています[27]。

ビジネスにおける需要予測で目指すのは、客観的かつ冷静なベースラインとしての数字を提示することであり、新しい価値で上乗せする数字を否定することではありません。そのため、AI予測の結果を解釈し、不足している情報を加味するコミュニケーションをリードする必要があります。

これからの需要予測に必要となるスキルは、

- 消費者のニーズに影響する要因を、データで表現する創造力
- それをデータサイエンティストと協働でセンシング、マネジメントする力
- AIの予測結果を解釈し、他者が理解できるよう整理できる想像力

といった、よりクリエイティブなものになると予想しています。

これは需要予測AIの事例でしたが、デジタル技術を使った新しい価値の創造、**デジタルトランスフォーメーション**（DX）の本質は同じだと考えます。プロフェッショナルの暗黙知が実務におけるデジタル技術の有効活用を可能にし、そのためには実務家が鍛えるスキルも変えるべきなのです。

第1部の内容について より詳しく学びたい方のために

本書ではメーカービジネスの基本について広く、具体的に解説することに主眼を置いているため、あえて各領域の細部までは詳細に解説していません。そこで各部の最後では、より細かく学ぶための日本語の参考文献を紹介します。実務家たちが実際に学んできたものであり、参考にできるはずです。

①財務諸表の見方や財務分析について

- 西山茂（2019）『決算書&ファイナンスの教科書』東洋経済新報社
- 桜井久勝・須田一幸（2018）『財務会計・入門　第12版』有斐閣アルマ
- 山根節（2015）『「儲かる会社」の財務諸表』光文社新書
- 西山茂（2014）『出世したけりゃ会計・財務は一緒に学べ！』光文社新書

②需要予測について

- 山口雄大（2021）『新版　この1冊ですべてわかる　需要予測の基本』日本実業出版社
- 山口雄大（2021）『需要予測の戦略的活用』日本評論社

③時系列分析や数理モデルについて

- 江崎貴裕（2020）『データ分析のための数理モデル入門』ソシム
- 萩原淳一郎・瓜生真也・牧山幸史著、石田基広監修（2018）『基礎からわかる時系列分析』技術評論社

第2部

商品を企画する

4章

商品を生み出す思考

1 商品開発の四つの原則

ものとサービスの違い

「メーカーに入社したらこんな商品を作ってみたい」という目標をおもちの方もいらっしゃるのではないでしょうか。自分が開発に携わった商品が大ヒットしたら……と想像するだけで、とても楽しいことだと思います。

メーカーが開発する対象には、大きく分けて「製品」と「サービス」があります。製品とは、食料品や化粧品、文具、洋服など、目に見える「もの」です。一方でサービスとは、洗車やエステ、マッサージなど、体験である「コト」です。しかし、サービスにはそのための「もの」（設備や施設を含む）が必要であり、それらは作る必要があります。一般に、新サービスの開発にかかる時間は、新製品の開発時間の約半分ですが、生み出す売り上げや利益は同程度といわれています[28]。製品は生産する時間がかかり、かつ在庫が発生しますが、サービスは利用時に生み出され、同時に消費されるという特徴があります。

また、メーカーは製品かサービス、どちらか一方のみを作っているとは限りません。製品をサービスと組み合わせて、商品として提供している場合も少なくありません。エステ用の製品を作り、それをエステサービスとともに提供している化粧品メーカーもあります。

第2部では、商品開発を効率的に行うためのフレームワークやスキル、マインドについて説明します。また、新しく開発した商品のニーズの大きさ、つまり、需要はどうやって予測すべきかについて解説します。

四つの原則

商品開発は、商品のコンセプトや顧客層を決めるマーケティング部門、顧客のニーズを満たす技術を開発する研究部門、商品を大量に生産する製造部門などで連携して行われます。このコミュニケーションを効率的に進めるために知っておくべき四つの「原則」があります[29]。

図4-1｜開発すべき商品の特徴（コンビニのバウムクーヘンの場合）

		顧客ニーズ ○	顧客ニーズ ×
生産の実現性	○	ビジネスパーソン向けのバウムクーヘン	ビジネスギフト用バウムクーヘン
生産の実現性	×	焼きたてバウムクーヘン	日本一高級なバウムクーヘン

いくらおいしくてもコンビニのお菓子を手土産にはしづらいな…

ニーズも小さそうだしコスト的に難しい

コスト面で店内での調理は難しい…

顧客にとって魅力的である

コストやスケジュールを含め、現実的に生産ができる

原則1．開発チームは、顧客にとって魅力的であり、かつ現実に生産できる設計にする

原則2．商品は、設計を明確にし、品質検査をクリアするまで、改良を繰り返す

原則3．試作品を作り進化を目指す

原則4．決まったやり方ではなく、工夫が重要

商品は顧客にとって魅力的であることが必要です。それは機能的な側面だけではありません。例えば高価格帯の化粧品では、情緒的な価値も重要です。その商品を使用した時の感情や、商品を所有することによる気持ちの変化など、心理的な魅力も備えた商品でないと、多くの消費者に求められません。メーカーとしては、それを大量に、かつ安定して生産できなければなりません（図4－1）。

試作品を見て、議論して、より魅力的な商品へ設計を進化させていきます。商品を開発するための具体的なアクションについてはこの後で説明していきます。

また、発売後に品質トラブルが発生すると、その商品だけでなく、メーカー自体の信用にも関わるため、品質検査も大変重要です。最初に設計を明確にしておくことで、結果的に時間も手間も少なくなることがわかっています。[30]

商品開発に使えるリソースには限りがあるため、有望な商品開発に絞り込み、ときには開発をやめる決断も必要になります。同時に、組織としてリスクをとってチャレンジすることが奨励されていたり、失敗しても降格されないことが約束されていたりといった企業風土も重要です（海外では**Climate & Culture**とよびます）。

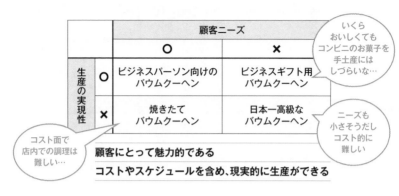

2 マイルストーンとなる四つのステージ

商品開発は大きく四つのステージに沿って進んでいきます。商品開発に慣れた担当者はあまり意識していませんが、さまざまな業界において、おおまかには同様のプロセスを経て、商品は開発されます（図4-2）。

ステージ1．チャンスの定義
(Opportunity development)

メーカーが商品を通じて満たすべき顧客ニーズを明確にする。顧客のニーズ、つまりどんな不満を抱えているかを、調査や市場分析によって整理する。市場が何を求めているかを明らかにするステージでもある。このとき、競合商品にはどのようなものがあるのか、自社の設備や能力で提供できる商品はどんなものなのかなどを踏まえ、どこにビジネスチャンスがあるのかを明確化する。狙う市場の大きさや成長性、競合のビジネス展開の度合いによっても成功確率が大きく変わるため、それらも調査する。

ステージ2．コンセプト設計
(Concept development)

商品のコンセプトが設計される際には、開発や製造にかかるコスト、商品のサイズ、重さなども含めて、生産の実現可能性が検討される。開発する商品は、顧客のニーズを満たすと同時に、メーカーの予算やスケジュールの中で実現できる必要がある。また、コストを試算するには、顧客のニーズの大きさを踏まえる必要があり、この時点で最初の需要予測が行われる場合もある。

ステージ3．ディテール構築
(Subsystem engineering)

商品は基本的に複数の部品・原料からなるが、それらの構築と評価を行う。この後のステージで改良されていくものの、ここでいったん商品の基礎的な設計ができ上がる。試作品やパソコン上でモデルを作り、効率的に商品設計を進化させることが可能になる。

ステージ4．商品改良
(Refinement)

商品開発における改良には3種類がある。一つめは、ステージ3で構築し

図4-2｜商品開発の4ステージ（コンビニのバウムクーヘンの場合）

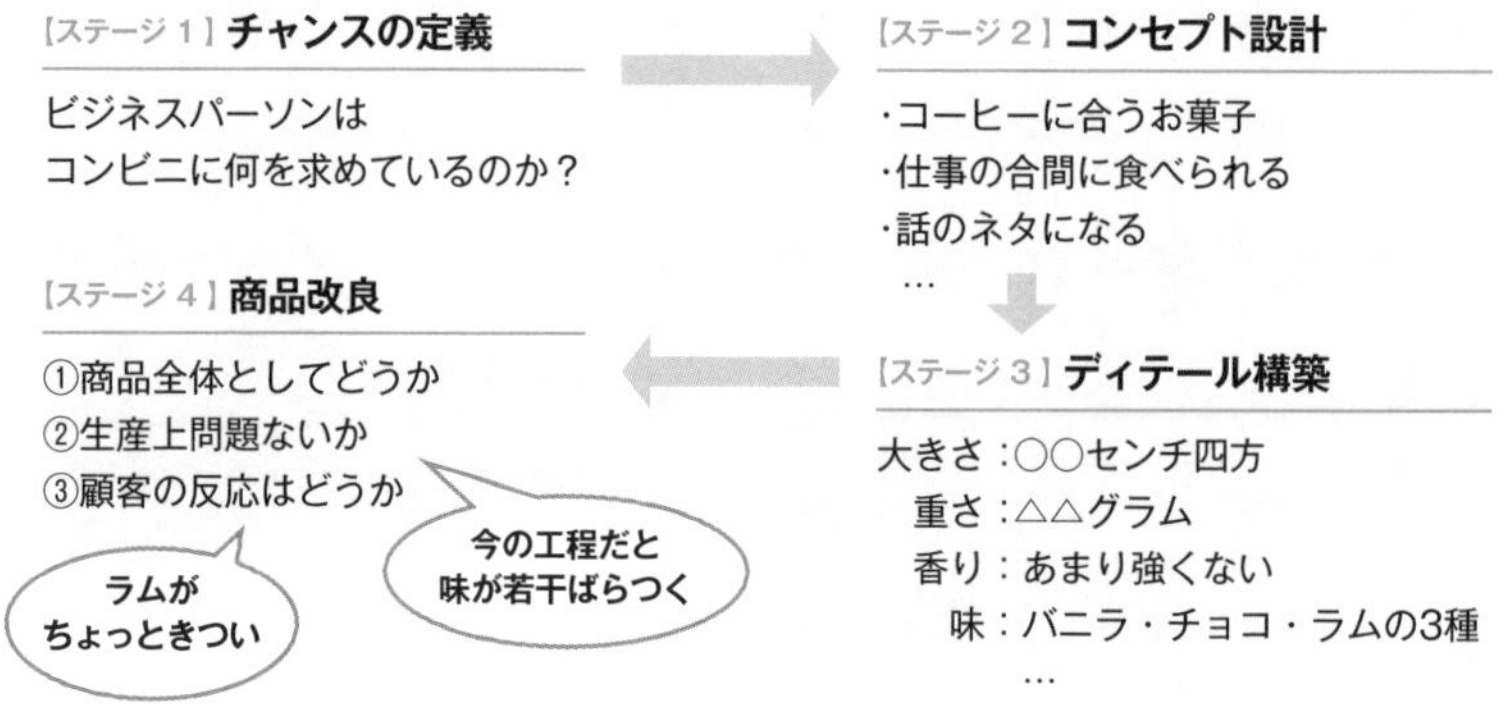

た部品・原料を組み合わせた、商品全体としての改良（System Refinement）である。ここでは、顧客に試作品を評価してもらうこともあり、ベンチマークとして想定したライバル商品との比較なども行われる。一定の基準を満たさないと次のステージに進むことができず、ここで止まってしまう商品開発も多くある。

二つめの改良は、大量生産の観点から行われる（Producibility refinement）。試作品を作ることと異なり、商品として市場に供給するとなると、大量に生産する必要がある。一定の品質を保ちつつ、大量に商品を生産するのは簡単ではない。

最後の改良は、発売後に行われるもの（Post-release refinement）である。具体的には、生産コストの削減や新しい機能の追加、欠点の補強などが行われる。品質トラブルへの対応などもあるが、顧客の期待を大きく下回る商品を発売してしまった場合、せっかく開発した商品がすぐに市場から撤退することになる。

ヒットする新商品とそれ以外では、ステージ1と2にかけるコストや時間が2倍程度異なるという調査結果もあります[31]。このため商品開発の初期ステージにおいて、しっかりと顧客ニーズを考え、それに対応する自社の技術の評価もしておくことが重要です。そのために有効な、各ステージでよく使われるツールの詳細については、5章で紹介します。これと並行して商品に関係する法律の確認も行われ、後の需要予測や生産計画、輸配送計画などやプロモーション計画の立案につながっていきます。

商品開発のステージの整理の仕方はほかにもありますが、基本的には①顧客ニーズの調査、②コンセプト設計、③開発（この中の分け方は複数ある）、④テスト・評価といった順で進んでいきます。

3 チームを導くアクティビティマップ

アクティビティマップとは

前ページで述べた商品開発の各ステージの中では、さらに細かな複数のアクティビティが行われます。これらの流れを整理し、開発チーム内で共有するツールが**アクティビティマップ**です。[32]このマップは、開発チームメンバーの役割分担を決めることや、スケジュールを組むことなどに使われます。開発チームにはさまざまなスキルを持ったメンバーがいるため、それをどう組み合わせたら、チームとして最もパフォーマンスを高められるかを考えます。

アクティビティマップはノードと矢印で描かれますが、ノードは状態を表し、矢印は活動を表します。また、2方向の矢印は、相互に影響し合う関係を表現します。

具体例として示した図4－3は、コンビニエンスストアを販売チャネルとする食品メーカーが、ビジネスパーソンをターゲット顧客とした商品開発を行う場合のアクティビティのマップです。これは商品開発の前半部、チャンスの定義からコンセプト設計までをスコープとした、比較的粗いものです。

まずはターゲット顧客であるビジネスパーソンの嗜好を、例えばビジネス街にあるコンビニエンスストアの販売データを分析することによって推測します。最近、どんな商品が売れているか、どの時間帯に売れているのかなど、さまざまな切り口で分析します。このほか、インタビューなどで、さらにその購買行動の背景を調査することもあります。これらを踏まえ、開発する商品のカテゴリーや価格帯などをイメージしていきます。

より具体的な商品コンセプト（容量や味、顧客にとってのベネフィットなど）を設計するために、一部の顧客により詳細なインタビューを行ったり、ウェブなどでターゲット顧客の心理や行動の変化を調べたり、人気のある競合メーカーの分析（どんなコンセプトのものが、いくらで売られているかなど）をします。これらは並行して行われ、かつそれぞれの結果が互いのアクティビティに影響し合います。

図4-3｜コンビニ商品開発のアクティビティマップ例

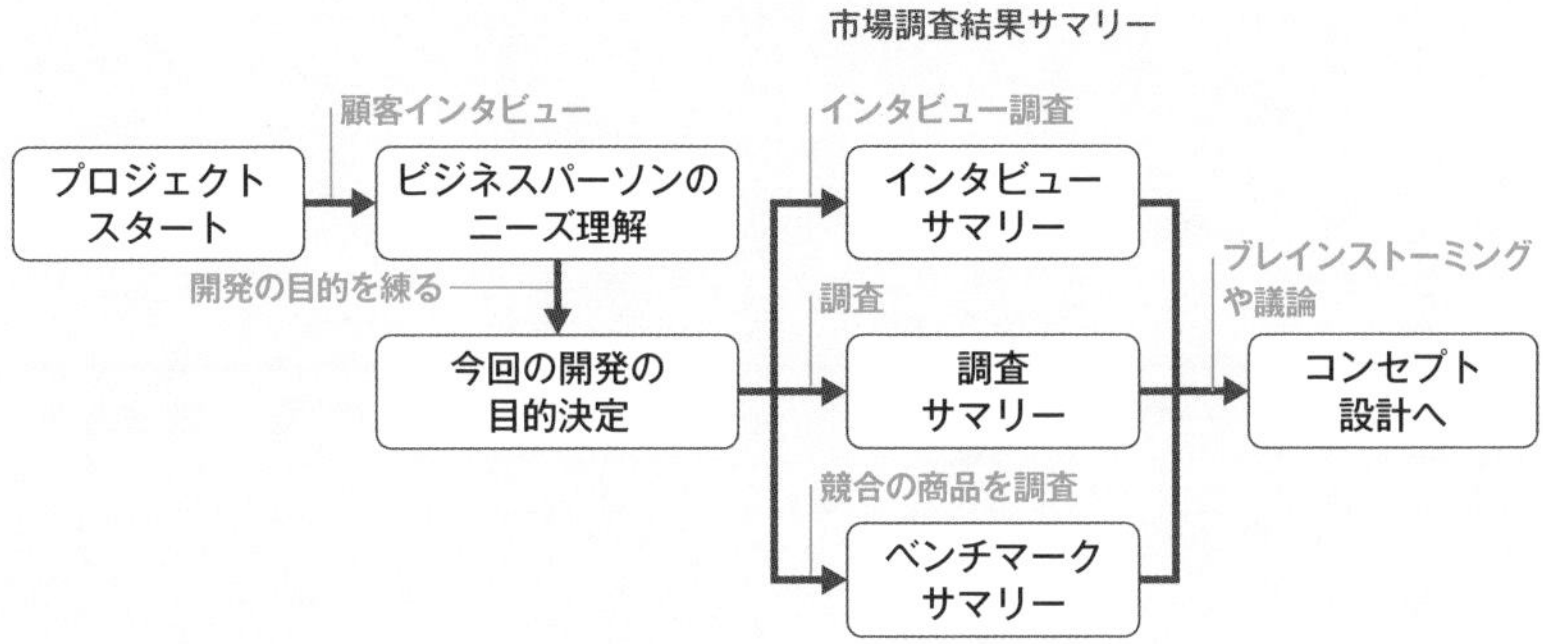

例えばウェブ調査によって、「最近は若いビジネスパーソンの間でプチギフトを贈り合うのが流行っている」といった情報をつかんだ場合、それをさらに詳しく調べるためにインタビューを実施する、といった関係です。この結果を受け、調査すべき競合商品も変わるかもしれません。そしてこういったさまざまな調査、分析結果を総括し、開発する商品の具体的なコンセプトを決めていきます。

アクティビティマップは、こうした商品開発の流れを図にしたものであり、開発メンバーが全体像を把握しやすくなります。役割分担やスケジュールもこれに沿って考えることができるため、スムーズに開発プロセスを進めることができるようになります。これは商品開発のプロセスが長い、つまり、多くのアクティビティが必要な業界で特に有効です。

しかし、必ずしもアクティビティマップが必要というわけではありません。初めて開発するカテゴリー、そのメーカーにとって重要な商品の開発など、丁寧に進めるべき案件で主に使うことになるでしょう。

アクティビティマップを使うべきとき

アクティビティマップが特に効力を発揮するのが、アクティビティ間の相互影響が想定される場合です。うまく協働して進めなければ、ムダな業務をしたり後戻りをしたりする羽目に陥り、大きく効率を落とすことになります。

商品開発はスピーディに進められるほど価値があります。アクティビティマップ自体が正解を導くわけではありませんが、開発スピードを速くすることができ、それはメーカーの競争力を高めることになるのです。

4 魅力的な商品を生む10のスキル

魅力的な商品は機械的・自動的なプロセスでは生み出せません。スキルを持った商品開発担当者が揃ったチームが試行錯誤することで生まれます。これには10種のスキルが有効であるといわれており[33]、それらは各開発ステージにおけるさまざまなアクティビティで通用します。

スキルは本を読んでも身につきませんが、どんなスキルがなぜ必要かを把握したうえで、実務の中で磨いていくことがプロフェッショナルになる最短の道です。いずれも実務経験を通じて培われていくものがほとんどですが、それらを支援するさまざまなツールも知られています。一部を次ページの図4-4で紹介しました。より詳しく知りたい方は、ツール名で検索したり、参考文献を調べてみてください。

スキル1. 段取り力 (Planning)

商品開発プロジェクトの目的、使えるリソース、スケジュールなどを整理し、把握しておく力。スタート時に段取りを組むことはそう難しくないが、リソースやスケジュールなどはプロジェクトが進行するにつれ変化する。そのため、臨機応変に段取りを調整する必要があり、これをアジャイルに行う力は実践の中で身についていくものである。

スキル2. 情報発見力 (Discovering)

顧客のニーズを含め、既存の知見やアイデアを見つける力。このスキルに優れた開発担当者は、既存のアイデアに乗るのがうまい。実際、メーカービジネスにおける商品開発では、他社のヒット商品を分析し、それに独自の改良を加えた商品が発売されている例は少なくない。オリジナリティがないといった意見もあるが、顧客のニーズに確実に対応しているアイデアを参考にすることは、商品開発の成功確率を上げる一つの有効な方法でもある。

スキル3. アイデアアレンジ力 (Creating)

新しいアイデアを生み出す力。ただ

図4-4｜各種スキルを支援するツールの一例

スキル	支援ツール例	概要
段取り力	クリティカルパス分析 Critical Path Analysis	アクティビティマップと併用され、その中で開発スケジュールの進行にかかる時間を決める重要なパス（道）を把握する方法。
	目標ピラミッド Goal pyramid	開発を成功させるためにクリアすべき①重要な指標、②基本的な指標、③制約条件を整理するツール。
情報発見力	フォーカスグループインタビュー Focus Group	6～10名程度のグループを対象とした自由回答のインタビュー。量は限られるが、市場を定性的に理解できる。
	観察研究 Observational study	実験環境ではなく、現実の世界において、商品やサービスのユーザーの行動を観察し、理解する研究方法。
アイデアアレンジ力	コンセプト分類ツリー Concept classification tree	考えた複数のコンセプトを、その特徴によってツリー状に分類して整理する方法。この過程で、見落としていた観点から新しいコンセプトを考えることができる。
	635メソッド Method 635	6人が順番に三つずつアイデアを加えていく方法。すでに出されたアイデアも参考にできる。
モデリング力	次元解析 Dimensional analysis	商品の性能やサービスの質に影響する複数の要素とそれぞれの影響度を想定し、それらを変化させることで異なる商品やサービスの性能、質を比較すること。
	感応度分析 Sensitivity analysis	商品の性能やサービスの質に影響する要素について、それぞれを変化させると、全体の性能や質にどれくらい影響があるかを分析すること。
情報評価力	マルチボーティング Multi-voting	膨大な量の候補から、少数の有力な候補にしぼり込むための、チームの意思決定支援方法。一人5～15個の投票権をもち、自分がいいと思う候補に投票する。
	スコアリング＆スクリーニングマトリクス Screening and Scoring Matrices	20以上の候補をラフに10程度にしぼりこむのに使われるのがスクリーニングマトリクスで、10程度からさらにしぼり込むのに使われるのがスコアリングマトリクスである。複数の顧客ニーズに対し、ベンチマークとの3段階の比較（優れている、同程度、劣っている）で評価するのがスクリーニングであり、各顧客ニーズの重要度と候補の点数から評価するのがスコアリング。

し、人はゼロからアイデアを生むことはほとんどない。イノベーションが離れた領域にある既存の知の融合であるように、アイデアもいかに新しい組み合わせを思いつくことができるかが重要である。

スキル4．アイデア表現力(Representing)

商品をグラフィカルに表現する力。これによって自分のアイデアをチームメンバーなどへ伝え、議論できるようにする。スケッチやCADなどを使った表現がある。

スキル5．モデリング力(Modeling)

商品のパフォーマンスを予測するモデルを構築する力。これはAIによって大きく変わりつつある。製薬業界では、薬の副作用などもモデルで事前に予測するといった試みがある。

スキル6．試作品設計力(Prototyping)

商品が現実にどんなものかを、試作品を作ることで検討する。試作品は開発チーム内の議論を促進するため、これを短期間で作る力には大きな価値がある。

スキル7．実験分析力(Experimenting)

商品の効果、機能を実験によって検証する力。具体的には、実験デザイン、実行、統計的な分析と結果の解釈などのスキル。実験には、単なる試用から、コストをかけた大規模なものまで幅広くある。

スキル8．情報評価力(Evaluating)

定量的、定性的なさまざまな情報を総合的に踏まえ、商品を評価する力。直感的な評価、定性的な評価、定量的な評価がある。ここでは顧客が望むものなのか、現実に生産できるものなのか、という二つの軸を忘れないこと。

スキル9．決断力(Deciding)

その時点で使える情報のみで、行動を決める力。情報はいつまで待っても、完全には揃わない。ビジネスにおいては、不十分な情報での決断が重要になるが、それは勢いで決めてしまうこととは異なる。商品設計のどの要素が、顧客のニーズに大きな影響を与えるかを正確に見抜く力が必要である。

スキル10．情報共有力(Conveying)

開発した商品に関する情報を、さまざまな関係者に広く共有する力。関係者にはその商品について詳しくない方もいるので、商品の価値を正しく伝えるとともに、対応できないニーズについても正直に伝えることが重要である。

5章

商品を生み出すアクション

1 チャンスを定義する

チャンスの定義とは

4章2項で紹介した商品開発の4ステージについて、より詳細に説明していきます。

最初は「チャンス」の定義（Opportunity Development）です。

「チャンスを定義する」とは、次の三つが明確になることをいいます。

①顧客のニーズ
②顧客ニーズを満たす商品機能の評価指標（なにを達成すれば顧客ニーズを満たせるか）
③顧客ニーズと評価指標の関係性（特にどの指標がどれだけ重要か）

つまり、さまざまな情報を集めて顧客のニーズを想定し、それを満たす商品機能を測定する指標が明確になっている状態です。さらに、特にどの指標をクリアすることが、顧客ニーズにとって重要なのかも定義します。

コンビニスイーツのニーズと評価指標

顧客のニーズは、一つの商品に対し、通常は5～20種類あるとされています。例えばコンビニスイーツであれば、

- 少し贅沢感を味わえる
- 価格が高すぎない
- ボリュームが適度にある
- カロリーが高すぎない
- 1回で飽きない味である
- おいしい

などがあり、それぞれを何で測定するかを定義します。

ボリュームやカロリーは数字で表現できるため、比較的、基準が明確になりやすいと考えられます。一方、「少しの贅沢感」や「1回で飽きない」などは、どうやって測定するかをよく考えなければなりません。

さらに、例えば贅沢感やボリュームとカロリーはトレードオフの関係にある可能性が高く、それらの評価は本来、互いに影響し合うはずですが、開発ステージにおける調査では個別に評価さ

図5-1｜コンビニスイーツのQFD

	重要度	顧客ニーズを満たしているか	コスト評価	リスク評価	・・・
ニーズへの対応度合い	0.3	◎	○		
味	0.2	○	○	○	
価格	0.2	○	◎		
パッケージ	0.1		△		
・・・					

れるため、指標間の関係性も考慮しなければなりません。

顧客ニーズを整理するマトリクス

これらのニーズの重要度には差があります。これを整理するツールがあり、例えば**品質機能展開（QFD／Quality Function Deployment）**が知られています。図5-1の通り、縦には顧客ニーズ（What）が、横はそれをどう測定するかの指標（How）が並びます。

それらがクロスするマトリクスの中には、各顧客ニーズと評価指標の関係性が、例えば3段階（強◎・中○・弱△）で記入されます。顧客ニーズは重要度も評価されていて、各評価指標の重要度が計算されます。併せて、ライバル商品と想定する**ベンチマーク**も同じマトリクスで評価し、比較も行います。

これは一例ですが、このようにある程度ロジカルに顧客ニーズと商品の評価指標を整理することで、何を目指して商品開発するのかを明確に定義していきます。

顧客ニーズを探るには、少人数の潜在顧客のグループに話を聴く**フォーカスグループ**や、聴くのではなく行動を観察する**観察研究**（Observational Studies）、ライバル商品を研究する**ベンチマーク調査**（Product Benchmarking）などの手法を用います。

中でも顧客とともにニーズや解決したい問題（ジョブなどともよばれます）を決めていく**エスノグラフィー**などは**VoC**（the Voice of the Customer）とよばれ、重要な手法として知られています[34]。

このとき、例えば筆記用具を単に「書く」ためだけのものではなく、「おもちゃ」として捉える柔軟な発想があります。人気アニメとのコラボレーションなどは、そういった発想から生まれています。

2 アイデアを具体化する

コンセプト設計のポイントとステップ

メーカーとしてのチャンス、つまり特定の顧客ニーズを定義した後は、商品のコンセプト設計に進みます（Concept Development）。

引き続きコンビニスイーツを例に考えていきましょう（図5－2）。

商品の構造を踏まえた開発コスト、商品の重さや大きさを明確にし、生産の実現性を検討します。続いて、商品を構成するパッケージや味、価格、容量、香りといった要素に分解し、それらの間の関係性を整理します。味と香りの相性や、価格と容量のバランスといったものです。そして、各要素がクリアすべきパッケージや味、価格などの評価とその達成基準を決めます。商品開発の予算やスケジュールを考慮しつつ、これらを明確にします。

コンセプトを設計するステップは大きく五つに分かれます。

ステップ1．コンセプトの候補を出す
ステップ2．コンセプトをしぼり込む
ステップ3．顧客ニーズや生産の実現性、コストやスケジュールなどを踏まえ、コンセプト候補を評価する
ステップ4．複数のコンセプト候補を組み合わせたり、改良する
ステップ5．候補の中から最も強いコンセプトを選択する

ここで言う「強い」コンセプトとは、ほかのコンセプトよりも明らかに優れている点があり、かつ、欠点がほとんどないものを指します。このステップ3と4を繰り返しながら、組み合わせたコンセプトを評価したり、評価したコンセプト同士を組み合わせたりして、強いコンセプトの設計を目指します。

コンセプトの創出には、既存のものを探してくる方法と、新しいアイデアを生み出す方法の2種類があります。新しいアイデアの創造だけが素晴らしいのではなく、すでに世界中で生み出されてきた数多くのコンセプトを知り、それを活用できることも大変有効です。本当に価値のある提案をするためには、まず過去を学ぶ必要があります。

図5-2｜コンビニのバウムクーヘンのコンセプト設計

商品：エナジーバウム
大きさ：○○センチ×○○センチ×○○センチ
重さ：△△グラム
パッケージ：プチギフトとして使えるよう
メッセージを書けるスペースをつける
価格：気軽に渡せる、受け取れる価格感
味の質：自分への励ましにも食べたいおいしさ

A案

①アイデアを生む
②失敗を見返す
③謝罪する　など
渡す相手のシーンに合わせた
成分と味で複数の種類

B案

3種類の味が
一つのパッケージで楽しめる

コンセプト設計の支援ツール

コンセプト設計について、すでにあるアイデアから学ぶのに役立つツールを紹介します。

まずは**インターネット検索**です。簡単に膨大な情報にアクセスすることができますが、嘘や不要な情報も多い中から、いかに必要な情報を探し出せるかが勝負です。**カタログ調査**も有効です。メーカーのカタログには詳しい商品情報が掲載されていますし、物流企業のカタログには複数のメーカーの大量の商品が掲載されています。ライバル商品を購入し、分解してコストや性能を分析する**ベンチマーク調査**もよく行われます。

一方で、新しいコンセプトはどうやって生み出すのでしょうか。

最も一般的なのはおそらく、**ブレインストーミング**でしょう。成功させるポイントは、主催者が事前に問題点を明確にし、それに詳しい参加メンバーを招集することです。

Bio-Inspired設計も聞いたことがあるかもしれません。これは自然界に存在するメカニズムを参考にする方法です。例えばサメの皮膚を模した抵抗の小さい水着や、ヤモリの足の毛の構造を参考にした、繰り返し使えるテープなどが知られています。

6人の参加者が、順番に三つのアイデアを追加していくという**635メソッド**もおもしろい方法です。これは前のメンバーが出したアイデアからインスパイアされることもあり、アイデアがどんどんブラッシュアップされていくというメリットがあります。

強いコンセプトを設計することは、商品開発において最も重要なプロセスだといわれます。

3 ディテールを設計する

予測と測定のためのディテール設計

次はディテールを詰めていきます(Subsystem Engineering)。ディテールとは、商品のより細かな構成要素のこと。

例えばマスクであれば、口や鼻を覆う部分と、耳にかける紐の部分に分けることができます。マスクには家庭用・医療用・産業用がありますが、医療用と産業用のマスクでは満たすべき機能が明確に定義されています。医療用マスクは、医師の口から雑菌が患者の身体に付かないようにするためのものであり、家庭用の、ウイルスなどの吸引を防ぐためのものとは目的が異なります。産業用の防じんマスクであれば、粉じんの捕集性能が重要になります[35]。それぞれの目的に合わせた設計が必要であり、それに沿ってディテールが設計されます。

こうしたディテールを設計することによって、モデリングや評価が可能になり、商品のパフォーマンス（機能の定量的な評価値）を予測、測定できるようになります。

なかにはパフォーマンスの予測や測定が難しい構成要素もあるかもしれません。例えばマスクのデザインは、人によって評価が大きく分かれる傾向がありそうです。しかし必ずしもすべての構成要素を評価する必要はなく、顧客ニーズの観点から重要なものを評価するのが優先です。医療用マスクのデザインは、雑菌の拡散を抑制する機能と比較すると、重要とはいえませんね。

ちなみに商品の構成要素が整理されたものは**BOM**（Bill Of Materials：部品展開表）とよばれ、商品ごとの需要予測はこれを使って構成要素、つまりは原材料に定量的に展開され、発注や生産につながっていきます（7章4参照）。

数理モデルと試作品

このディテール設計では、大きく2種類のツールを使います。一つは**数理的なモデル**であり、商品のパフォーマンスを予測するために使います。もう

図5-3｜試作品を囲んだ会話

一つは**試作品**であり、商品を実際に使用した際に起こることの理解や、パフォーマンスの測定のために使います（図5－3）。

数理モデルの一般的な式は次の通りです。

商品のパフォーマンス　＝　係数　×　設計のパラメータの組み合わせ

つまり、各種構成要素のパフォーマンスに影響するパラメータの値を変化させることで、商品全体のパフォーマンスをシミュレーションするのが、数理モデルです。もちろん、モデルのレベルはさまざまであり、おおざっぱに主要機能のパフォーマンスだけを表現するものから、かなり現実に近いパフォーマンスを再現できる詳細なものまであります。目的やかけられる時間、費用などを考慮し、そのレベル感を決めることになります。

また、試作品についても詳細な目的はさまざまです。

- 商品が現実世界でどのようなパフォーマンスを示すのかを理解する
- 設計の現状のレベルを関係者に共有することで、改善のための議論を促進する
- 試作品をマイルストーンとして、設計がどこまで進んでいるかを確認する
- 商品が顧客に受け入れられるかをテストする

数理モデルによる商品のパフォーマンス予測と、試作品によるパフォーマンス評価を経て、いったん商品ができ上がります。

4 最高の商品のための改良

商品改良には種類がある

このステージでは、商品・サービス全体でのパフォーマンス評価を踏まえた改良（Product Refinement）をします。

個々の構成要素のパフォーマンス評価とは異なり、コンピュータ上のモデルを使った評価は難しく、実物を使ったパフォーマンス評価が必要になります。なぜなら、要素間に想定外の相互影響がある場合がほとんどで、それらすべてを事前に把握し、モデルで表現することは困難だからです。改良は、大別して「商品全体としての改良」「大量生産を踏まえた改良」「発売後の改良」という観点から行われます。

商品全体としての改良

商品全体としての改良では、各構成要素の機能（役割）の再定義と、原材料を整理したBOMの更新が行われます。例えば、化粧水の中身と容器、それぞれで中身の保湿機能や容器のデザイン、持ちやすさなどを評価し、それが基準を超えて合格になったとします。しかし、容器に化粧水を入れた際、温度によっては容器の塗装がはがれてしまう、といった問題が発覚したら、容器の役割として耐久性を追加し、そのための糊を新たにBOMに加えるといった改良が行われます。

また、この改良は記録として残すことが重要であり、後でその理由や経緯を誰でも確認できるようにしておきます。多くの人が関わるので仕方のない面もありますが、現実のビジネスでは、担当者が代わったために過去の経緯を知らず、うまくいかなかった改良案を再度提案してしまうことも珍しくありません。

大量生産を踏まえた改良

大量生産を行うと、少量の試作品の生産時には見つからなかった問題が発覚することがあります。大量に生産すると、品質がばらついてそれが許容範囲を超えてしまったり、生産機械が摩

図5-4｜さまざまな業界の改良事例

シャンプーと
コンディショナーの
見分けがつきにくい……
シャープペンは
筆跡が太くなるのが
いやだな……
・色を変える
・容器の形を変える
・書くたびに芯が回転する設計

耗して途中から不良品が生産されてしまったりといったことも起こりえます。顧客が求める品質の商品を大量に生産することを目指すのが、このステージにおける改良です。

商品開発は、顧客のニーズを考えるマーケティング部門と、技術や処方を開発する研究部門が中心となってスタートしますが、大量生産の実現を目指す改良は、工場を中心に行われることが多いといえます。

発売後の改良

商品開発の最後のステージは、発売した後の市場、顧客の反応を受けての改良です（図5－4）。これは商品開発の責任者が改良をやめると意思決定するまで続きますが、「改良をやめる＝その商品・サービスの販売をやめる」ということではありません。発売後の改良はさらに、①コスト削減やより高いパフォーマンス、市場変化への対応を目指すもの、②商品に関する想定外のトラブルへの対応を目指すもの、に分けることができます。

例えばライバルメーカーが、機能の類似する商品をより安い価格で発売した場合、顧客を奪われる可能性が高くなります。こういった市場の変化を受け、さらに安い価格での販売を目指して生産コストを下げる、または、価格は同じでもより高い機能を備えた商品に改良する、といった対応が考えられます。

自動車のリコールをニュースで見たことのある方も多いと思いますが、これは商品に想定外の大きなトラブルが見つかり、事故防止のために回収して改良を目指すという動きです。

以上のように、商品は要素間の相互影響も踏まえた全体としてのパフォーマンスや、大量生産時の安定性、実際の市場の反応などを考慮して、顧客、そしてメーカーにとって最高の設計を目指した改良が行われるのです。

5 商品の価値を伝える

価値伝達

マーケティングを、

①リサーチ
②商品開発
③プロモーション

に分けて考えたとき、第2部ではここまで、①と②について、その考え方と実践的ツール、必要なスキルなどを説明してきました。一方で、マーケティングを**価値創造**と**価値伝達**に分ける考え方もあり、前述の①と②は価値創造に含まれます。本項では後者の価値伝達（Sales Promotion）を解説します。

メーカーとしては、開発した商品の価値は、できるだけ多くの顧客に知ってもらいたいものです。そこで必要になるのが価値伝達のプロセスです。一部の商材では、マーケティング予算の50%以上をプロモーション費用が占めることもあり[36]、メーカービジネスにおいては非常に重要な活動です。

メーカービジネスにおけるマーケティング・プロモーションには大きく分けて図5－5に示した3種類があります。これらをメーカーと小売店が協働して行い、少しでも多くの消費者に商品を知ってもらい、使ってもらおうとします。

プロモーションは有効なのか？

マーケティング・プロモーションは多くの研究者、実務家から関心を集めており、１９９０年代から数多くの研究が行われてきました。具体的には、下記のようなテーマです。

- プロモーションが購買行動に影響するメカニズム
- プロモーションによる集客効果
- プロモーションの長期的な効果
- プロモーションによる利益創出

しかし、これらの問いに対する統一的な答えは得られていません。というのも、業界やカテゴリー、価格帯やプ

図5-5｜マーケティング・プロモーションの分類

名称	誰から	誰に向けて	概要
トレード・プロモーション	メーカー	小売業	特定商品の売り上げに対する販売奨励金や、売り場確保のための協力金など
リテール・プロモーション	小売業	消費者	特定商品、カテゴリーの売り場づくりやちらし広告など
コンシューマー・プロモーション	メーカー	消費者	テレビCMや、クーポン配布、キャンペーンなど

ロモーションの内容などが多岐にわたり、十分な分析ができないためです。技術の進歩によって、スマートフォンやSNSなどが登場し、消費者の購買行動も変化する中で、次々と新しいプロモーションも生み出されています。

マーケティング・プロモーションに正解はないといえる中で、それでもある程度コンセンサスを得ている知見もあり、それらをいくつか紹介します。

- リテール・プロモーションは短期的には売り上げを増やす効果があるが、場合によってはその後に売り上げが減る要因にもなる
- ある市場において高いシェアをもつブランドは、プロモーションの影響を受けにくい傾向がある
- プロモーションを行う頻度が多いと、顧客の反応が鈍くなる傾向がある
- プロモーションは対象品だけでなく、関連商品の売り上げを増やしたり、競合商品の売り上げを減らしたりする効果がある

これは一例ですが、何が起こるかは予想できるものの、それがどの程度かはわからないことが多いのが現実です。そのためビジネスでは、直近の事例の分析結果を踏まえつつ、開発した商品の価値をいかに伝えるべきかを常に試行錯誤しているのです。

そして、この創造した価値がどれだけ多くの顧客に伝達できたかの結果が売り上げであり、その大きさによって利益や生産コスト、生産にかかる時間などが変わります。これは発売前にある程度、想定しておく必要があります。つまり、開発する商品の価値とそれを伝達するためのプロモーション計画を踏まえて、需要を予測するということです。

次章では、この新商品の需要予測について詳しく説明します。

6章

新商品はどれくらい売れるのか

1 新商品の需要予測手法

需要予測は複数回行う

商品開発と並行して行われるのが、新商品の需要予測です。新商品の需要予測は、1商品につき1回ではなく、発売前だけでも複数回の予測が必要です。なぜなら、各時点の予測の目的が異なり、使える情報も異なるためです（図6－1）。

商品開発の最初のステージであるチャンス定義の時点では、需要予測によって、そのカテゴリーの商品を開発するメリットがあるかを確認します。コンセプト設計の時点では、生産にかかるコストを試算しますが、それは需要の大きさの影響を受けるため、ここでも需要予測が必要になります。開発段階では、プロモーションの具体的内容は決まっていない場合が多く、市場のポテンシャルを予測することが多いです。

発売前の改良がある程度終わった時点の需要予測は、商品の原材料の発注や、生産シミュレーションに使われます。ここでは商品の価値を伝えるマーケティング・プロモーションの内容も考慮しますが、原材料の調達リードタイムが長い場合は、その期限までにプロモーションの立案が間に合わないこともあります。

マーケティング・プロモーションは、できるだけ発売に近い時期の市場を考慮し、その内容を決めると効果的です。一方で、原材料の調達や大量生産といった商品供給サイドの締め切りがあり、トレードオフの状態でスケジュールを管理することが重要になります。

これらのプロセスは、必ずしもメーカーの社内だけで行うわけではありません。調査や需要予測を専門的に請け負う企業があり、メーカーは必要に応じて、そういった企業へ外注します。このとき、メーカー側で注意すべきは、公表されている予測精度の**物的粒度**です。物的粒度とは、SKU、商品別といった小さな単位なのか、ブランド、エリア計といった大きな単位なのかという、需要予測を行っている対象の大きさのことです。

すでに述べた通り、商品群などの大

図6-1 ライフサイクルと需要予測

開発ステージ	需要予測の目的	需要予測の主な考え方
チャンスの定義	ビジネスメリットの確認	市場ポテンシャル予測
コンセプト設計	生産コスト試算	シナリオ分析
発売前の改良	原材料調達・生産計画	マーケティング効果想定
発売直後	早期の生産調整	市場データ分析
発売後	定期的な生産調整	時系列分析・因果モデル
終売時	在庫残の抑制	営業戦略考慮

きな粒度では、需要予測は簡単になる傾向があります。生産や原材料の調達にはSKU別の需要予測が必要になるため、その場合の精度について考えなければなりません。また、こういった外注の調査は時間を要するという欠点もあります。かかる費用も決して安くはないため、商品開発のスケジュールやかけられる予算額に鑑み、依頼するかの意思決定を行います。

新商品の定義

新商品の定義について確認しておきましょう。

ひと口に「新商品」といっても、その定義は企業によってさまざまであり、同一企業内でも部門によって異なることは珍しくありません。新商品とよぶ期間は、発売から1カ月間だけの場合もあれば、1年間の場合もあります。これは、その企業、部門の仕事内容や、そのときの分析の目的によります。例えばマーケティング部門が、発売から3カ月間にテレビCMや店舗での販売促進プロモーションを行うのであれば、その期間を新商品とよびます。工場であれば、発売までのスケジュールを意識して生産計画を立案するため、発売前までを新商品とよんだりします。同じメーカー内のコミュニケーションでも、新商品の定義は確認する必要があるといえるでしょう。

需要予測においては、新商品の定義は明確です。ロジックが変わるタイミングで、新商品から既存商品になります。需要は①トレンド、②季節性、③ノイズに分解できるということはすでに紹介しましたが、これがデータとしてわかってくると、統計的な時系列分析や因果モデルによる需要予測ができるようになります。ここからが既存商品であり、これが難しい期間までが新商品と区別できます。続いては、商品のライフサイクルに沿って整理してみましょう。

ライフサイクルに合わせた需要予測手法

需要予測のロジックは、商品のライフサイクルに合わせて3段階で整理できます（図6－2）。商品のライフサイクルという考え方は12章3項でも登場しますが、ここでは需要予測の観点で整理するため、12章の在庫管理における考え方とは異なります。ライフサイクルに限りませんが、目的によって区切り方や定義を変えるべき概念は多くあり、重要なのは目的に合わせて最適なものを考える発想力です。

さて、発売前においてはその商品の販売データがまったくない状態であるため、新商品と特徴が似ている**既存商品**（**類似品**などとよばれます）の販売データを参考に予測を行うことが多いです。筆者の調査（n＝104社）の結果でも、この類似品ベースの予測ロジックを採用しているメーカーが過半を占め、第1位でした。ただ、類似品ベースのロジックにもいくつか種類はあり、それらについてはこのあとで代表的なものを紹介します。この時点の需要予測ではほかに、売上目標から計算する目標ベースのロジックや、マーケティング調査（一部の店舗でのテスト販売や、モニターに購入意向をヒアリングする調査など）なども活用されますが、どのロジックも精度が高いとはいえません。

発売後1年以内の商品は、ある程度の期間の販売データが活用できるものの、すべての季節における売り上げはわからないため、需要の季節性を読み違えることがあります。商品の特徴を考慮し、需要の季節性が似ると考える商品の実績（需要変化のパターン）を参考にしますが、実際に消費者がどう感じるかを正確に把握するのは簡単ではありません。

また、発売後に消費者からの情報発信がきっかけで、売り上げが急増することも珍しくなくなってきました。これは、消費者がSNSなどを通じて情報発信できるようになり、それが一部の年齢層では信頼されるようになってきたためです。化粧品では、美容雑誌や有名なウェブサイトにおけるコスメ大賞の受賞なども、需要に大きく影響することがあります。こういったメーカー発信ではない情報を事前に察知することはAIでも難しいといわれています。

発売から1年以上経過した商品については、2章で説明した通り、統計的な予測モデルの活用が有効です。この予測精度は先述のロジックと比較して高いですが、システムの導入や統計的な予測モデルを管理するスキルが必要になります。

発売前の需要予測

発売前の商品の需要予測手法は、大きく3種類に分けられます。[37] それぞれの手法の中に、類似品ベースの考え方

図6-2｜商品のライフサイクルと需要予測のロジック

時期	発売前	発売から1年間	1年以上経過
代表的な予測ロジック	類似品ベース 目標ベース マーケティング調査	パターン予測 時系列予測	時系列予測 因果モデルによる予測
予測精度	低い	やや低い	高い
ビジネス課題	属人的になりがち ノウハウ蓄積が困難	季節性の予測が困難 C to Cの情報交換察知	システム化費用 システム管理スキルの育成

が含まれます。

1．判断的予測
(Judgemental Forecasting)

営業担当者の意気込みの積み上げや**シナリオ分析**、**Assumption Based モデリング**など、需要に影響が大きい条件について人が判断することで、予測を行う手法。属人的かつ根拠が曖昧になりやすい一方、少ない情報や定性的な情報でも柔軟に考慮することができる。過去に発売された類似品との比較を示すことで、判断的予測をしやすくする工夫がされる。

2．定量的モデル
(Quantitative Methods)

代表的なものに回帰分析がある。これは、過去に発売された類似品の需要に影響したと考えられる要素を整理し、それらの影響度を重回帰分析で推定するというもの。これを使って新商品の需要を予測するという手法だが、重要な要素が今回も同じとは限らず、影響度はあくまでも過去の実績からの推定のため、新商品に当てはまるとは限らない。

3．市場調査
(Customer/Market Research)

新商品のコンセプトをモニターにヒアリングした結果や、実際に試作品を使ってもらった際の評価などを、ライバル商品や類似品と比較することで需要を予測する。しかし、実験と実際の購買では環境や心理が異なることや、モニターが必ずしも市場（顧客）全体を表していないことから、この手法の精度は高いとはいえない。

2 予測モデルとナレッジマネジメント

新商品の需要予測精度が低い理由

発売前の需要予測の精度は、既存商品と比較すると低い傾向があります。業界によって、また商品によっても大きく異なりますが、平均すると、既存商品と比較して**誤差率**は2～4倍程度になっています。過去の販売データがなく、統計的な予測ができないため、精度が低いのは理解できるものの、多くのメーカーではまだ精度改善の余地があります。

その改善余地とは、**ナレッジマネジメント**（Knowledge Management）です。これは知見の蓄積と活用のことであり、「なぜ予測が外れたのか？」または「なぜ当たったのか？」を分析し、それをあとで活用しやすいように蓄積することを指します。これを継続的に行わない限り、新商品需要予測の精度は向上しないでしょう。

筆者の調査結果（n＝101社）では、需要予測のナレッジマネジメントを意識しているメーカーは約半分であり、さらに専用のデータベースとして管理できている企業は2割未満でした。

ナレッジマネジメントのための予測モデル

具体的なアクションが次のステップ1～6です。ナレッジマネジメントを組織として行うには、継続的に活用する予測モデルを決める必要があります。予測のたびに異なるロジックを使っていると、そこから得られる知見をあとで活用することは困難なためです。

ステップ1．さまざまな予測ロジックを知る

世界ではさまざまな新商品の需要予測モデルが知られている。しかし、それらが十分に知れ渡っているとは限らない。まずはどんなロジックがあるかを知り、自社にはどれが合いそうかを考えることが重要。

ステップ2．自社で統一的に活用する予測モデルを構築する

ロジックを決めた後は、それを使っ

図6-3｜予測モデルの例

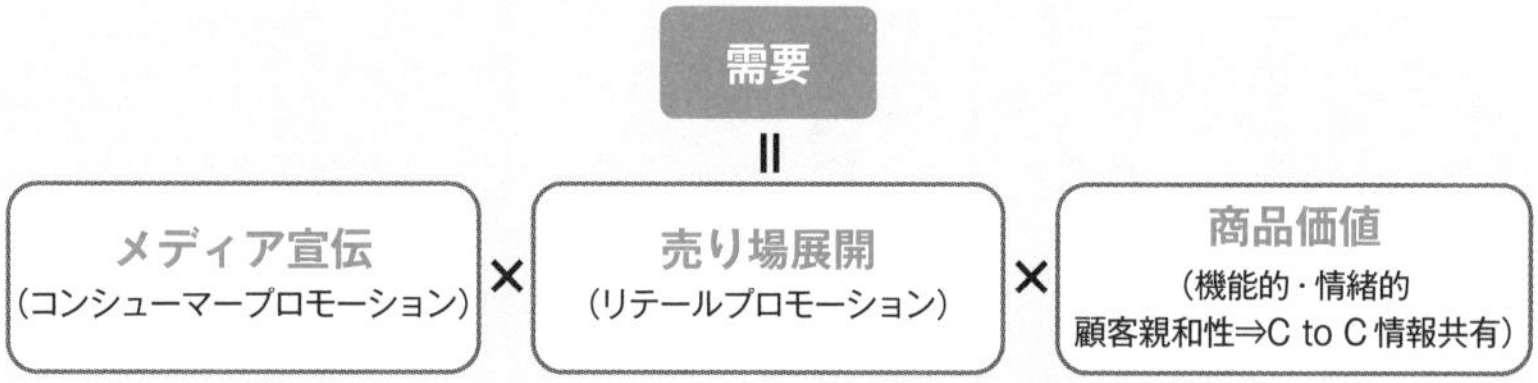

このモデルのポイント

・需要との因果関係を想定（顧客層や地域軸での分解は因果関係ではない）
・マーケティングの相互影響を考慮した掛け算モデル
・各要素の影響度は過去データから推定（ただし、あくまでも過去の環境下での値）
・古典的な一方向のマスマーケティングを想定しない

て自社が扱う商材に合ったモデルを構築する。ビジネスモデルによって需要に影響する要素は異なるため、それをモデルに反映する必要がある。これは、そのビジネスを熟知した人にヒアリングしながら行う（図6―3）。

ステップ3．予測モデルを実務の中で使いこなす

構築した予測モデルを、実務で使用するメンバーがきちんと理解し、正しく使いこなせるようにすることが必要。せっかく作った予測モデルでも、正しく使われなければ予測をミスリードしてしまう危険性もある。

ステップ4．振り返りをしくみ化する

実務を担うメンバーが予測モデルに慣れてきたら、結果を振り返るプロセスをしくみ化する。振り返りを継続的に行うことは、想像するよりもずっと難しい。そのため、しくみとして定着化を図ろう。

ステップ5．知見創出のスキルをトレーニングする

知見はデータ分析によって生み出される。どの要素がどれくらい需要に影響したかを、定量的に推定するにはスキルが必要になる。

ステップ6．ナレッジデータベースを構築する

知見が創出できるようになったら、それを蓄積するためのデータベースを構築する。これは人に負荷をかけないしくみであることが重要。

新商品の需要予測を、比較的うまくできている世界トップクラスの消費財メーカーでは、こうした予測根拠の可視化、振り返りによる評価、知見の蓄積に注力しています[38]。

3 気をつけたい認知バイアス

人の判断はなぜ間違うのか？

新商品の需要予測にはデータを活用するものの、人による判断も大きな影響を与えます。しかし、人は常に合理的とは限らないことが指摘されていて、それは**限定合理性**とよばれます。[39] 人の情報処理能力には限界があり、常にすべての情報を把握し、それらを正確に分析したうえで、最適な判断ができるわけではないということです。ほかにも、時間の制約や感情、周囲のムード（空気）の影響を受け、非合理的な判断をくだしてしまうことがあります。

この非合理的な思考には複数のパターンが見つけられていて、**「認知バイアス」**（Cognitive Bias）とよばれます。手元にある少ない情報だけでも、全体像を表していると考えてしまう**代表性ヒューリスティクス**[40]や、自分の意見、考えと合う情報ばかりを重視してしまう**確証バイアス**などは、日常生活でもよくみられます。

こうした認知バイアスは知っていてもなかなか避けることは難しいものです。しかし、ビジネスではしくみを工夫することで、認知バイアスを避けることが可能です。ここでは、需要予測に関わる認知バイアスを紹介します。

予測に関わる認知バイアス

新商品の需要予測は、大別して図6－4の四つのステップで実施します。[41]

Ⅰ情報収集

まず、情報収集の段階では、入手しやすい情報を使う傾向があります。これは**利用可能性ヒューリスティクス**[42]とよばれますが、特にデータ分析に使う情報は幅広く収集する必要があります。

Ⅱ予測ロジック選択

予測ロジックの選択においても同様であり、使い慣れたもの以外に、より適したロジックがあるかもしれません。例えば、新商品は、①カテゴリーが新規か既存か、②市場が新規か既存かによって、大きく4種類に分けられます。商品を改良し同じ市場に再投入する場

図6-4｜需要予測のステップと認知バイアス

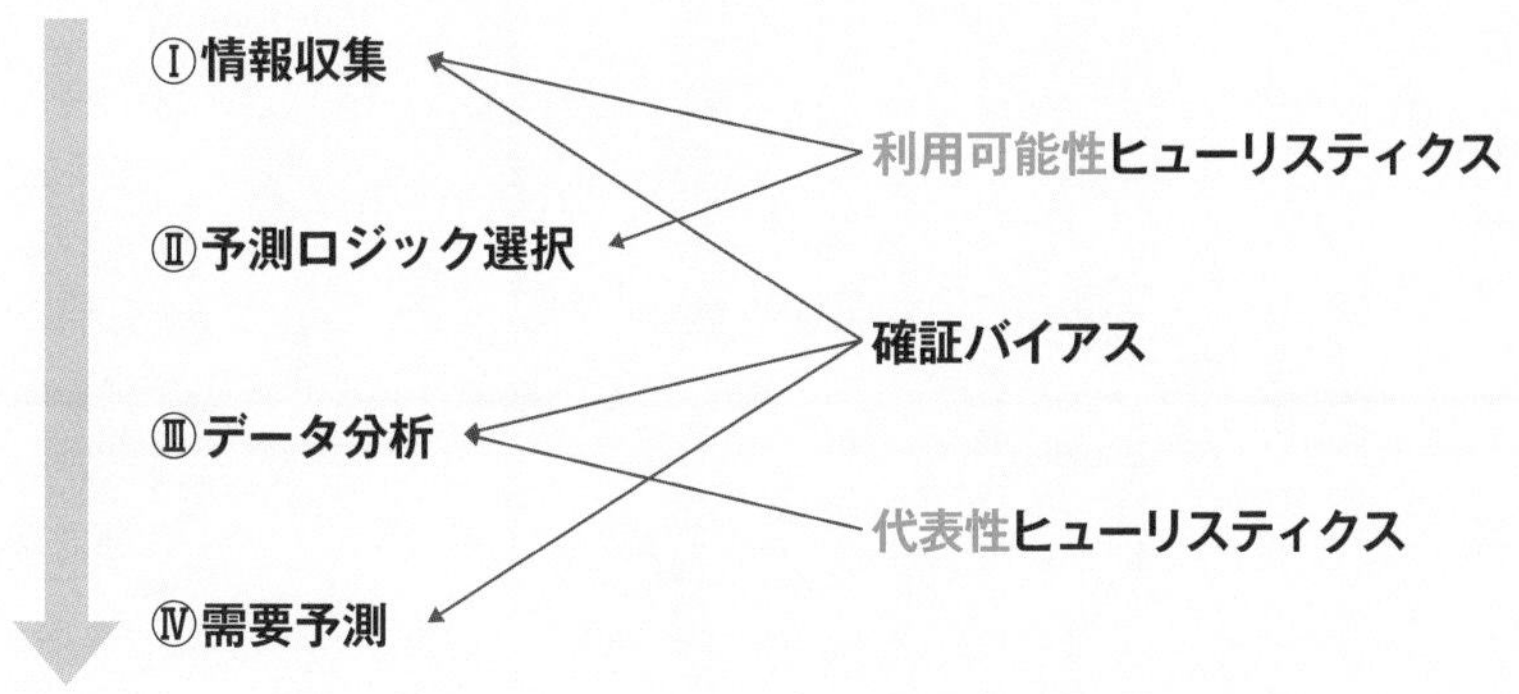

合（カテゴリー：既存　市場：既存）と、初めてのカテゴリーを配置し新たな国へ進出する場合（カテゴリー：新規　市場：新規）では、需要予測のロジックは変えるべきです。前者では類似品の実績を参考に、回帰分析やイベントモデリングを行う手法が有効である一方、後者では**デルファイ予測**でプロフェッショナルの感覚を集積するのがよいかもしれません。デルファイ予測とは、複数のプロフェッショナルが、互いの予測値と根拠を参考に（ただし誰の予測値かは伏せられる）、各自の予測を更新していく手法です。

この予測ロジックの選択における認知バイアスを回避するためには、どんな条件ではどの予測ロジックを使う、といったガイドラインとなる**フォーキャスティング・ポリシー**（Forecasting Policy）を設計することが有効です。

Ⅲデータ分析

データ分析においては、先述の代表性ヒューリスティクスをよく目にします。少ない顧客の意見でも、それがほかのすべての顧客も同じように考えていると勘違いし、データを解釈してしまいます。あとで別の意見を耳にしても、それは一部の特殊な顧客の意見だと決めつけて軽視してしまう、確証バイアスも珍しくありません。

自分の感覚と合わない情報や、得意領域ではない情報も適切に考慮するには、予測モデルを活用することが有効です。モデルに沿って情報を収集すれば、考慮する情報の偏りを少なくできますし、需要への影響度もある程度、客観的に想定することができます。

Ⅳ需要予測

ビジネスにおける需要予測は、単純な計算ではできず、人の判断が必ず必要になります。それをできるだけ的確に行うためには、認知バイアスの存在を知り、それを回避するしくみを構築することが有効です。

4 消費者心理の変化とマーケティング

消費者の行動と心理の変化

新商品の需要予測はこれまで、多くのメーカーでマーケティング部門が中心となって行ってきました。その理由は、1~2章で述べてきた通り、顧客のニーズについて考え、それを満たす商品のアイデアを生み出し、さらにその価値を顧客に伝えるというすべてのプロセスにマーケティング部門が関わるからです。

特に商品開発とプロモーション立案には、かなりマーケティング部門の意思が反映されます。よって新商品の需要予測は、この意思を要素に分解して定量的に表現するといった側面がありました。

これに関連し、メーカービジネスにおいては、顧客のニーズを把握するためのリサーチやプロモーションに多くの費用をかけてきました。それが、メーカーの競争力につながっていたのです。

しかし情報通信技術の進歩によって、メーカービジネスにとって二つの大きな変化が起きました。一つは情報収集費用の低下です。2000年以降は顧客、特に消費者からの情報発信の量が激増しました。インターネットから、無料で消費者発信の情報を大量に収集することができます。そこで大量に流れてくる情報から、信頼できるもの、需要に大きな影響を与えるものを選別することが重要になってきました（図6-5）。

もう一つの変化は、情報の信頼性です。特に若い世代にとって、メーカー発信の情報に対する信頼性が下がっていることは認めなければなりません。これはメーカーだけでなく、多くの企業にいえることであり、消費者同士の情報交換の信頼性が相対的に高くなっているのです。つまり、これまでのマーケティング・プロモーションの効果は下がっているといえます。

メーカービジネスにおける投資の変化

これらを踏まえると、これからのメーカービジネスのマーケティング投資

図6-5｜マーケティングに関する価値のシフト

信頼性	B to Cの マーケティング・プロモーション	C to Cの情報シェア
資源	入手困難であり希少な マーケティング調査データ	活用しきれない 過剰な消費者の情報発信
投資	広告宣伝費 調査費	データ収集・購入費 データ管理費
価値	従来型マーケティング リサーチ・プロモーション	マーケティング センシング・アナリティクス

において重要なのは、**センシング(Sensing)**と**アナリティクス**です。センシングとは、重要な情報を自動的に（少ない人的負荷で）吸い上げることです。アナリティクスとは、吸い上げたデータから有益な示唆を抽出するための分析です。

消費者が発信する情報があふれている中から、重要なものを吸い上げ、そこから有益な示唆を得ることに投資を向けるべきなのです。実はこの動きはすでに始まっています。AIの活用はその代表的なものでしょう。AIはデータのセンシングとセットであり、高度なアナリティクスを実現するものだからです。

このようなメーカービジネスのマーケティングの変化を考慮したとき、需要予測も変えていく必要があります。新商品の需要予測では、マーケティング・プロモーションが一つの重要な要素となってきましたが、これからはいかに早く、消費者が発信する情報を吸い上げ、それを的確に解釈できるかの勝負になります。

具体的には、需要予測においてもセンシングとアナリティクスを強化する必要があり、それに適したスキルを組織として育てるべきです。

自社商品の顧客、消費者の心理はどのデータにどのように表れるのか、それが現時点でない場合は、どうやってそれを測定するのかを考えられるのが需要予測のセンシングスキルです。需要予測のアナリティクススキルとは、AIのプログラムを書ける能力ではありません。高度な分析ツールの出力結果を、ビジネス知識を使って解釈し、意思決定に活用できる情報に変換するスキルです。

メーカーは、顧客のニーズを満たす商品を開発し、提供する企業です。よって、マーケティングは顧客の心理、行動の変化に合わせて変えるべきであり、需要予測もしかりです。

第2部の内容について より詳しく学びたい方のために

第2部で扱ったテーマをより細かく学ぶための参考文献を紹介します。

① 認知バイアスについて

- 鈴木宏昭（2016）『教養としての認知科学』東京大学出版会
- リチャード・セイラー（2016）『行動経済学の逆襲』早川書房
- スティーブ・J・マーティン、ノア・J・ゴールドスタイン、ロバート・B・チャルディーニ（2016）『影響力の武器 戦略編』誠信書房

② 商品開発について

複数の業界の商品開発経験者にヒアリングした結果、業界横断で「どうやって商品を作るのか」を整理するのは非常に難しいと感じました。そのため、本書でも4章と5章は、商品開発の代表的な流れや、必要なマインド、スキルについての整理になっていますし、すでに販売されている書籍については、在庫管理や物流管理などの領域と比較し、表面的なハウツーの解説になっているものが多いといわれています。

そこで、商品開発担当者を目指すのであれば、ハウツーを書籍で学ぶのではなく、「消費者、顧客がなぜ特定の商品を選択するのか」という人の心理的な側面を学習するのがいいようで、実際、一流のマーケターは心理学、哲学、宗教といった領域を学んでいます。その観点からの推薦図書を掲載します。

●守口剛（2002）『プロモーション効果分析』朝倉書店

③ マーケティング効果測定について

●マーク・ジェフリー（2017）佐藤純／矢倉純之介／内田彩香共訳『データ・ドリブン・マーケティング』ダイヤモンド社

第3部

商品を作る

7章

どの商品から作るのか

1 メーカーにおける工場の役割

メーカーのものづくりの中核に位置する「工場」

皆さんは、小学校の社会科見学で訪れた「工場」のことを覚えているでしょうか。筆者の住む千葉では、野田市のお醤油工場（キッコーマンもの知りしょうゆ館）や千葉市の製鉄所（JFEスチール東日本製鉄所千葉地区見学センター）といったメーカーの工場が、定番の社会科見学コースになっています。

ここで圧倒的な規模の生産活動を目の当たりにした小学生の多くは「メーカー＝ものづくり」という印象を得ます。

他方、近時はメーカーがものづくりをあまり強調しない風潮もあります。例えば日本を代表する自動車メーカーが「売るのは自動車というものではなく、モビリティというサービスである」といった主旨のメッセージを前面に出すようになりました[43]。

もちろん顧客の需要に即した商品の提供や設計を行うことがメーカーにとって極めて重要であることは確かですが、その一方でメーカーを名乗るからには「ものづくり」の機能をもっていることが前提となっていることもまた事実です。第3部では、メーカーの活動の中核に位置する「ものづくり」について解説します。

ものづくりの現場（工場）で働く人々

ものづくりの現場である工場は、生産する対象によって、さまざまな形態をとります。自動車のように複数の原材料を組み立てることによって商品を作る工場もあれば、鉄鋼や食品のように原材料の性質を変化させることによって商品を作る工場もあります。実務の世界では前者を**組立型**、後者を**プロセス型**とよんだりします。

ただし「商品を作る」という点に注目した場合、外部から原材料を調達して手を加えることで新たな価値を生み出す活動を行っている点では共通しています。工場で原材料に付与されるこの新たな価値は**付加価値**ともよばれ、これをいかに効率的に生み出すかとい

図7-1　ものづくりの現場（実行・管理・統括）

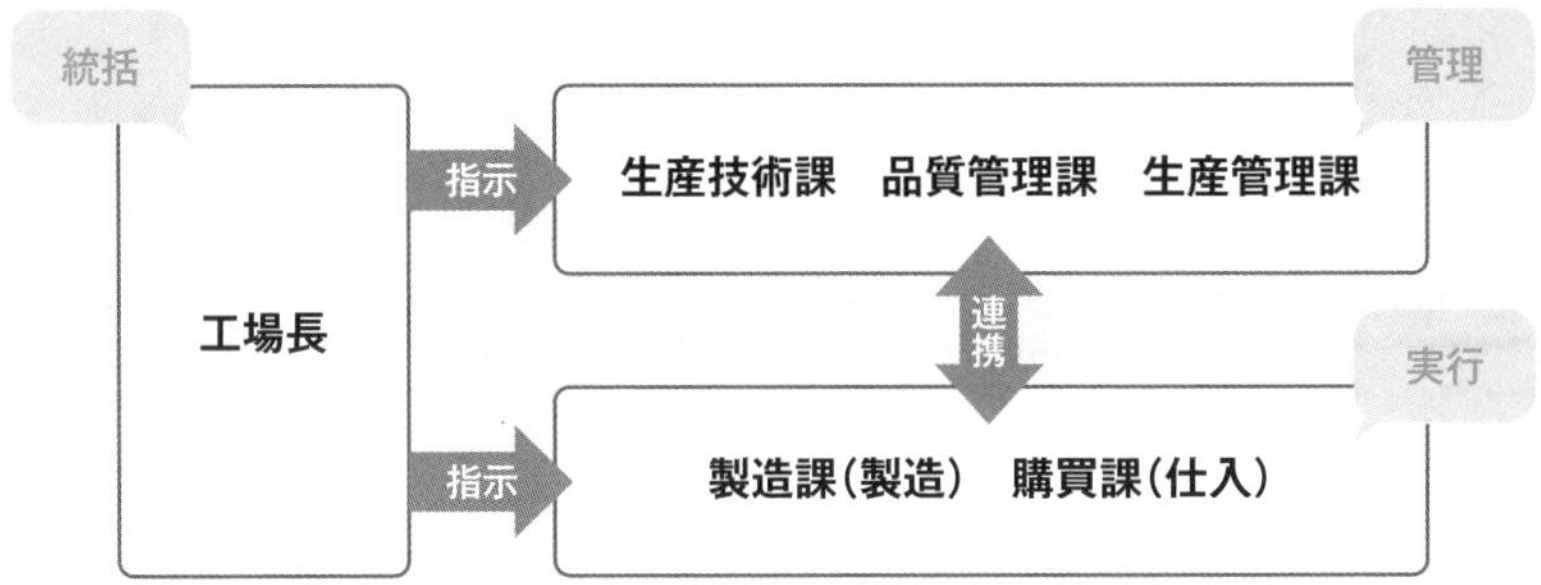

う点が工場の、ひいてはメーカーの企業としての収支を決定づけるといっても過言ではありません。そのため、ものづくりの現場である工場は付加価値を継続的に生み出すため組織的に活動しています。

工場の組織は企業によって多少異なりますが、多くのメーカーでは次のような機能（部課）が含まれます（図7-1）。

おそらく、皆さんが社会科見学でメーカーの工場を訪れた際に笑顔で出迎えてくれた年配の男性が工場長、見学したものづくりの現場が製造課であった可能性はかなり高く、もしかするとラッキーな方は機械のしくみを生産技術課のエンジニアが詳しく話してくれたかもしれません。これらの部門はその役割によってものづくりを「管理」する部門と、「実行」する部門とに整理することができます。

ものづくりのパフォーマンスを測る「QCD」

メーカーの工場で行われているものづくりは、商品を適切な**QCD**〈品質（Quality）、コスト（Cost）、納期（Delivery）〉でカスタマーに供給することを目指して行われます。

ここでいう品質とは顧客の満足を生み出すためにメーカーが提供する価値を広く含む概念を指しています。コストはこの価値を商品として生産するために投じられる経営資源（10章4項）、納期はカスタマーから見た商品の納期（12章1項）を指します。

これら「QCD」は商品供給のしくみのパフォーマンスを評価するための切り口としてメーカービジネスで広く用いられています。

2 工場のものづくりを支えるさまざまな仕事

ものづくりを「管理」する部署について

工場のものづくりを「管理」する役割は一般に「生産管理課」「生産技術課」「品質管理課」とよばれる三つの部門が中心となって担います（企業ごとに部署名は多少異なります）。

それぞれの主な役割は次の通りです。

● **生産管理課**：製造課が生産すべき品物の種類・数量・納期などの情報を整理し、ものづくりの現場に伝えるとともに、その実施結果を「管理」する役割を担う。メーカーが複数の工場をもつ場合は、各工場の生産管理部門を集約することもあり、この場合その統括的な立場から「生産統括部」とよばれたりもする（7章2・3・4項）。

● **生産技術課**：商品を作るための装置を作ったり整備したりする役割を担う。つまり、ものづくりに用いる装置や工具を用意して、製造課の活動が効率的に実施できるようサポートする役割である。そのミッションは工場の製造活動を止めないこと、およびより効率的な生産設備を用意することで、工場が生み出す付加価値をより大きくすることといえる（8章2項）。

● **品質管理課**：製造課が生産した品物の品質が、あらかじめ定めた基準を満たしているかどうかを確認するとともに、購買課が外部から調達した原材料についても必要とする品質を満たしているかどうかを検査する役割を担う（8章3項）。

工場のものづくりを「実行」する部署について

工場のものづくりを「実行」する部署は、原材料や製品を物理的に取り扱います。メーカーのビジネス全体で見た場合、このような現物を取り扱う活動には大別して「仕入れ」「製造」「販売」の三つが挙げられますが、工場のものづくりにおいては「仕入れ」と「製造」が特に重要です。これらの活動は、それぞれ購買課と製造課が担当します。

図7-2｜商品群・商品・原材料と供給計画の名称

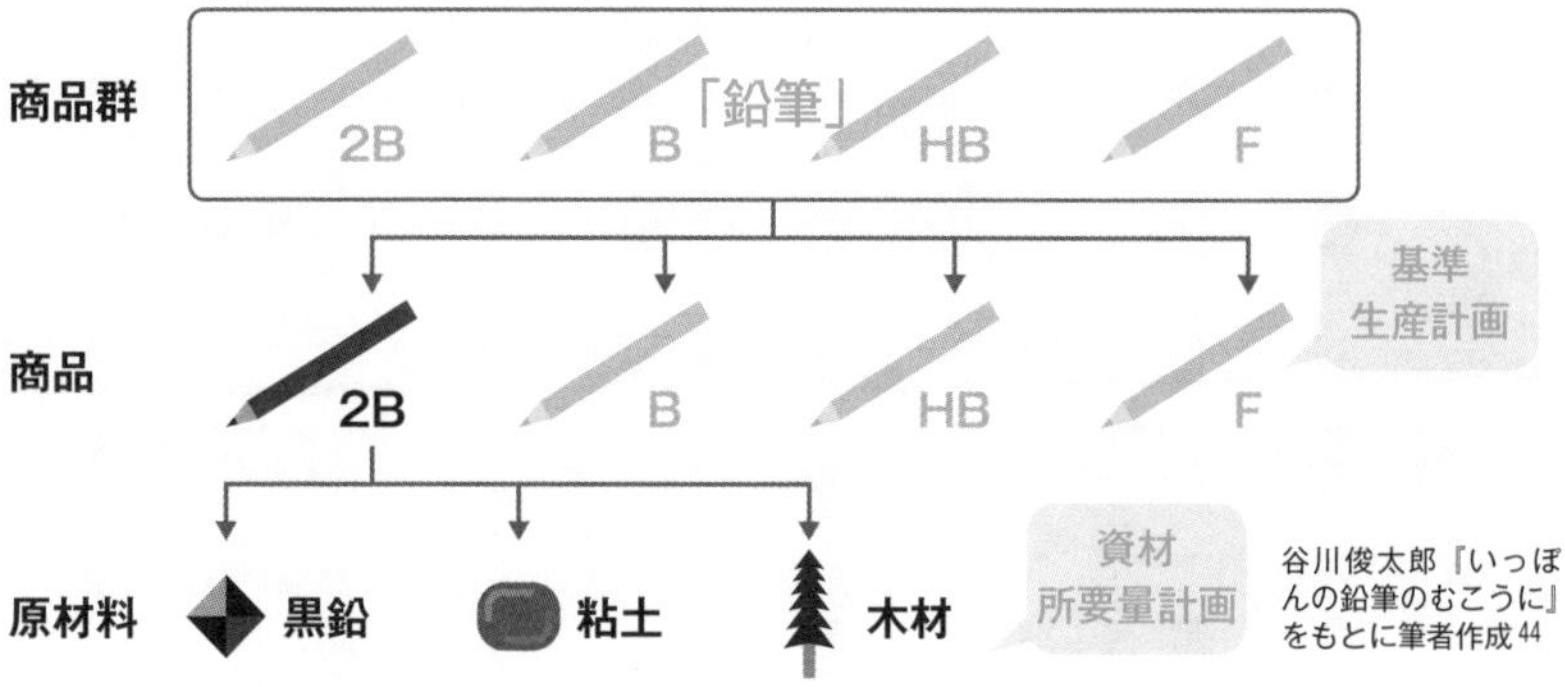

谷川俊太郎『いっぽんの鉛筆のむこうに』をもとに筆者作成44

- **購買課**：社外から原材料や部品などを仕入れて製造課に供給する役割を担う。メーカーのビジネスでは原材料や部品を仕入れる取引先は「サプライヤー」とよばれ、購買課はさまざまな状況や方針に応じた関係性をサプライヤーとの間で構築する（8章3項）。
- **製造課**：加工や組み立てといった活動を通じて原材料や部品に新たな価値を加え、製品として完成させる役割を担う（8章1項）。

ものづくりの起点としての生産管理部門

メーカーの活動の起点が顧客の需要であるのと同様、ものづくりの現場である工場もまた需要情報を起点として活動しています。本章では、この起点となる情報に深く関わる生産管理部門の仕事に注目し、続く8章では各部署の役割について見ていきます。

なお、生産管理部門は第1部・第2部で登場したさまざまな需要情報に基づいてメーカーとして対応すべき商品当たりの生産数量を確定するとともに、その計画を実行するために必要な材料の数量を計算し、製造課の現場に伝える役割を担います。これらの数量情報のうち、前者が2章1項で紹介した「独立需要」であり、後者が「従属需要」にあたります。

また、商品単位の生産計画を起案する作業は特に**マスタースケジューリング**（MS）とよばれ、起案された生産計画は**基準生産計画**とよばれます。この基準生産計画をさらに商品を構成する原材料単位の情報に分解する作業は**マテリアル・リクワイアメンツ・プランニング**（MRP）とよばれ、起案された原材料単位の計画は**資材所要量計画**とよばれています（図7-2）。

3 100万ドルの計算機が支える生産管理の仕事

生産管理課と製造課のコミュニケーション

工場の現場がものづくりを始めるにあたっては、「何を」「どれだけ」「いつまでに」作る必要があるのか、という具体的な実行内容が決まっている必要があります。この点に関する生産管理課の重要な役割の一つとして、**製造指図書**とよばれる生産現場への具体的な指示を含む資料を発行する業務があります（図7−3）。

デジタル技術の普及した昨今ですが、現在もものづくりの現場ではこの資料を紙に印刷して手元に置きながら、日々の生産活動が行われていることも少なくありません（ぜひ次の工場見学の機会には装置を操作している方の手元に注目してみてください）。

製造指図書には「どの商品を作るのか」「どの原材料を使うのか」「どの装置を使って作るのか」といった内容が含まれ、生産の現場を受け持つ製造課はこの情報に沿って実際に設備を稼働させて、生産活動を行います。

製造指図書を発行するタイミングは企業によって異なります。例えば1週間ごとに翌週の製造指図書を発行するなど、定期的な業務として実施されます。

なお、生産管理課と製造課のコミュニケーションにおいては品物を製造する観点が強調されることから「商品」については「製品」とよぶことが一般的です（0章2項）。

どの材料をいつまでに用意すればよいのか

製造指図書に記載されている情報のうち「どの原材料を使うのか」という情報は、MRPを通じて起案された資材所要量計画の内容を参照しています。つまり、月単位で生産活動を行っているメーカーであれば、遅くとも生産を開始する月までに、工場全体で使う予定の原材料の手配が済んでいる必要があります。

しかし、これらを把握することはそれほど簡単なことではありません。なぜならば、個々の商品を構成する原材料がどのようなものか、といった基本

図7-3｜製造指図書の概要

製造指図書

指図番号	XXXX	発行日	YYYY/MM/DD
品番	XXXX	品名	A-1234（バルク）
数量	100,000 個	ロット#	2021-010XXX

⋮

製造工程		部品表	
工程1	成形工程	部品1	樹脂（PP）
工程2	切削工程	部品2	Z 型ボルト
工程3	組立工程	部品3	購入部品 C

情報に加えて、これらの原材料について工場全体で使用する数量の集計や、手元に在庫としてもっているものであるのか、新たに外部から調達する必要があるのか、といった計算も合わせて必要になるためです。

さらに、これらの原材料を新たに調達する場合は、その納期や入手性そのものも確認されている必要があるため、これらを反映して起案された資材所要量計画は、月次生産スケジュールそのものといっても過言ではありません。

100万ドルのシステムを導入する妥当性

この問題は突き詰めれば計算処理の話とはいえ、需要情報が確定してから工場が生産活動を開始するまでの限られた期間で完了させる必要があることを考えると、無視できない話です。

「時は金なり」のたとえにもある通り、より高速で高精度な計算結果を求めて生産管理課の人員を増やすと工場の人件費が増えます。他方で、在庫を多めにもつことで生産数の下振れリスクのみを小さくする対応では、在庫を保有するコストが増加するなど、メーカーにとっては経営資源配分の面で判断に迷う状況といえます。

そのため、多くのメーカーはこの問題に対して高速に最適解を試算してくれるソフトウェアを導入して対応しています。MRPを中心に構成されたパッケージを導入する費用は数億円を超えることも珍しくなく、導入のための期間も数カ月に及ぶことから、導入に際しては経営資源の分配（投資）の観点からの妥当性を伴った判断が必要になります。計算で最適な答えを得ることのできるタイプの問題に対して高性能な計算機をもって対応する、という発想自体は極めて合理的といえます。

4 どの商品を何個作ればよいのか

商品の材料について書かれた秘伝のレシピ「BOM」

前項では、生産管理におけるMRPの重要性について触れました。しかし、実はその機能を生かすためにはいくつか事前の準備が必要です。

その準備とは次の2点です。

①商品ごとに生産に必要な原材料の種類と数量がわかっていること

②商品ごとの生産数量がMRPの計算を開始するタイミングまでに完了していること

これらはいずれも生産管理の業務を、しくみとして実施することが可能な体制になっていることを必要とします。

「どの部品が必要なのか」を素早く知るためには、商品ごとの部品構成をあらかじめ把握しておくことが必要です。この「**部品展開表**（**BOM**）」は、多くのメーカーでは生産部門の管理する情報としてデータベース化されています（図7-4）。

なお、香水や絵の具など、原材料の構成内容と商品の価値が密接に関連する場合、このBOMの情報が社外に伝わることで作り方を真似されるリスクがあります。このような商品を扱うメーカーでは、社内でも限られたスタッフしかBOMにアクセスできないようにするなど、BOMがいわば門外不出のレシピとして厳重に管理すべき情報として取り扱われます。

商品単位の「基準生産計画」（優先順位計画）

MRPの計算の前提となるもう一つの情報である②の「商品ごとの生産数量」は、前工程である**マスタースケジューリング**（**MS**）で起案された**基準生産計画**の内容が参照されます。この基準生産計画を起案することも生産管理課の重要な仕事の一つです。ここでは、商品群単位で中期的な観点から検討された需要情報や供給計画を商品単位の計画として具体化することが最大のミッションとなります。

この仕事も一見すると「情報を詳細化するだけ」の作業のようですが、対象期間に生産する複数の商品間で原材

図7-4｜部品展開表（BOM）

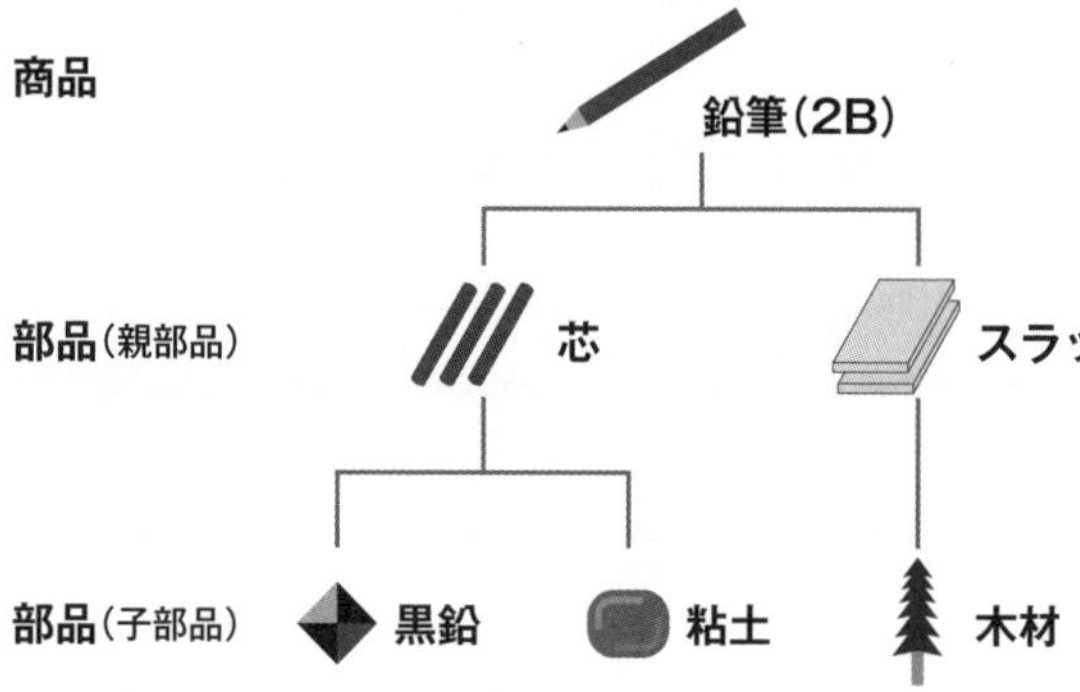

谷川俊太郎『いっぽんの鉛筆のむこうに』をもとに筆者作成

料や生産設備が重複している場合など、制約のあるリソースをどのように割り当てることですべての生産を終えることができるか、というパズルのような計算と判断を伴う、実に手間のかかる仕事です。

多くのメーカーで用いられている標準的なマスタースケジューリング（MS）の手順は次のようなものです。[45]

①商品群レベルの中期的な需要情報や供給計画を念頭に置きつつ、短期（1年以内）の商品レベルの需要情報数量を把握する
②商品レベルの需要数量に対する工場のリソース（設備の能力、人員数など）の過不足を把握する
③優先順位を調整し、全日程で工場の能力に収まる生産スケジュールに仕上げる

基準生産計画は、工場全体の生産能力の設定や企業として取り組むべき需要についての意思決定といった、企業としての経営資源の使い方に関する方針に沿って実施される点に特徴があります（経営資源の使い方は10章4項参照）。また、基準生産計画によって示された商品レベルの供給数量計画は、続くMRPにおいて部品レベルの供給数量計画である資源所要量計画を起案する際の前提情報となります。そのため、基準生産計画はものづくりの現場である工場にとって文字通り何をどれだけ作るのかという判断の基準として位置づけられる情報といえます。

なお、基準生産計画の内容は具体的な生産日程の情報を含むことから、「いつ商品を出荷することができるようになるか」という一種の納期情報として用いることができます。このことから、基準生産計画は営業部門が顧客に納期を回答する際にも参照されることがあります。

図7-5 | メーカービジネスの階層的意思決定のしくみ「MP&C」

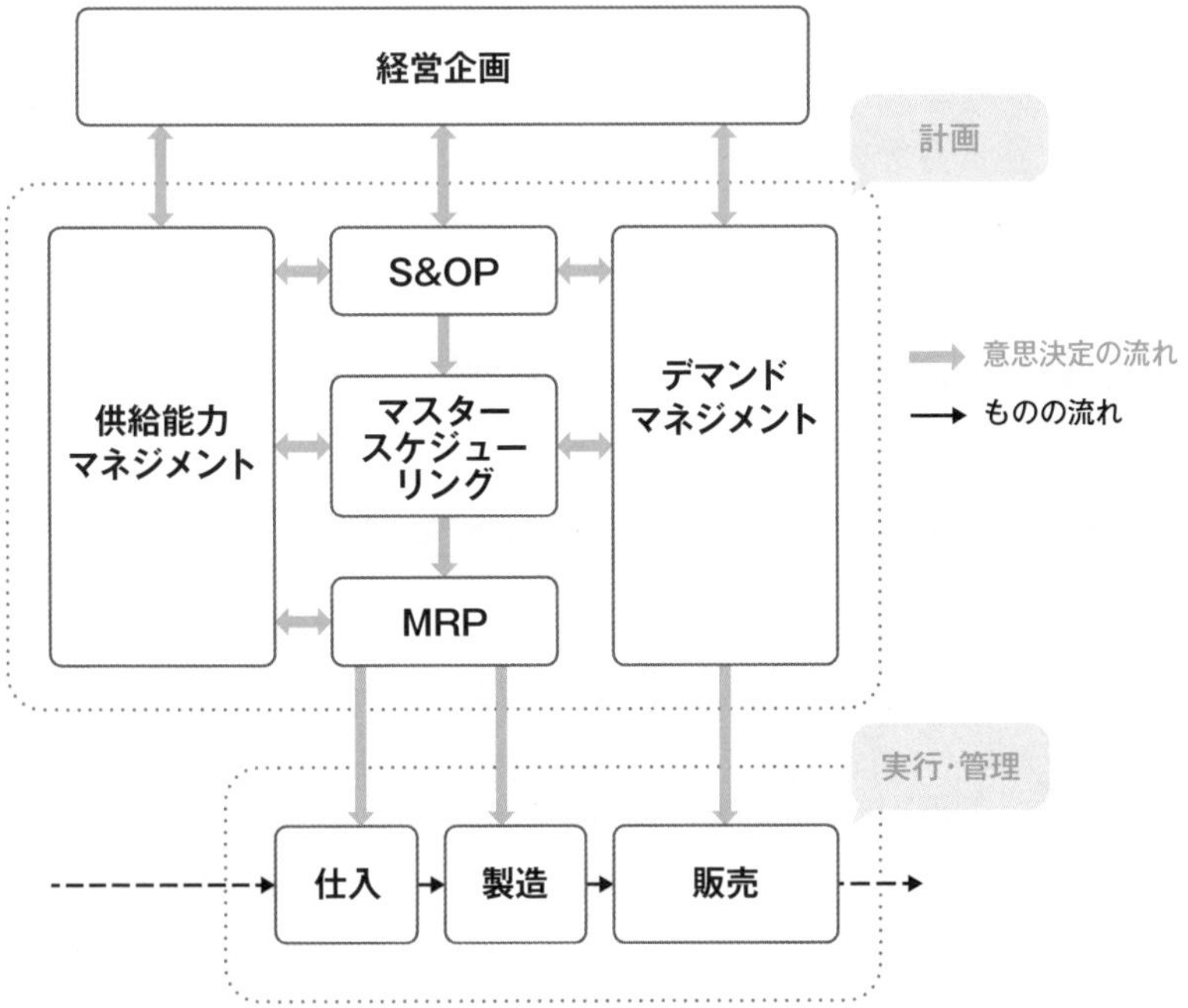

山本圭一、水谷禎志、行本顕『基礎から学べる！世界標準のSCM教本』をもとに筆者作成

階層的意思決定の世界標準「MP&C」

本章で紹介した生産管理の仕事を振り返ると、基準生産計画における商品レベルの計画数量の合計は、前提となる商品群レベルの供給計画との整合性と同時に、部品レベルの供給計画との整合性が求められることがわかります。つまり、工場においてものづくりの現場が参照する製造指図書に示された情報は、MRP、マスタースケジューリング、さらにS&OP（Sales & Operations Planning）とよばれるプロセス（13章）を通じて経営層の意思決定にさかのぼることができる構造になっているのです。

このメーカーにおけるものづくりの階層的意思決定は「**MP&C**（Manufacturing Planning and Control）」ともよばれ[46]、メーカーのビジネスにおける一種のグローバルスタンダードとなっています（図7-5）。

8章

ものづくりを支える さまざまな仕事

1 製造課の仕事と製造工程

メーカーの工場で、実際に部品を組み立てたり材料を加工したりすることで商品（製品）を作る「ものづくり」を担うのは製造課です。製造課が活動するものづくりの現場は「**製造工程**」とよばれます。

製造工程の形態は、企業や業界によって千差万別です。いずれも私たちの先輩にあたる人々の知恵や工夫によって、作り方の手順や設備などが考え出され、磨きこまれながら今日に引き継がれて多くのメーカーの活動を支えています。

現代のメーカーの工場の多くは生産設備（装置）を中心にものづくりのプロセスが組み立てられ、一見すると装置に原材料を投入するだけで製品が自動的に生み出される印象を受けます。しかし、これらの装置の内部で起きていることは、かつて手作業で複数の人々が関わって行われていたものづくりのプロセスを自動化したものであったりします。

製造工程の例：ライン生産方式

メーカーの「ものづくり」といえば、ベルトコンベヤーに載せられた自動車のフレームに次々とパーツが組みつけられていく流れ作業をイメージされる方も多いのではないでしょうか。このように複数の加工作業が製品を作る手順に沿って直列的に配置されている方式は**ライン生産方式**とよばれます（図8－1）。

これに対して、製品自体を動かさずにエンジニアが都度現場に集まってものづくりをする方式は、**プロジェクト生産方式**とよばれます。実際の製造工程の種類にはこれらの方式の中間的なものが複数存在しますが、ここでは代表的な例としてライン生産方式について説明します。

ライン生産方式は、細分化された加工作業を複数の担当者が受けもつことで、流れ作業を通じて一つの製品を完成させる生産方法です。各担当者が投入される原材料の種類にかかわらず、同じ作業を繰り返すことができる点に特徴があります。このような特徴から、ライン生産方式は1種類の製品、また

図8-1｜生産方式の例

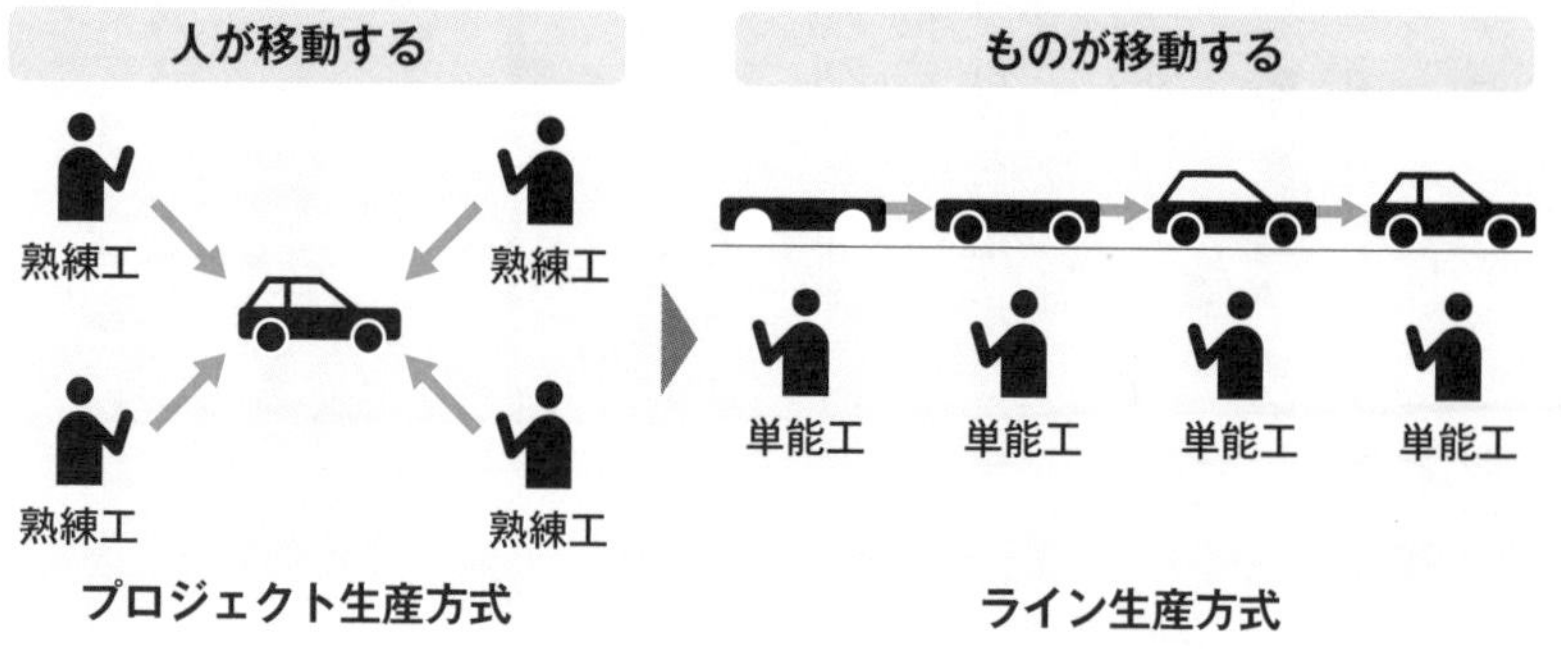

出所：藤本隆宏（2001）「生産マネジメント入門　Ⅰ」の記載を参考に筆者作成

は構造の類似する製品群を高効率に作り続けることに適しています。このことは、供給量が需要に追い付かない（作る端から売れていくので需要予測がさほど必要とされない）状況にあった20世紀に、この方式が普及した一因となりました。

ライン生産方式そのものの歴史は古く、工場工程に導入された最初の例は産業革命の時期にさかのぼるともいわれています。ベルトコンベヤーを用いた流れ作業を全面的に導入した例としては、1900年代初頭に米国の自動車メーカーであるフォード社が、同社のベストセラー商品の「T型フォード（乗用車）」を量産するために新設したハイランドパーク工場に導入した事例がよく知られています[47]。

ライン生産方式のコンセプトは複雑な作業を要素に分解して複数の単純な作業からなる生産プロセスに変えることで、それまで職人（熟練工）の世界であったものづくりを**単能工**のみで実施することを可能にした点で革命的であったといえます。

なお、ライン生産方式における単能工の役割は、その後の科学技術の進歩とともに自動機による代替が促進され、現在では少数のマシンキーパーが複数の自動化された製造工程を担当することも珍しくありません。

もっとも、21世紀に入り経済環境の変化とともに顧客の需要は多様化しており、さまざまな分野で供給量が需要を上回るようになってきました。そのため、メーカーの中には、大量生産を前提とする高効率化を目指して整備されたライン生産方式の工場を今後も維持すべきか、あるいはもう少し規模の小さな製造工程を組み合わせることで生産効率よりも柔軟さを優先すべきか、といった悩みを抱えているところも少なくありません。

2 生産技術課と工程設計・管理

製造工程と設備をデザインする生産技術課

　前述の通り、工場の現場でものづくりを担当しているのは製造課の人々ですが、製品をどのような手順で作るのかといった製造工程の設計や、ものづくりのための生産設備そのものを製作するのは「生産技術課」の仕事です。

　生産技術課は、デザイン通りの製品を量産するための方法を考えると同時に、メーカーとして儲けを十分に出せるような、効率的な作り方の手順や道具を考えることをミッションとしています。[48]そのため、生産技術課の仕事にはエンジニアとしての優れた知見や技能だけでなく、「製造課の誰がどのような技能をもっているか」「生産設備にはどのようなクセや能力があるか」「製品を構成する原材料はどのような特性があるか」といった、製造工程についてのあらゆる情報に精通していることが求められます。生産技術課はメーカーにとって不可欠なものづくりのプロ集団といえるでしょう。

　生産技術課の日々の仕事には、稼働中の製造工程や生産設備のメンテナンス、新しく導入する生産設備や製造工程の設計、新商品の品質評価基準の策定、外部から調達する原材料の性能評価などがあります。これらの仕事は製造課、購買課、品質管理課、生産管理課とお互いの情報を頻繁に交換しながら進めることになります。

　また、複数の工場を持つメーカーでは各工場の工程設計だけでなく、工場間のものづくりの連携についても設計する必要があります。このような場合、各工場の生産技術に関する仕事を統括する部門が設置され、この部門に所属するエンジニアが各工場を巡回、または各工場に駐在するなどして前出の仕事にあたることになります。

想定通りにいかない稼働状況

　生産技術課は、製造工程をデザインする際に需要予測や原材料の入手性、および各工程（**ショップ**）の処理能力など考慮して、工場全体のものの流れ（**フロー**）が滞りなく進むことを目指

図8-2｜製造工程とボトルネック

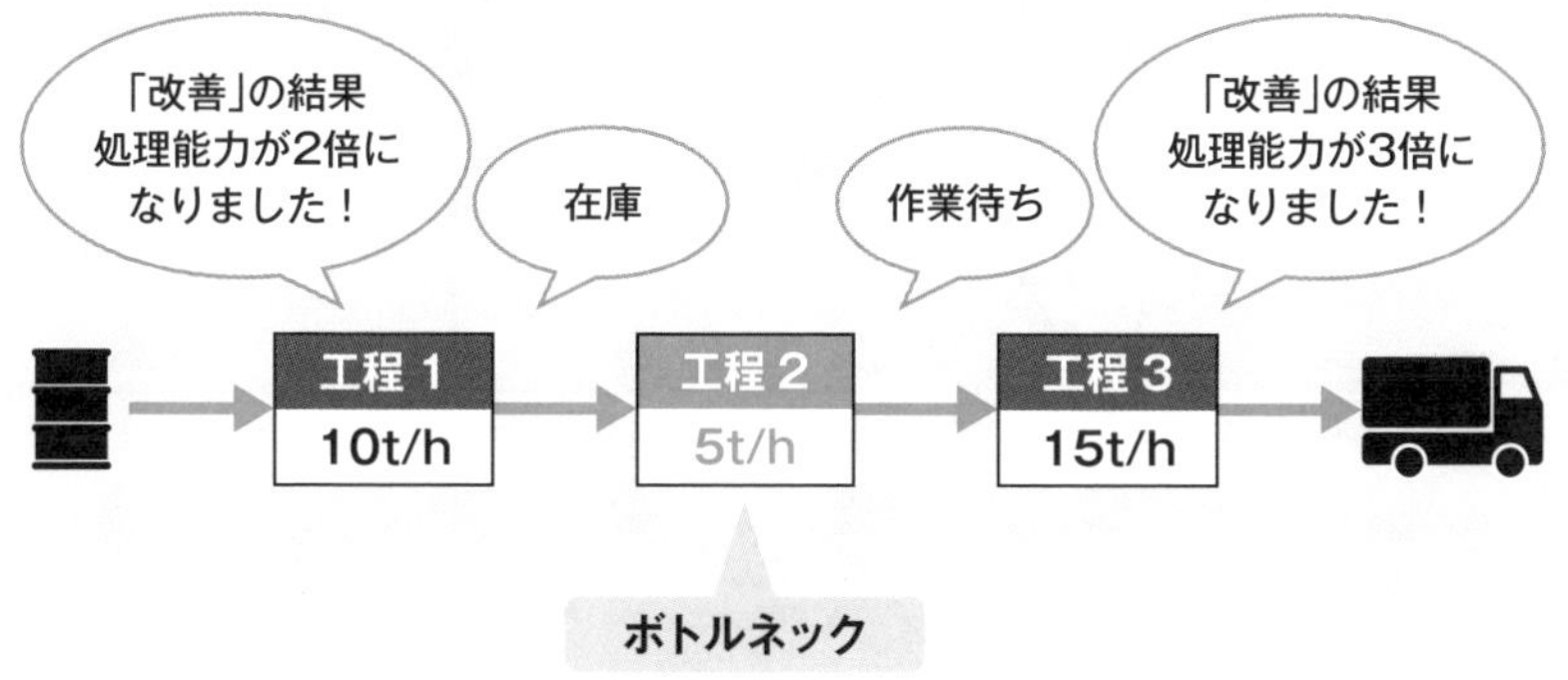

します。

　しかし、継続的に生産を続けているうちに当初予定していたようなフローで生産が進まなくなることがあります。例えば、同時に部品8個を作ることができるように設計した金型が、いつの間にか老朽化して4個しか作ることができなくなっている、設備の入れ替えで生産能力が高くなったことで現場が張り切ってたくさん作りすぎていた、といった場合などがこれにあたります。

　まさか、と思われるかもしれませんが、ものづくりの現場である個々の工程を担当する製造課のメンバーは、持ち場のオペレーションに集中することが求められるため、手元で起きた変化が工場全体にどのような影響を与えるのか把握することは実は困難なのです。

　工程の生産能力が低下したことが工場全体に知られていないことで、この工程には前の工程から送られてきた仕掛品が処理しきれないまま山積みになります。反対に、工程の生産能力が向上したことを工場全体に知らせずに作業を続ければ、後ろの工程に仕掛品の山を作ることになるのです。このように製造工程のどこかで工程の処理能力を超えてしまう状況になると、処理能力に余裕のある工程が単独で頑張っても工場全体としての生産量を増やすことはできません。

　この工場全体のもののフローを制約している工程は**ボトルネック**とよばれます（図8-2）。ボトルネックを発見するのは、「鳥の目」で工場全体のものの流れを把握している生産技術課に求められる役割であり、もしも発見した場合はただちに過不足のないように製造工程を見直すことになります。

　また、まだボトルネックになってはいないものの、もうすぐ能力の上限に達しそうな工程に目を光らせて、先手を打っていくのも生産技術課の重要な役割です。

　ものづくりの現場である工場は、細分化された加工作業を受けもつ工程の

図8-3｜**製造工程の構成（VATI）**

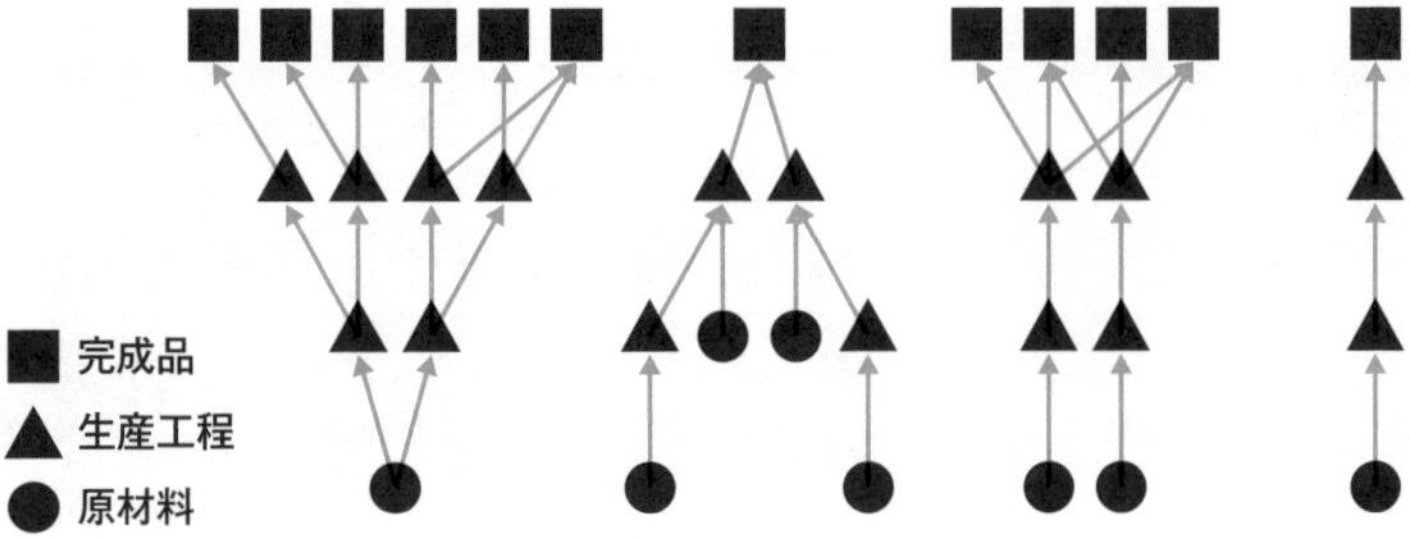

James F. Cox III, John G. Schleier, Jr. (2010)『Theory of Constraints Handbook』の記載をもとに筆者作成

組み合わせで構成されています。この組み合わせは工場で生産する商品の特徴によっても異なりますが、おおむね次のように整理することができます（図8-3）。

- V型の製造工程：一つの原材料を複数の商品に加工する構成の製造工程（乳製品：牛乳→チーズ＋バター＋生クリーム）
- A型の製造工程：複数の原材料から一つの商品を加工する構成の製造工程（鉛筆：木材→軸板＋黒鉛&粘土→芯）
- T型の製造工程：複数の原材料から同数の中間品を作り、その組み合わせや加工によって複数の商品を作る構成の製造工程（パソコン：外装×CPU×メモリ×SSD×キーボード×ディスプレイ×電源）
- I型の製造工程：1種類の原材料を1種類の商品に加工する構成の製造工程（シンバル：青銅→シンバル）

このように原材料を起点とする工場内のものの流れに沿って製造工程の構成を整理・分析するアプローチは「**VATI分析**（VATI Analysis）」として知られており、特に工場全体の供給能力を制約しているボトルネック工程を発見するための手法として用いられます。また、このボトルネック工程の処理能力を基準として工場全体の生産能力を管理する考え方は「TOC（Theory of Constraints：制約理論）」として知られています。[49]

3 購買課の仕事と調達リスク

自前で作るか、社外から買うか

メーカーのものづくりは、何といっても商品を構成する原材料が揃わなくては始めることができません。社外から適切な品質と量の原材料を仕入れて、適切なタイミングで製造課にこれを提供するのは「購買課」の役割です。

購買課はメーカーの仕事の中では唯一、外部に対して「顧客」として接する点に特徴があります。この「買い物」は、「安く」「質の良いものを」「適切な量で」買うことができたかという観点に加えて、「社内にない技術を」「継続的に」買えるか、といった点がミッションの成否を分けます。そのため購買課には、原材料の購入先との間で、原材料の性質に応じた関係性を構築することが求められます。このような原材料の購入先は、メーカーにとって原材料の供給元であることから「**サプライヤー**」とよばれ、サプライヤーとの適切な関係性を構築・維持する活動を、**サプライヤー・リレーションシップ・マネジメント（SRM）**といいます。これは3章3項で説明したCRMと対になる概念です。

サプライヤー・マネジメント

購買課が原材料を仕入れる際は、「自社にとってどれくらい重要か」「調達できなくなる可能性はどれくらいあるか」という二つの側面から原材料の特徴を整理します（図8－4）。原材料の特徴ごとに次のようにサプライヤー・マネジメントをします。[46]

● **クリティカル（自社の商品に不可欠であり、かつ供給リスクが高い原材料）**：商品に不可欠な機能を担っていたり、商品全体の価値を決定づけたりするような原材料は「**キーパーツ**」とよばれる。このような原材料は、外部からの調達に依存すると商品を作ることができなくなってしまうリスクがあり、本来であればメーカー自身が内製すべきといえる。しかし、往々にしてキーパーツを作るには自社でもっていない技術が必要となる。このような場

図8-4 | 原材料の重要性と供給リスクを踏まえた対応

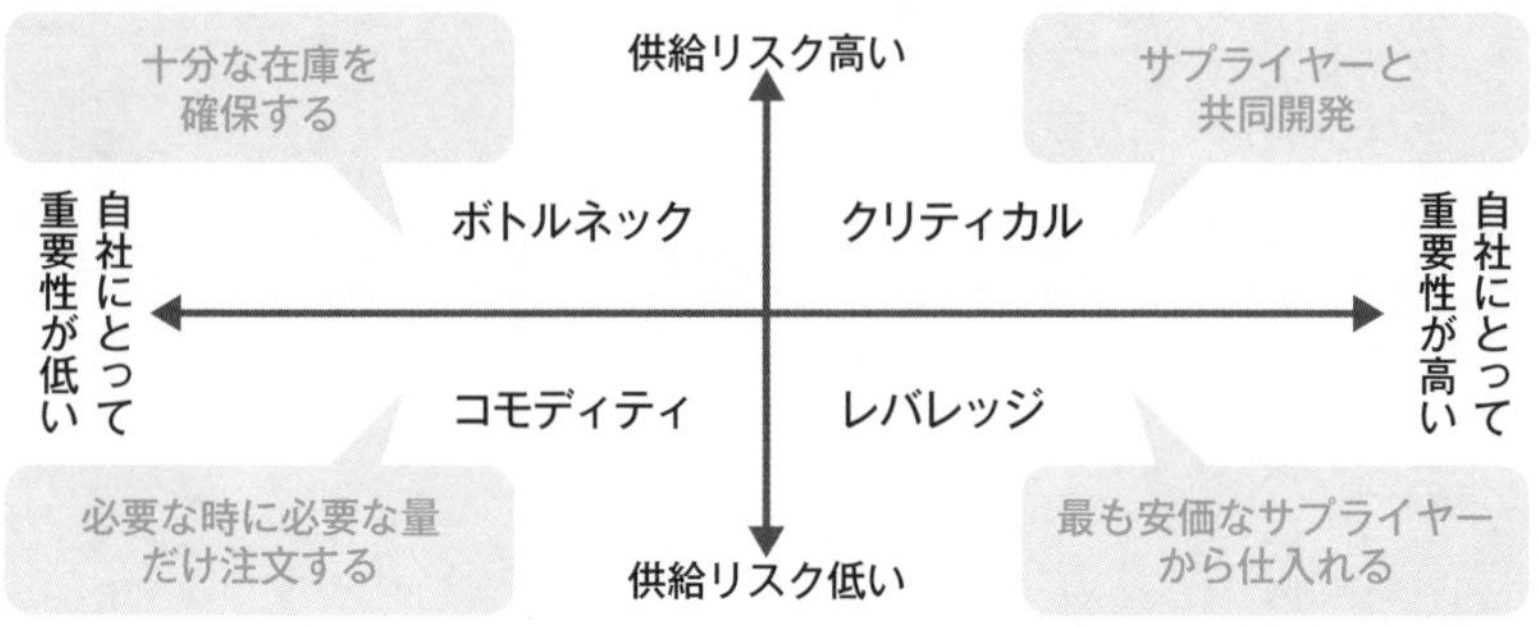

山本圭一、水谷禎志、行本顕『基礎から学べる！ 世界標準のSCM教本』をもとに筆者作成

合、サプライヤーとの間では「共同開発」のように緊密で長期的な関係性を構築する必要がある。

●ボトルネック**（自社の商品の価値に対する重要性は低いが、供給リスクが高い原材料）**：商品を装飾するパーツなど、主要な価値にそれほど寄与しないものの、サプライヤーの数が限られているものが該当する。例えば、環境規制の影響で年々調達が難しくなっているメッキ部品とこれを装飾パーツとして使っている楽器など。このような原材料についてはサプライヤー数が少ないため、安定的な調達を確保する観点より継続的な供給契約を結ぶなどの関係性の構築が購買課に求められる。

●コモディティ**（自社の商品の価値に対する重要性が低く、供給リスクも低い原材料）**：商品の包装材料のように、商品の原価に占める金額的割合が小さく、かつ大量に必要なものが挙げられる。このような原材料についてはそのものの価格よりも取引に要する諸費用のほうが高価であることも珍しくないため、簡便に仕入れることのできるサプライヤーとの取引が優先される。その取引方法の究極的な形として「富山の薬売り」のようにサプライヤーに在庫管理と原材料の供給を任せてしまう「**VMI**（Vendor Managed Inventory）」方式がよく知られている。

●レバレッジ**（自社の商品に不可欠であるが、供給リスクが低い原材料）**：商品に不可欠な原材料であっても、市場取引を通じて仕入れることができるなど、調達の容易なものについてはサプライヤーとの関係もそれほど緊密である必要はない。複数のサプライヤーから相見積もりをとるなど、より良い条件を追求するとともに、複数の仕入れ先を常に確保しておくことで、安定的な仕入体制を用意するなどの工夫が購買課に求められる。

4 メイド・イン・ジャパン神話

高品質の代名詞

「**Made in Japan**（メイド・イン・ジャパン＝日本製）」とは、その商品の作られた場所が日本であることを示すための**関税法**に基づく表示です。しかし、メーカーのビジネスにとってはそれにとどまらない特別な意味をもつことがあります。

東京の秋葉原は電気街としての歴史をもつ街ですが、近年はアジア諸国からの訪日観光客がショッピングを楽しむエリアとしても知られています。街の小売店の多くは陳列された商品に英語・中国語での商品説明とともに「日本製」と大きく強調したポップを添えており、原産地が商品の価値の一部として認識されていることがわかります。

この日本製＝高品質というイメージは、1960年代からの四半世紀にわたる日本のメーカー各社の取り組みを通じて醸成されたものと考えられています[50]。商品が「高品質」であるとメーカーが保証することは、品質基準に満たない製品を市場に出さないことを意味しますが、それを継続的に実施するのは容易なことではありません。20世紀初頭を起点とするメーカービジネスの草創期において、商品の品質を保証する方法として主流だったのは、製造工程を経て完成した製品を検査し、商品としての品質水準を満たさないものを「選別（除外）」するアプローチでした。しかし、この選別による「不合格品」の材料費や人件費は「合格品」と変わらないため、高い品質を保証することはすなわち高いコストを伴うことになりました。

これに対して日本のメーカーがとったアプローチは、製品ができ上がってから検査するのではなく、製造工程（ショップ）がそれぞれ後続の工程に対して品質を保証することで、検査不合格による廃棄コストを抑えつつ最終的な製品の品質を高めるというものでした。さらに、20世紀において日本のメーカーは工程設計そのものを見直すことで「より高速に」「より高精度に」「より大量（少量）に」といった要請に応える工夫も積み重ねました。こう

図8-5｜日本の製造業の海外生産比率推移

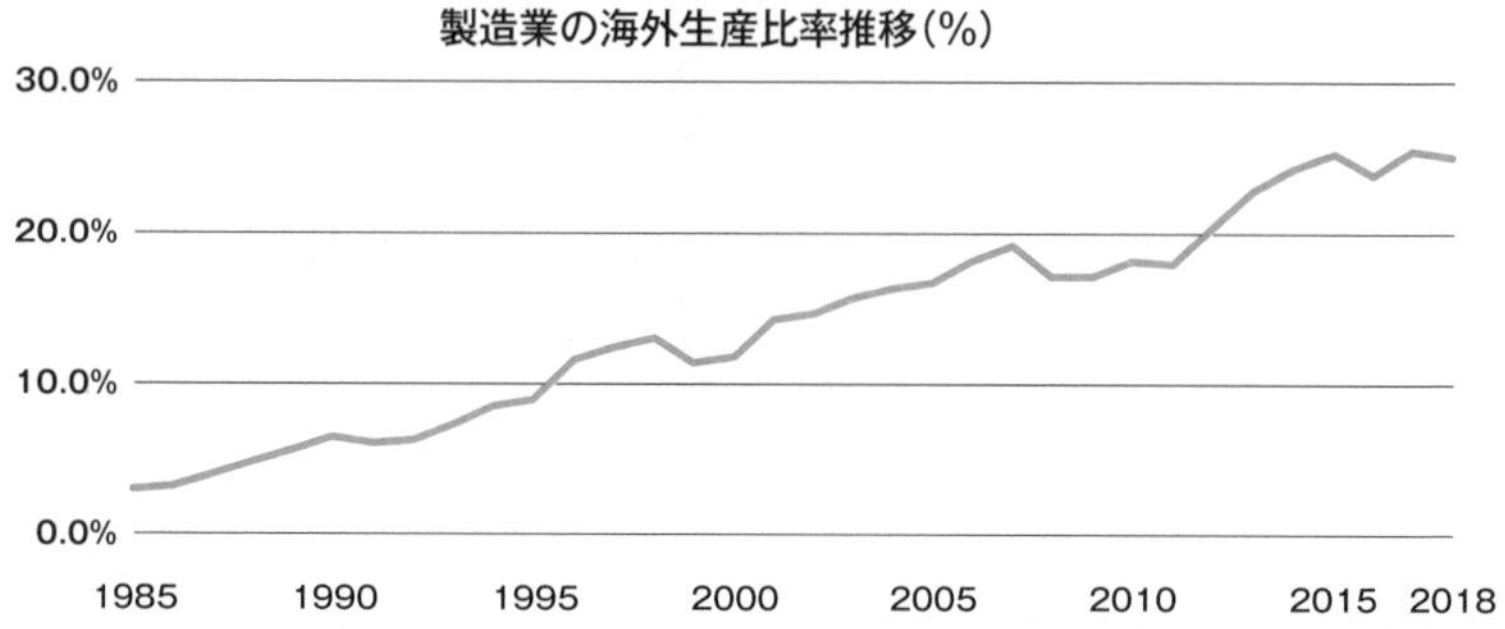

経済産業省「海外事業活動基本調査概要」をもとに筆者作成[51]

して蓄積されてきたものづくりのノウハウは、企業や業界におけるいわば目に見えない財産となり、競争力に寄与してきたのです[52]。

このようにしてものづくりの現場である工場を舞台として品質とコストのジレンマを克服した日本メーカーの商品は、日本経済が内需主導から輸出主導に変化した20世紀半ばに海外に輸出され、「メイド・イン・ジャパン＝高性能（かつ相対的に安価）」という評判を獲得していったのです。

21世紀における「メイド・イン・ジャパン」の意義

1980年代において日本のメーカーの海外生産比率はわずかに5％前後でした。しかし、その後は増加の一途をたどっており、直近（2018年時点）では25％を超えています（図8ー5）。さらに近年は「メイド・イン・ジャパン」をうたう商品についてもその製造工程すべてを日本国内の工場で担当するのではなく、一部の工程を海外工場に移設するなどの生産形態がとられることも少なくありません。

このようにビジネス環境の変化とともに、20世紀に日本のメーカーにおいて精神的支柱ともなってきた「日本製＝高品質」という世界観は、21世紀のメーカーのビジネスの前線においても同様に共有されているかというと、必ずしもそうではないことに注意が必要です。現在メーカーの中間管理層を構成する40代のビジネスパーソンが社会人となった20世紀末からすでに四半世紀が経過しましたが、この間の日本経済はずっと元気がありません。

つまり、21世紀においてメーカーのビジネスに携わる人々の大半にとって「メイド・イン・ジャパン」という表示が単に原産地を示す以上の特別な意味をもっていたことは、歴史上の出来事であり、現代においては一種の神話になりつつあると考えるべきかもしれません。

9章

ものづくりのリスク対応

1 なぜメーカーは「売れないもの」を作ってしまうのか

それでも「売れないもの」は生まれる

メーカーのビジネスにおいて、「売れる商品を供給できない状況」と、「売れない商品を供給している状況」は経営資源の浪費を避ける観点で好ましくありません。特に、このような状況に陥ってから初めて気がつくという事態は避けなければなりません。

もっとも、メーカーではものづくりを担当する工場はもとより、営業部門も日頃よりそのように心がけています。それでもなお、これらの状況が生まれています。この9章では、その原因について考えてみます。

新型コロナウイルス感染症（COVID－19）の世界的流行が始まった2020年初頭の日本では、誰もがサージカルマスク（不織布で作られた使い捨てマスク）を求めて店頭に詰めかけました。この商品はもともと全国民の3割が有病ともいわれる[58]花粉症対策を主な目的として市販されていました。ところが、世界規模で拡大したウイルス感染に対応するために日常的にマスクを着用する習慣が急速に広まったことで、一気に需要が拡大しました。

このとき市中の人々はほぼ例外なくマスクを着用していたので、日本国内のマスク需要は例年の3倍にまで急増したことになります。これに対してメーカーは供給能力を直ちに増強できるわけではありません。結果として、同年2月末には市中のサージカルマスクの流通在庫は払底し、店頭はもとよりECサイトでも品切れが相次ぎました。

しかし、その数カ月後にメーカーの増産体制が供給に寄与し始めると状況は一転し、店頭はサージカルマスクの在庫であふれかえる状況になりました（図9－1）。

わずか数カ月でサージカルマスク市場は「売れる商品を提供できない状況」から「売れない商品を供給している状況」に変化したわけです。本来であれば誰も望んでいないこの状況が生まれた原因を読み解くには、メーカービジネスを支えるものづくりが複数の企業の連携によって成り立っていることに注目する必要があります。

図9-1｜サージカルマスクの店頭状況

※いずれも筆者撮影

マスクサプライチェーンの破綻

2020年にサージカルマスクのサプライチェーンが破綻した理由の一つとして、感染症を契機に変化した需要が、サプライチェーンの上流に向かって伝播する過程で増幅されたことが挙げられます。

普段店頭で目にするサージカルマスクは一定数量を単位として販売されています。2020年初頭の店頭では50枚単位が主流でしたが、これに対して、週5日の通勤を伴う勤務体系で働く多くのビジネスパーソンは、週ごとに5枚ずつ購入できる環境があればよい状況でした。しかし、購買単位が50枚に固定されていることで小売店が認識する売り上げの情報としては「50枚入りの商品の需要が急増している」という事実が強調されます。その結果、小売店からは卸売業者に対して50枚入りの商品の補充発注がかかることになり、結果として実需の10倍の数量が需要情報として伝達されることになります。

さらに、小売店からサージカルマスクのメーカーへの注文は、数十箱を最小発注単位として行われることから、需要情報はさらに増幅されることになります。これに加えて、サージカルマスクの原材料である不織布の**原反**（生地やフィルムの加工前の状態）の購入単位はさらに大きくなりますので、ユーザーの実需5枚に対する供給単位はかなりの規模になることが推定されます。

また、原反メーカーが仕入れた不織布がサプライチェーンを経由してマスクに加工され、小箱に包装されて店頭に並ぶまでには数カ月を要することから、消費者はこの期間中、小売店の空になった陳列棚を目にし続けることになります。このことによって助長されたユーザーの飢餓感が、さらなる追加注文を生みます。もちろんこれらの追加注文は実需を伴わないので、店頭に山積みになる状況を生むことになったと考えられます（このような注文は**ファントムオーダー**とよばれます）。

このような一連の動きが、サージカルマスクが不足している状況から数カ月で山のような在庫を積み上げた経緯です。このように、サプライチェーンの上流にいくほど需要情報が増幅される現象は**フォレスター効果**[52]として知られています。また、この動きが、長いムチを打つときに手元の動作で引き起こすわずかな振れ幅が先端にいくほど大きくなる動きに似ていることから、フォレスター効果は通称**ブルウィップ効果**とよばれます[53]。これは、ものの流れを伴うメーカービジネスにおいて顕在化しやすいことがわかっています。

2 メーカービジネスの前提となる「不確実さ」

メーカーのものづくりは「不確実さ」との闘い

前章ではブルウィップがメーカービジネスにおける典型的な問題であることに触れました。しかし、メーカーは意図してこのような状況を惹起しているわけではありません。むしろ各企業は顧客の需要を満たそうと懸命の努力をしているにもかかわらず、問題が生まれるところに悩ましさがあります。

メーカービジネスにおいてブルウィップが起きる最大の原因として、適切な供給活動を行うために必要な需要情報や原材料の調達可能性についての情報が、直接の取引関係にある相手との間でしか交換されていないことが挙げられます。サージカルマスクの事例では、需要の急増を契機としてこの問題が顕在化しましたが、メーカービジネスの構造そのものが変化したわけではありません。つまり、メーカーのものづくりは平時においても、ユーザーに由来する本来の需要量や、その時間経過による変化について、必ずしも把握されない状態で行われているのです。

このようなメーカーのビジネスについてまわる「不確実さ」は、生産計画を検討する際に把握されていない未知の情報に由来しています。その情報には、存在はしていてもうかがい知ることのできない他社の行動に関する情報と、将来の出来事のようにまだ存在していない情報があります。

前者に由来する不確実さが引き起こす問題については、1960年代より現在まで米国の経済学分野を中心として盛んに研究されてきました。情報が十分に共有されていない売り手と買い手の間の**情報の非対称性**（information asymmetry）は、両者が取り引きを通じて望む最も効果的な選択に至らない状況を生む原因となることが知られています[54]（図9－2）。

メーカー自身も不確実さの一部

2011年3月11日、宮城県沖を震源とする大地震が日本を襲いました。のちに東日本大震災とよばれるこの天災は、電力の喪失や輸送経路の寸断を

図9-2｜情報の非対称性と「取引費用（トランザクション・コスト）」

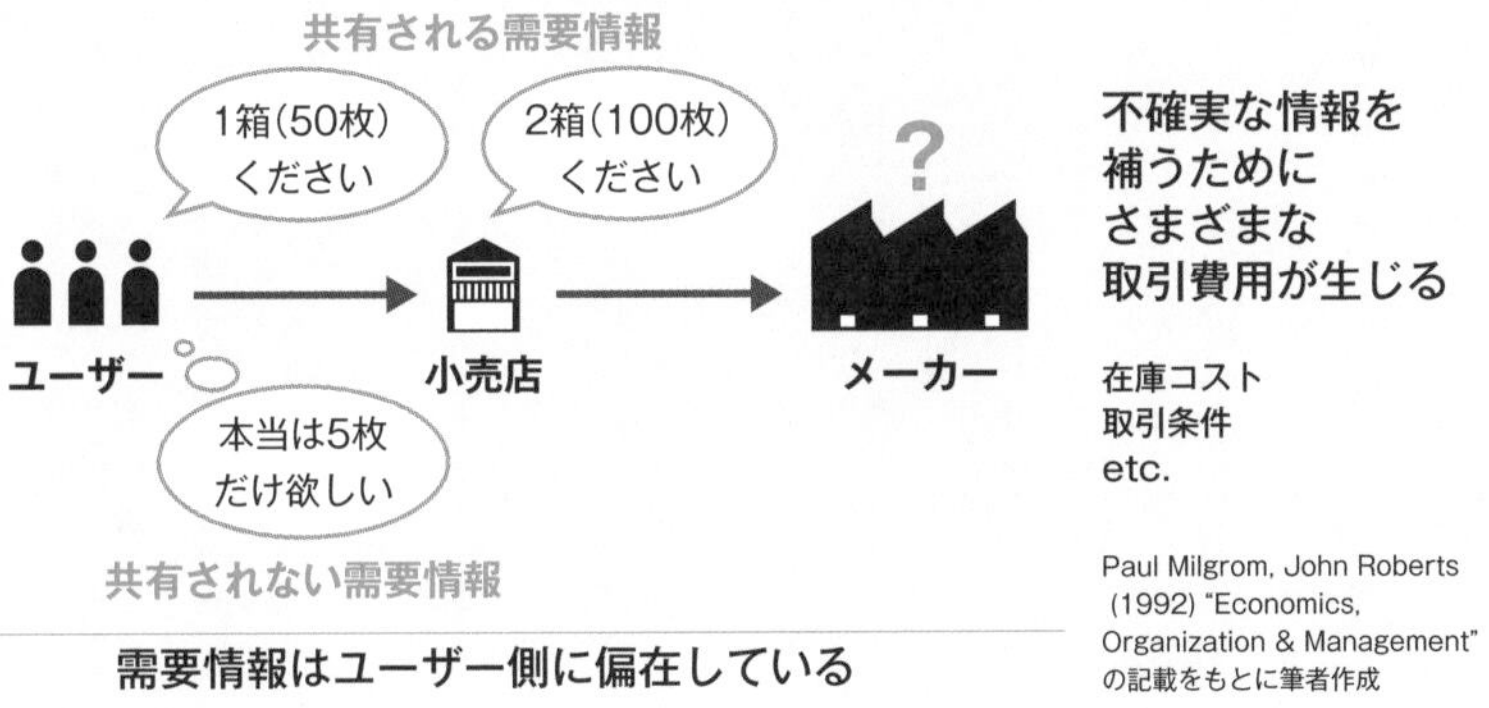

Paul Milgrom, John Roberts (1992) "Economics, Organization & Management" の記載をもとに筆者作成

引き起こし、特に東北地方に工場をもつメーカーの供給機能に大打撃を与えました。このとき、東北地方のとある工場では、駆け付けた従業員が総出で被害を免れた生産設備を整備して、震災の数日後には生産機能を回復したケースもあったと聞きます。しかし、そうした現場の努力も輸送網の寸断によって原材料の供給が滞り始めるとなす術はなく、震災前のような生産活動を行うことができるようになるまでに数カ月を要しました。

　当時の日本国内の状況を知るメーカーに勤める人々の多くは、この状況が予見性に乏しい天災に由来するものであったと口をそろえます。しかし、このときに国内メーカーの駐在員として米国で状況に対応していた筆者の一人はやや異なる見方をしています。現地で米国のディストリビューターとの需給調整の役割を担当している立場として受けた問い合わせの大半は、日本サイドが積極的に伝えようとしていた国内工場の無事に関する内容ではなく、輸送経路の無事を尋ねる内容であったといいます。そして、実際に問題が深刻化したのは、まさに輸出経路でした。日本の輸出の多くを占める東日本の港の機能が麻痺したことで、アジアを経由し日本で荷物を集積して北米に向かう貨物船が湾内で渋滞し、さらにその手前の寄港地である西日本の港でも連鎖的に渋滞が起きたのです。

　このことは、メーカーのビジネスが「仕入れ」「生産」「販売（流通）」が揃って初めて機能するという、ものづくりに並々ならぬ情熱をもつ日本のメーカーが、ともすれば忘れがちな点を端的に示しています。メーカーは、原材料の仕入れや生産現場のみならず、みずからの供給能力について取引先などを含むカスタマーから常に心配されている、つまり自社が商品をユーザー（消費者）に届けるためのサプライチェーンにおいて、不確実性の要因そのものとなりうるのです。

3 メーカーのリスクマネジメント

リスクの原因と結果

地震やブルウィップのように、ものづくりのビジネスを止める要因となりうる事象（すなわち**リスク**）に対して、メーカーはどのように応じているのでしょうか。

天災地変のようなランダムに発生する自然現象については、科学技術や経験に基づく知恵をもってしても発生そのものを防ぐことは困難です。他方、ブルウィップのようにビジネスのしくみに由来する現象については、条件さえ揃えばその発生を防ぐことが可能です。このようなリスクの性質の違いに注目した場合、メーカーのものづくりにおけるリスクマネジメントは「原因」に注目して行うものと、「結果」に注目して行うものとに整理できます（図9-3）。

リスクの「原因」に注目して行うリスクマネジメントでは、原因となる現象が顕在化する可能性をコントロールすることが目標となります。他方、リスクの「結果」に注目して行うリスクマネジメントでは、リスクが顕在化した後の影響（ダメージ）をコントロー

図9-3｜リスクの原因と結果を分けて考える

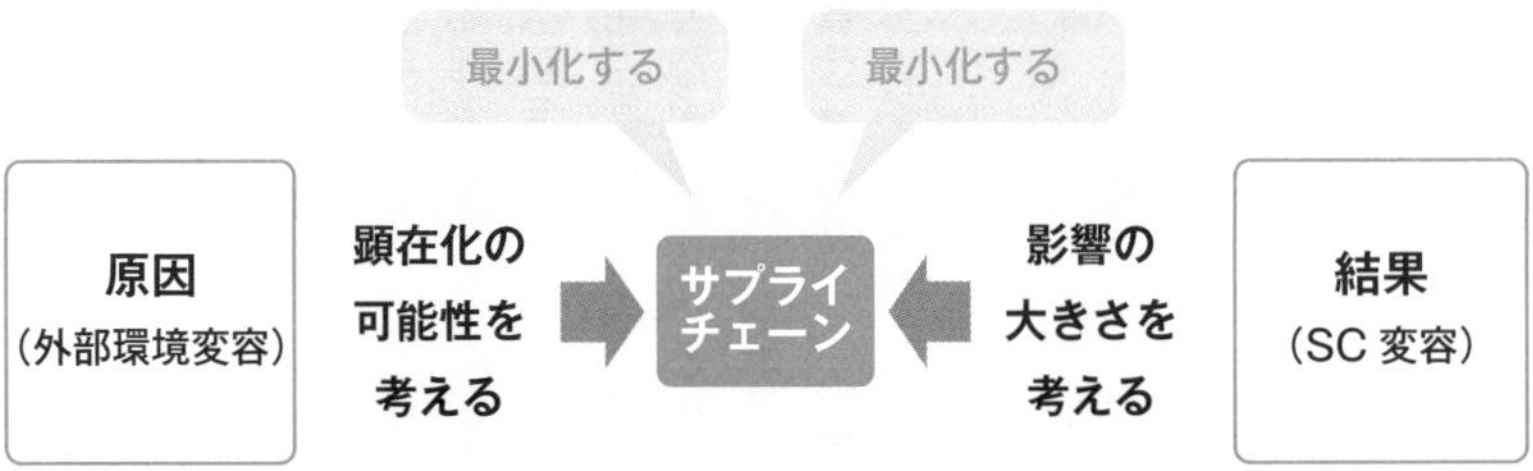

図9-4｜メーカービジネスにおけるリスク対応の整理

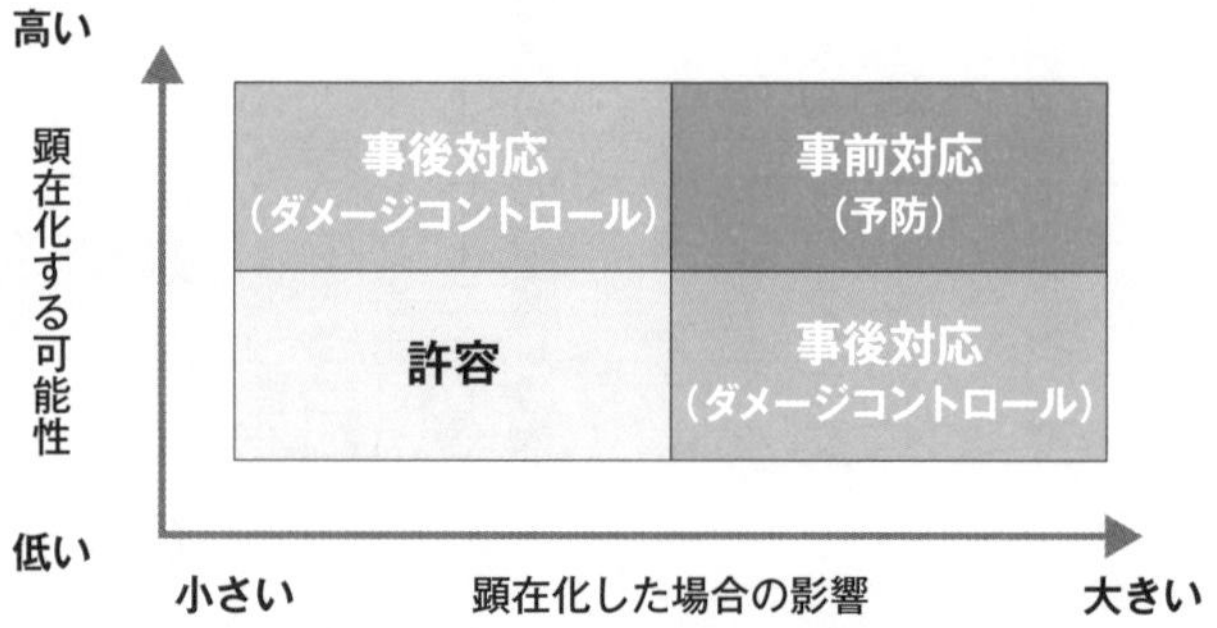

Yossi Sheffi "The Power of Resilience" をもとに筆者作成[55]

ルすることが目標となります。

リスクの特徴とその対応

メーカーのビジネスは、顧客のニーズを充足することと同時に、自社の財務的な利益を確保することを目標としています。そのため、リスクマネジメントについても同様の観点より検討・実施されます。リスクが顕在化する可能性の大小とリスクが顕在化した後の影響の大小という二つの側面からメーカーのリスク対応方針を整理した場合、「事前対応（予防）」「事後対応（ダメージコントロール）」「許容」の3類型に大別されます[55]（図9－4）。

● **事前対応（予防）**：

顕在化の可能性が高く、その影響が大きいリスクについては、前もって対策をたてることが望まれる。日常的に地震の発生する日本国内で操業する工場であれば、地震に伴う停電については予見性をもって対応すべきリスクといえる。

● **事後対応（ダメージコントロール）**：

顕在化の可能性が低いものの顕在化した場合の影響が大きいリスクについては、認識はしつつ、対応自体は事後的に行われる。また、このような事後対応は、港湾ストのように顕在化の可能性は高いものの、ほかの輸送モード（たとえば空輸）を切り替えることで解決できるなど、顕在化した場合の影響が大きくないと考えられるリスクに対しても踏襲される。

● **許容**：

落雷による一時的な停電のように、顕在化の可能性が低く、かつ顕在化した場合の影響も大きくないリスクについては、判断として極力対応の手間をかけないことが合理的といえる。リスクが顕在化してもあえてそれを受け止める判断がなされる。

4 リスクはどこからやってくるのか

工場は地球につながっている

メーカービジネスにおける企業とユーザーの活動は互いに関連しており、外部環境の影響を受けます。

前出のサージカルマスクのサプライチェーンの例では、不織布の原材料である樹脂ペレットの由来をさらに遡ると、石油という有限な天然資源に至ります。もしも何らかの事情で石油が入手できなくなった場合、一連の供給活動は止まってしまいます。

また、使用後のサージカルマスクがフランスのセーヌ川に大量に浮かんでいる映像が報道されていたように、メーカーのビジネスを通じて供給された商品は最終的に廃棄プロセスを経て地球へと戻っていきます。もし何らかの事情で使用後の商品を処分することができなくなった場合、ユーザーは容易に商品を購入することができず、需要が収縮してしまうでしょう。

このように、メーカーのビジネスを含むサプライチェーンはこれを構成する企業や人々の活動が相互に関連することで成り立つ動的なシステムであると同時に、システム外部の環境変化の影響を受ける性質をもっているのです。なおこのようなホリスティックな（全体の、つながり合う）世界観は**「システムダイナミクス」**とよばれる研究分野において特に重視されます[56]。

システムダイナミクスは、先に登場した「ブルウィップ効果」の基礎理論を世に示したＭＩＴのＪ・フォレスターに由来する研究分野であり、その応用分野である「サプライチェーンマネジメント（ＳＣＭ）」もまたこの世界観を共有しているのです[57]。

外部環境の変化の整理～PESTEL

本章の例に登場した感染症の世界的な流行や震災は自然環境の変化でしたが、サプライチェーンを取り巻く環境変化はこれに限りません。１９９０年代における世界的なインターネットの普及や２０１０年代における米国と中国の対立なども、その一例といえます。

このような数多存在する外部環境の

図9-5 「PESTEL」によるマクロ外部環境変化リスクの整理例

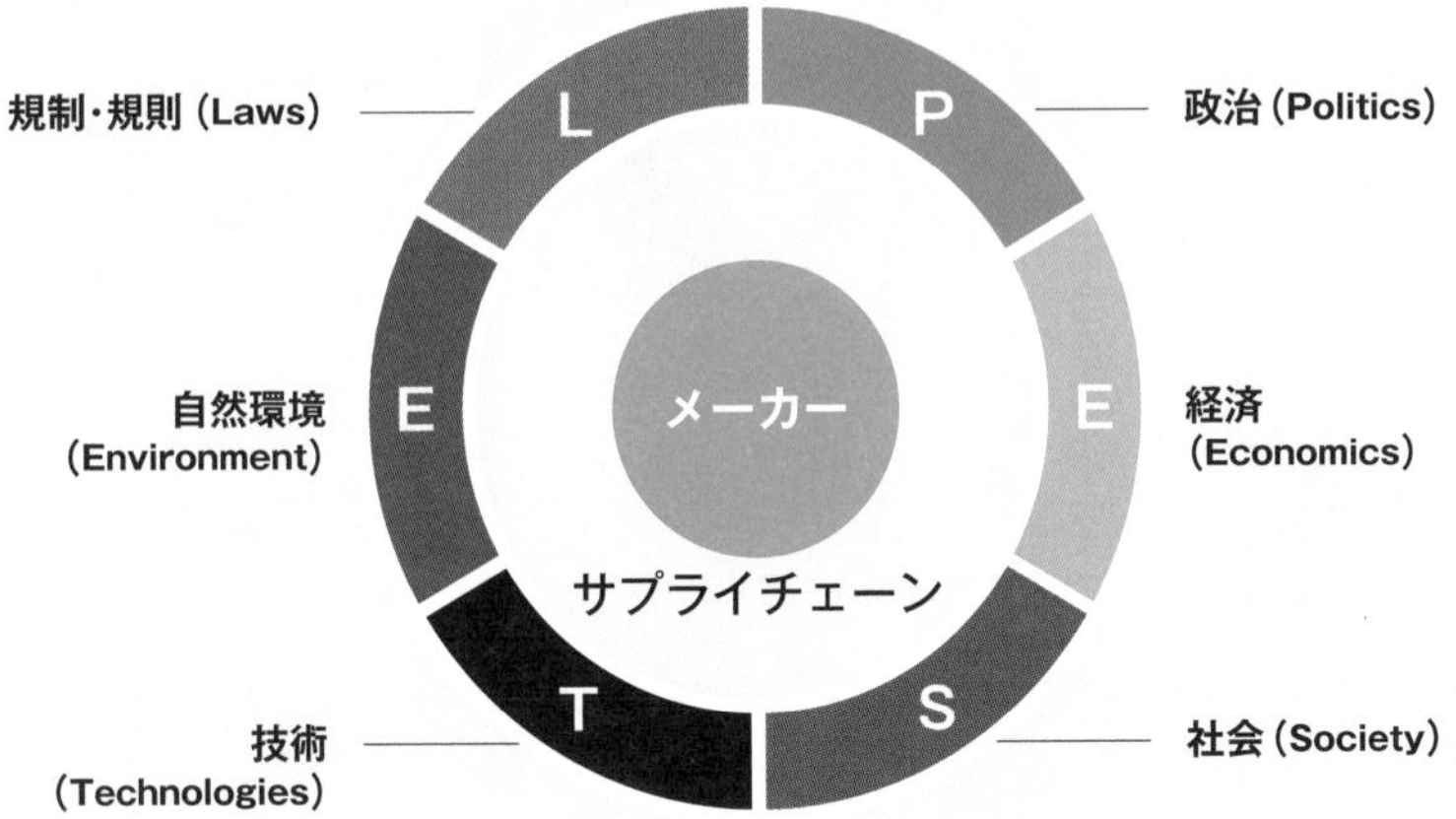

【各項目の例】

政治 (P: Politics):国際協調、貿易摩擦

経済 (E: Economics):経済成長、金利や為替レート、インフレ率

社会 (S: Society):人々の行動の変容、人口の変化、年利分布の変化

科学技術 (T: Technologies):インターネットの社会実装、内燃機関の社会実装

自然環境 (E: Environment):地球温暖化、森林火災、地震

規制・規則 (L: Laws):国際ルール、諸規制、SDGｓ

変化について、グローバルサプライチェーンの分野では慣習的に**PESTEL**とよばれる整理方法が用いられます。[45]「PESTEL」という名称は、政治(Politics)・経済(Economics)・社会(Society)・科学技術(Technologies)・自然環境(Environment)・規制(Laws)の頭文字からとられており、これら6項目はサプライチェーンに影響を与えうる典型的な外部環境です(図9-5)。

もっとも、ウイルスの流行という自然環境の変化がマスクを日常的に着用する行動を促進することで社会を変容させたように、PESTELの各項目は相互に変化を誘発します。そのため、PESTELを用いる際はいずれの項目が変化の起点となるかを整理するとともに、その変化が誘発するほかの項目の変化についても併せて整理することで、自社のビジネスとそのサプライチェーンが接しているリスクをあらかじめ把握することが重要です。

10章

メーカーが利益を上げるしくみ

1 利益を上げるための二つの方法

「コスト」とは何か

メーカーに勤務する人々がまず聞かない日はないほどよく耳にする単語の一つに「コスト」があります。例えば「海外工場が工程改善でコストダウンに成功した」「今度の新商品はコストが高すぎて利幅が薄い」などと使われます。

ただし、人によって用いる意味に幅があることも事実です。本章ではコストという表現が指す範囲を「商品を作るためにかかった金額」としてやや広めに捉え、メーカーの活動におけるその意味や位置づけを整理していきます。なお、このコストのことを会計用語では「**製造原価**（manufacturing cost）」とよびます。

なぜコストを把握する必要があるのか

メーカーの活動は、原材料を仕入れて商品を作り、顧客に販売する、という流れを基本として行われています。この活動をお金の流れで捉え直した場合、原材料を仕入れるために支払った金額と、原材料を加工するために支払ったさまざまな金額の合計に、利益を上乗せして顧客に販売する活動といえます。そして、この活動を継続するためには、販売金額が商品を作るためにかかった金額を上回っていること、つまり「儲け」が出せるコストで商品を作ることが強く望まれます。そのためには、二つの方法があります。

1. 商品を作るための金額（材料の購入金額と工場を動かすために必要な金額の合計）を低く抑える
2. 同じ金額で作った商品を、より高い値段で売る

いずれのアプローチも「商品を作るためにいくらかかったのか」が既知であることが前提です。その商品のコストに含まれる要素を把握し、それらをどのように管理すべきかを検討する必要があります。このように、メーカーの活動においてはコストの把握が不可欠です。

2 製造原価の中身と計算方法

「コスト」には何が含まれるのか

メーカーで働く人々の仕事は大別して、仕入れ、生産、販売のような「もの」を実際に取り扱う活動と、その内容を企画するオフィスワークとがあります。

メーカーにおいて「商品を作るためにかかった金額」という意味における「コスト」とは、主に工場の活動に使われた金額です。例えば詩人・谷川俊太郎の短編『いっぽんの鉛筆のむこうに』では、鉛筆工場で海外から木材や黒鉛、粘土といった原材料を仕入れてこれにさまざまな加工を施し、商品に仕上げていく様子が描かれていました。

つまり、これらの活動にかかった金額の合計が鉛筆のコストということになります。もう少し踏み込んで整理すると、次のような内容にお金が使われていることがわかります。

・鉛筆の原材料（木材、黒鉛、粘土など）の購入代金・輸送費・保管料など
・鉛筆を製造する工程で作業を行った担当者の賃金など
・鉛筆の原材料を加工する装置を動かすための電気代や潤滑油代など
・その他工場全体の機能を維持するための支出のうち、鉛筆を生産する活動に寄与したと考えられるもの

これらはいずれも会社のお財布からお金が出ていく話ですが、引き換えに得た価値はその商品を構成する有形無形の要素に変換されており、実はもともと会社がもっていたお金の価値が失われるわけではありません。

少し専門的な表現になりますが、会計の用語を借りると、メーカーにおける工場の活動は、現金や預金という企業の資産を、別の資産である**棚卸資産**（在庫）に変換するプロセスともいえます[59]（図10－1）。

コスト（製造原価）＝売上原価ではない

ここまでお読みいただいて気づいた方もいらっしゃるかもしれませんが、

図10-1｜メーカーの活動と製造原価の関係

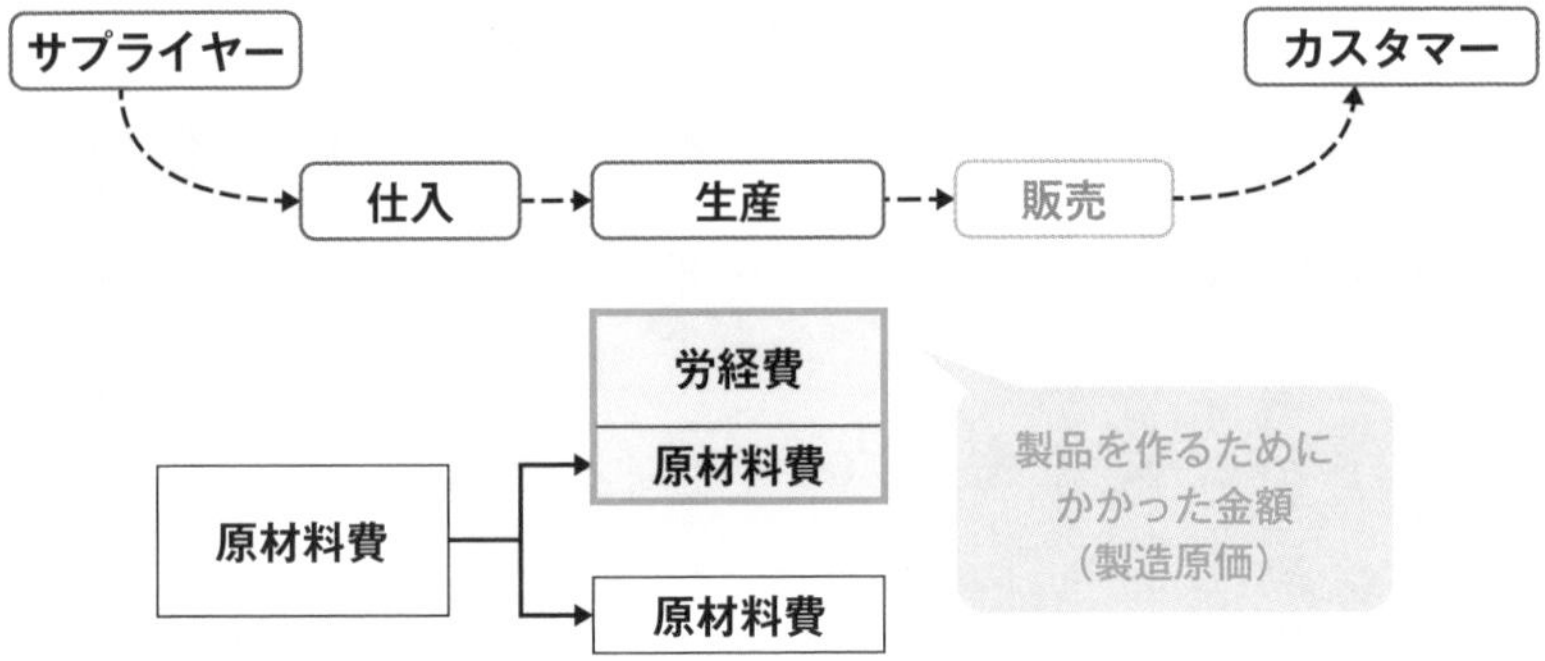

図10-2｜製造原価と売上原価の関係

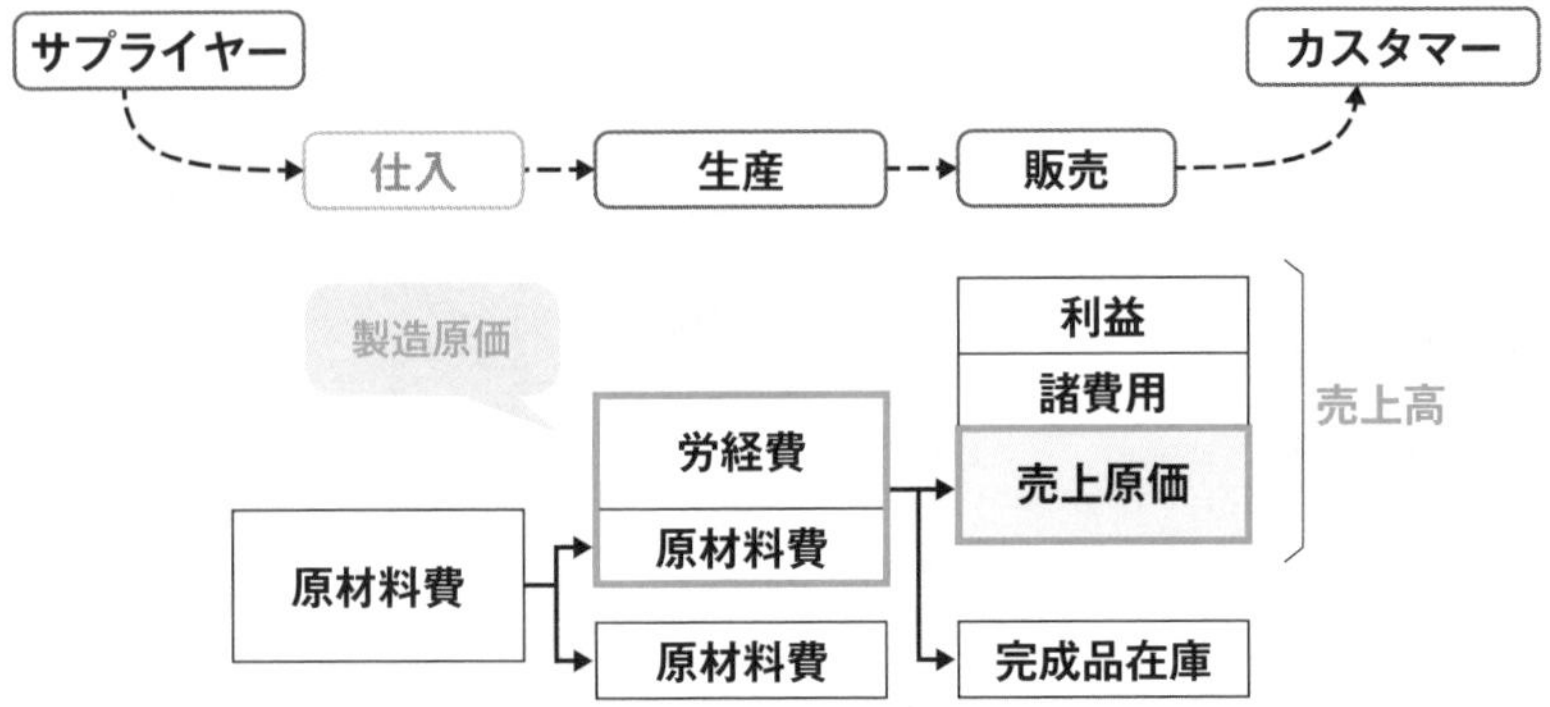

商品を作るためにかかったお金（コスト）は、必ずしもそのまま**売上原価**となるわけではありません。売上原価とは〝Cost of goods sold（販売されたものについてのコスト）〟という名称の通り、メーカーが生産した商品のうち実際に顧客に販売した商品に係るコストを指します（図10－2）。メーカーは必ずしも生産した商品をすべて販売できるわけではないので、もし販売されずに手元に在庫として残った商品がある場合、これらを作るために使った金額は売上原価に含まれません。

このように、製造原価と売上原価は語感が似ており、かつ英語表現にした場合にいずれも「cost」という単語が含まれることからやや紛らわしいため注意が必要です。**製造原価**は企業の資産に関する金額を把握するための概念であるのに対し、売上原価は企業の損益を把握するための概念として、それぞれの役割の観点から整理するとわかりやすいでしょう。

3 メーカーの成績表

さまざまなメーカーの「成績表」

日本の企業は会社法という法律で1年間の活動状況を開示する義務を負っています。[61] 非上場企業を含むすべての株式会社は年間の損益を整理した「**損益計算書**」を新聞やウェブサイトに掲載することとされており（決算公告）、上場企業についてはさらに別の法律によって1年の終わりの時点で企業が保有する資産や負債について整理した「**貸借対照表**」を併せて開示することが求められます。これらに企業の活動をお金の流れから整理した「**キャッシュフロー計算書**」を加えた資料群である「**財務諸表**」は、企業が金融機関から融資を受けるための審査などの際に参照されます。財務諸表はいわば企業の「成績表」といえます（図10－3）。

メーカーの成績評価

これらのうち損益計算書は「儲けを出せているか」が関心の中心なのに対し、貸借対照表については儲けを出す方法として「資産を効果的に使っているか」という観点が加わります。例えば、それまで一つずつ職人が手作りで生産していた商品を、流れ作業で大量生産した場合、生産効率が上がることで商品1個当たりの製造原価が安くなります。このような取り組みは、生産の現場である工場の活動として高く評価されるべきものといえそうですが、実はここにメーカーのジレンマが潜んでいます。

このときの損益計算書では売上高に対する売上原価の占める割合が小さくなるため、儲け（粗利）が大きくなります。これが「儲けを出せているか」という観点です。他方、大量に生産した商品のうち売れ残ったものは、在庫として手元に残ります。この在庫は企業の資産として貸借対照表に記録され、次に売れる機会を待つことになります。このとき、在庫となっている商品が鉛筆であれば翌年の新入学シーズンに売れることが想像できますが、その年の流行を取り入れた洋服であればそのような状況は望みにくいでしょう。また、

図10-3｜財務諸表（財務3表）のイメージ

貸借対照表

資産の部	負債の部
流動資産	流動負債
現金及び預金	買掛金
売掛金	短期借入金
棚卸資産	…
…	固定負債
固定資産	長期借入金
建物	…
機械装置	
車両運搬具	純資産の部
土地	
…	株主資本
	利益剰余金
	…

損益計算書

Ⅰ　売上高
Ⅱ　売上原価
　　期首棚卸高
　　当期仕入高
　　期末棚卸高
売上総利益

Ⅲ　販売費及び一般管理費
営業利益

Ⅳ　営業外収益
Ⅴ　営業外費用
経常利益

…

キャッシュフロー計算書

Ⅰ　営業活動によるキャッシュフロー
　　税引き前当期純利益（＋）
　　減価償却費（＋）
　　売上債権の増加（－）
　　棚卸資産の増加（－）
　　…
Ⅱ　投資活動によるキャッシュフロー
　　…
Ⅲ　財務活動によるキャッシュフロー
　　…

賞味期限のある食料品などについては翌年を待たずに商品としての価値を失ってしまいます。

つまり、製造原価は単に最小化するのではなく、売上高に対して適切な量を生産することを前提として最小化することが重要といえます。これが「資産を効果的に使っているか」という観点です。

在庫と財務諸表の関連指標

購買課が仕入れた原材料や製造課が作った製品のうち売上高に含まれなかったもの、つまり社内にとどまっている在庫は**棚卸資産**として貸借対照表上に計上されます。メーカーでは、原材料・製品（商品）および工程で作りかけの状態にある**仕掛品**が主な棚卸資産となります。

なお**棚卸し**という用語は文字通り、棚に収められた原材料・仕掛品・製品（商品）の数量を数える作業に由来しており、企業会計の観点より決算期ごとにこの処理が求められます。しかし、メーカーの多くはより適切な在庫管理を行うため、月次またはさらに高い頻度で棚卸しを行うこともあります。損益計算書では「売上原価」の計算時に在庫（棚卸資産）が使われ、次の式で計算します。

売上原価 ＝ 期首棚卸高
　＋ 当期仕入高 − 期末棚卸高

また、棚卸資産の増減はキャッシュフロー計算書において「棚卸資産の増減」の項目に計上されます。棚卸資産の増加は、裏を返せば原材料を仕入れたり工場を稼働させる活動にキャッシュ（現預金）を使っていることを意味しますので、マイナスのキャッシュフローとして計上されます。これらのことから、在庫をもつということはキャッシュが在庫として滞留していることを意味します。

在庫管理の適切さを把握するための指標として、**棚卸資産回転率**があり、次の定義式で算出されます。

棚卸資産回転率 ＝ 売上原価
　÷ 棚卸資産平均金額

棚卸資産平均金額は、当期と前期末の棚卸資産金額の平均を使用します。また、売上原価の部分を売上高とする方法もあります。この棚卸資産回転率が低いと、在庫を多くもちすぎていることになります。では、高ければよいかというと必ずしもそうではなく、その場合は品切れのリスクが高いともいえます。また、自社の状況を適切に把握するためには単年の実績を見るだけでなく、経年的な変化や競合との異同に注目することも重要です。

いくつかの企業の開示情報から試算される棚卸資産回転率（図10−4）からは、それぞれの在庫方針を見て取ることができます。

たとえば、「ジャスト・イン・タイム」で有名なトヨタ自動車は、在庫を極力もたない方針をとっており、その棚卸資産回転率は9・1と高い水準にあります。他方、店舗に陳列するための店頭在庫を潤沢にもつファーストリテイリング（ユニクロ）は2・7となっており、同社のポリシーが反映されているといえます。

また、在庫が影響するほかの財務関連の指標として、**CCC（キャッシュコンバージョンサイクル**：Cash Conversion Cycle）があります。

CCCの定義式は次の通りです。

CCC ＝ 売掛債権回転日数
　＋ 棚卸資産回転日数
　− 買入債務回転日数

これは、メーカーが原材料や商品の仕入れなどへの現金を支払ってから、顧客から**売掛金**を回収して、現金を入手するまでの日数を指します。売掛金

図10-4｜さまざまなメーカーの棚卸資産回転率

	売上原価（兆円）	棚卸資産平均金額（兆円）	棚卸資産回転率
トヨタ自動車	23.14	2.55	9.1
Amazon.com	18.21	2.07	8.8
パナソニック	5.34	0.90	5.9
日立製作所	6.40	1.38	4.6
ファーストリテイリング（ユニクロ）	1.17	0.44	2.7

各社2019年度有価証券報告書を元に筆者作成（amazon.comは連結,1ドル=110円として試算）

とは商品やサービスを販売したものの回収できていない代金を指します。反対の意味の言葉を**買掛金**といいます。つまりCCCが小さいほど、メーカーの資金には余裕がある（資金繰りが良好）ということになります。資金に余裕があるということは、積極的に投資をすることもでき、それが競争力を生み出します。

　例えば、現在最もパワフルなグローバル企業の一つである米アップル社のCCCはマイナスであり、同社の販売代金を回収するタイミングが買掛金を支払うタイミングよりも早いことを意味しています。

　CCCは、リサーチ会社である米ガートナーが毎年発表している「サプライチェーン・トップ25」の評価指標の一つとして採用されています。前出のアップルのほかにアマゾン、P&G、マクドナルド、ユニリーバなどの企業が積極的に開示しています。また、近年はソニーなどの日本のメーカーにも、経営指標の一つとして取り入れる動きが見られます。

4 経営指標としてのROIC

21世紀における産業生態系の変容

20世紀初頭に米国のフォードが自動車の生産プロセスに革命を起こしてから100余年の間、多くのメーカーがこの大量生産手法の恩恵を享受しながら発展してきました。しかし、21世紀に入りさまざまなものが人々に行き渡ったことで、この手法が通用しにくくなっています。このことは、メーカーの活動を評価する指標にも影響を与え始めています。従来は前掲の損益計算書上で「儲けを出せているか」という観点が重視されていましたが、近時の環境においては「資産を効果的に使っているか」という観点の重要性が高まっているのです。

21世紀のメーカーに求められる経営指標

メーカーの活動を評価する指標のうち、「儲けを出せているか」という観点からの評価については売上高に対する利益の割合（**売上高利益率**）として計算することができます。これは、営業部門の目標として掲げられることの多い指標です。他方の「資産を効果的に使っているか」という観点からの評価については**投下資本**（株主資本＋有利子負債）に対する売上高の比率（**投下資本回転率**）として計算することができます。

最近では、これら二つの指標を合成することで、「トータルでいくら使って、いくら儲かったのか」という評価を経営指標として取り入れる動きも見られるようになりました。この売上高利益率と投下資本回転率から合成される指標は**ROIC**（Return on Invested Capital）とよばれます（図10－5）。

経営方針と財務状況

本章では、メーカーのビジネスにとって重要な「儲けを出せているか」「資産を効果的に使えているか」という二つの観点と、これらから合成される経営指標であるROICについて紹介します。このROICについて、架空のメーカー2社の財務諸表を見比べなが

図10-5｜ROICの計算式

$$\frac{\text{利益}}{\text{売上高}} \times \frac{\text{売上高}}{\text{投下資本}} = \text{ROIC}$$

（利益／売上高＝売上高利益率、売上高／投下資本＝投下資本回転率）

ROIC (Return on Invested Capital)

ROICは販売部門と生産部門の活動の効果・効率を事業レベルで俯瞰できる指標である

山本圭一・水谷禎志・行本顕(2021)『基礎から学べる！世界標準のSCM教本』をもとに筆者作成[46]

図10-6｜A社とB社の利益率の比較

単位：億円

	A社		B社
＋	売上高 60	＋	売上高 120
−	売上原価 30	−	売上原価 20
−	販管費 20	−	販管費 80
	営業利益 10（17%）		営業利益 20（17%）

ら試算してみましょう。

A社：日用品メーカー、主力製品の形態が創業以来大きく変化していない。同社の「**商品名**」は類似製品一般の代名詞にもなっている。

B社：日用品メーカー、主力製品の過半数が新商品。テレビや雑誌の広告で「**社名**」を見かけない日はない。

「儲けを出せているか」という観点

両社の売上高に対する「営業利益（儲け）」を比較してみましょう（図10－6）。まず、A社の売上高は60億円であるのに対して、B社の売上高は120億円なので、両者の売上高は2倍の開きがあることがわかります。

営業利益についても売上高と同様、A社は10億円、B社は20億円と2倍の開きがあります。しかし、売上高に対

図10-7｜A社の収益構造

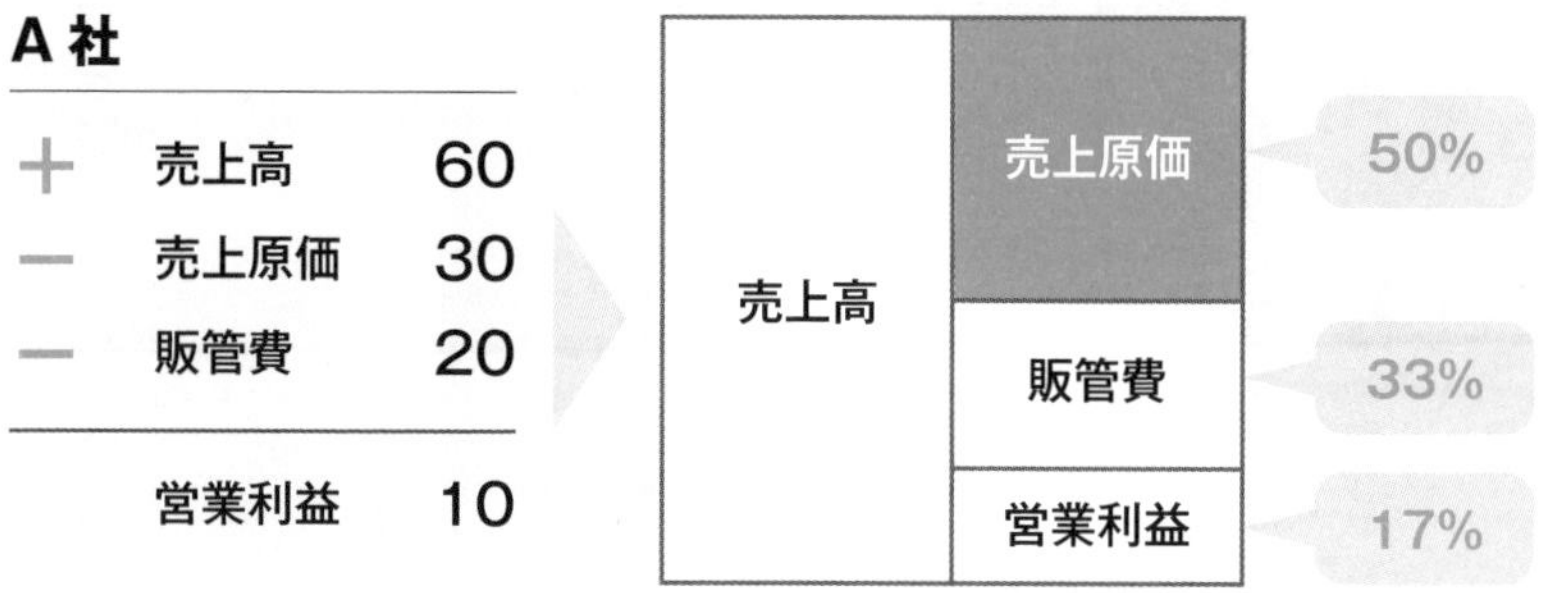

図10-8｜B社の収益構造

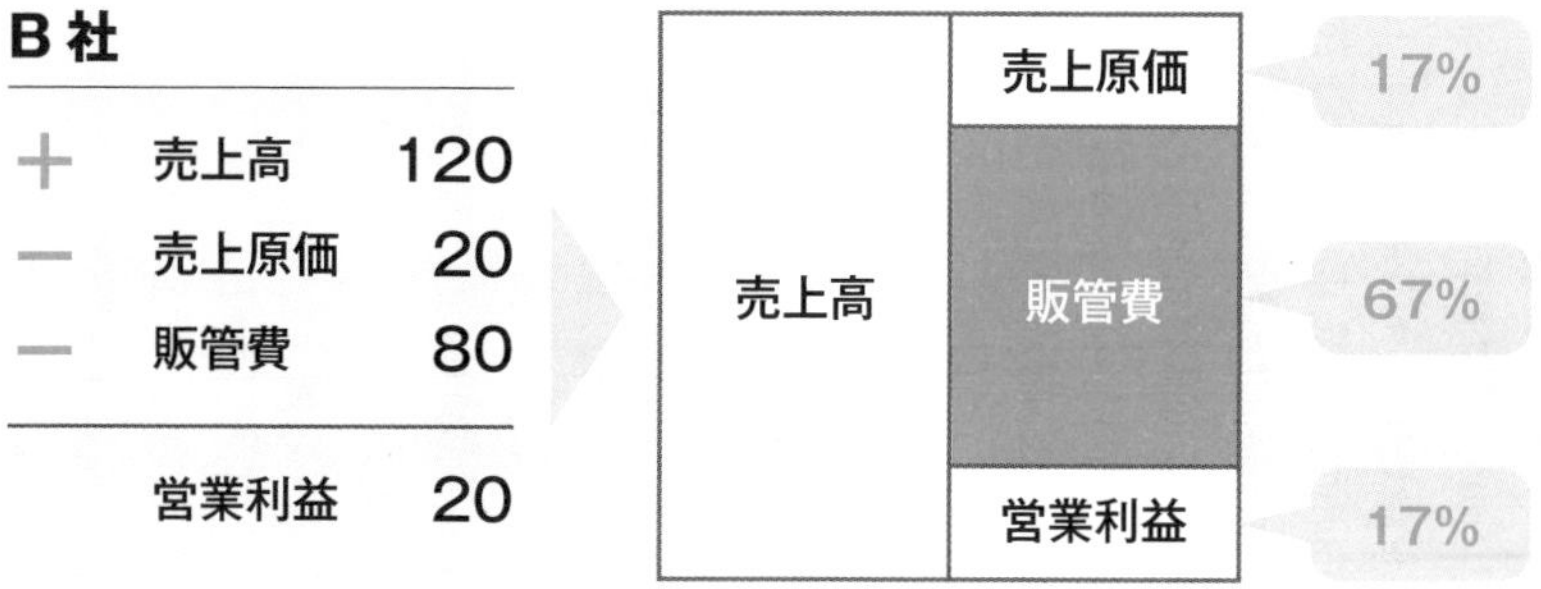

する営業利益の割合を比べると両社ともに約17%と、かなりの高収益体質であることがわかります。

　この2社がさらに「儲け」を出すためにはどのようなアプローチが考えられるでしょうか。それぞれの「儲け」を出すための方針を読み解きながら考えてみましょう。

　図10-7のとおり、A社は、売上高の50%を売上原価（販売した商品を作るためにかかった原材料・人件費・経費などの合計）が占めている点に特徴があります。このことから、この会社がものづくりを重視する方針であることがうかがえます。また、売上高に対する**販管費（販売費および一般管理費**。商品を売るためにかかった広告宣伝費や物流費などの合計）の低さからはあまり宣伝をしなくてもユーザーが必要と感じて購入してくれる状況であると考えられます。つまり、A社の商品は、私たちの生活に不可欠なもの、いわゆる「エッセンシャル」に位置づけられ

る商品であることが見て取れます。

　これらのことから、A社が営業利益率をもっと高くするためには売上原価（商品を作るためにかかる金額）を低く抑える努力をすることが効果的といえそうです。

　次に図10－8を見ると、B社の特徴は、売上高の67％を販管費が占めている点にあります。このことより、B社が「もの売り」を重視するメーカーであることがうかがえます。きっとこの会社は、ユーザーが心待ちにするような新商品を毎年たくさん発売して、そのバラエティ豊かな商品で暮らしを華やかにしてくれているはずです。

　これらのことから、B社にとって、営業利益率を大きくするためには売上原価を抑えるよりも販管費を低く抑える努力のほうが効果的といえそうです。

「資産を効果的に使う」という観点

　メーカーのビジネスにおける生産活動や販売活動は、いずれも会社の資産を投じて行っている活動です。したがって、これらの活動はその効果のほどを確かめながら行う必要があります。

　会社が事業に用いることのできる主なお金は、銀行などに利息を払って借りているお金、株主が会社に投資してくれたお金、そしてこれらを用いて会社自身が過去に稼いだお金の3種類の合計額です。これらのお金の合計は**「投下資本」**ともよばれ、メーカーのビジネスにおいて商品や原材料の在庫、工場の設備といった資産を手に入れる活動に充てられます。

　図10－9で両社の投下資本の構成を比べると、A社はあまり外部から借り入れを行っておらず、蓄積した利益をもとに事業を行ってきています。他方のB社は、A社に比べて有利子負債（外部からの借り入れ）の比率が43％と高めです。このことから、B社はより大きな投下資本をもって積極的なビ

図10-9｜A社とB社の投下資本の比較

A社（20%）

＋	有利子負債	10
＋	株主資本	40
	投下資本	50

B社（43%）

＋	有利子負債	30
＋	株主資本	40
	投下資本	70

図10-10｜A社とB社の投下資本回転率

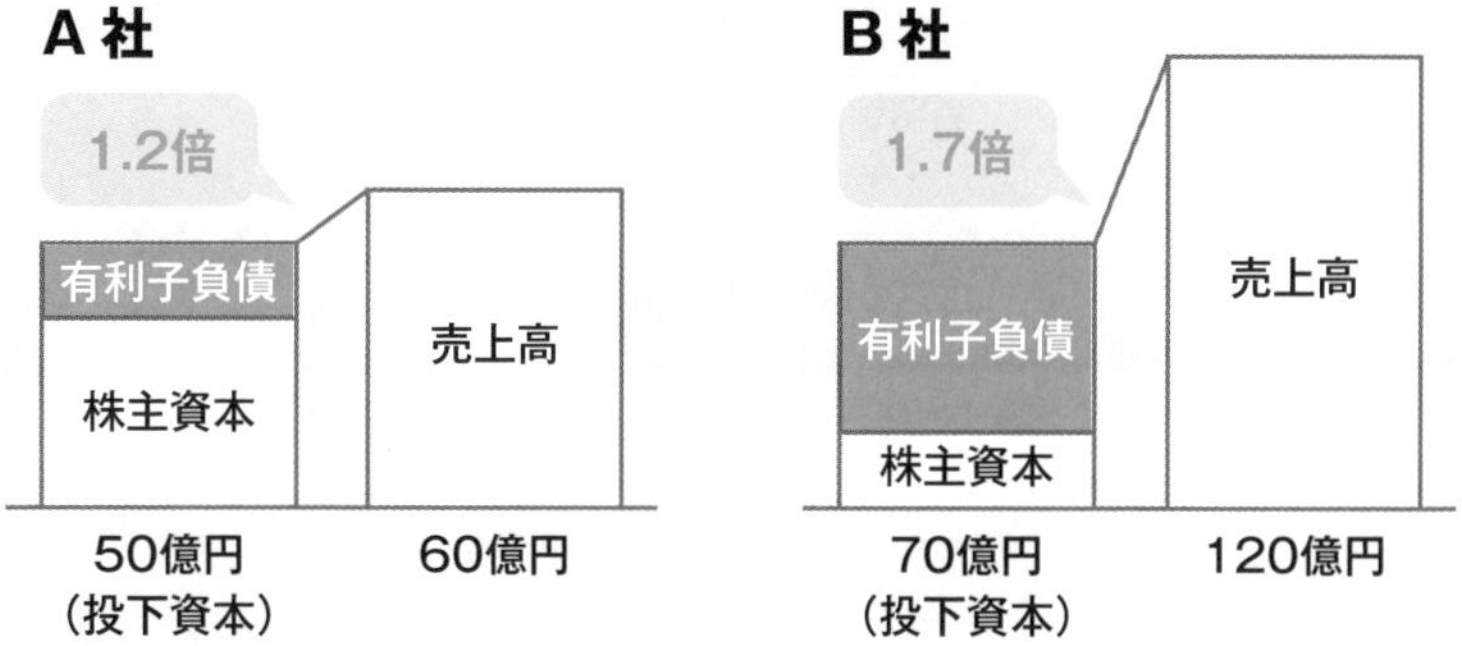

ジネスの拡大を行う方針であることがわかります。

会社が「資産を効果的に使っているか」についての評価は、この「投下資本」を何倍の売上高につなげることができたのか、という観点から行うことができます（**投下資本回転率**）。両者の投下資本と売上高からそれぞれの投下資本回転率を計算すると（図10―10）、A社が1・2倍、B社が1・7倍と、両社ともにかけたお金以上の売り上げを上げていることがわかります。

「ROIC」を合成する

ROICは「売上高利益率」と、「投下資本回転率」を合成した指標です。ここまでに計算したA社とB社の「売上高利益率」と、「投下資本回転率」を使ってそれぞれのROICを計算すると（図10―11）、A社が20%、B社が29%と試算されます。経営指標として目指すべきROICの値は企業の経

図10-11｜各指標からROICを合成する

$$\frac{\text{利益}}{\text{売上高}} \times \frac{\text{売上高}}{\text{投下資本}} = \text{ROIC}$$

(Return on Invested Capital)

A社 $$\frac{10\text{億}}{60\text{億}} \times \frac{60\text{億}}{50\text{億}} = 20\%$$

B社 $$\frac{20\text{億}}{120\text{億}} \times \frac{120\text{億}}{70\text{億}} = 29\%$$

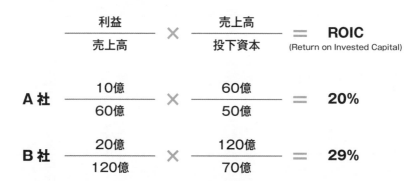

図10-12 | ROICに影響を与える指標

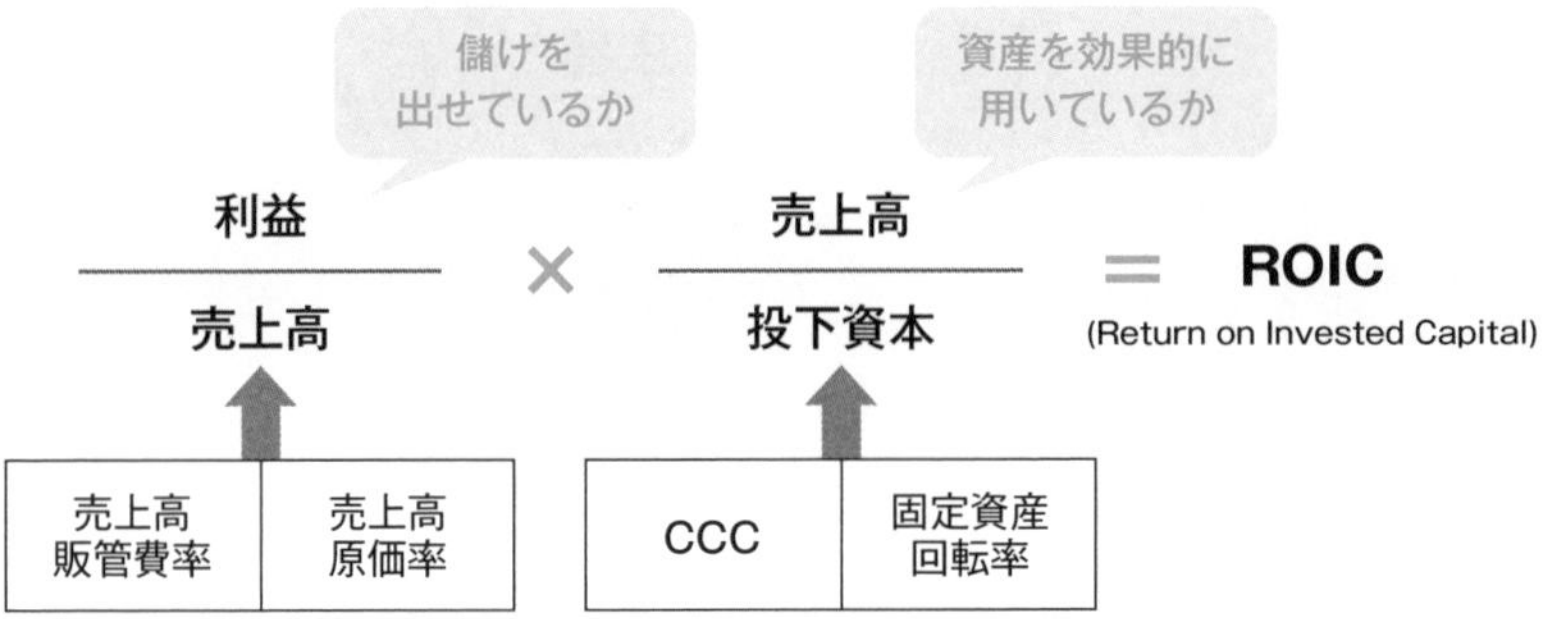

山本圭一・水谷禎志・行本顕（2021）『基礎から学べる！世界標準のSCM教本』をもとに筆者作成

営方針によって異なりますが、すでに低コスト・高収益体質であるA社が、今後のビジネスにおいて発展的な変化を志向する場合には、より売上高の拡大に寄与する形での経営資源の投入が望まれる状況にあるといえるでしょう。

このように、ROICは事業や経営を「儲けが出せているか」「資産を効果的に使えているか」という二つの観点から同時に評価できる、とても重宝な経営指標といえます（図10－12）。

なお、ROIC向上の観点からは、本章の前半で触れたさまざまな要素が寄与することも見逃せません。

例えば、売上高に対する利益の割合を表す売上高利益率については「売上高原価率」として把握される製造原価や販管費の低減努力によって改善が期待できます。これはA社の例のように安定した売上高を前提としたビジネスで取り組みやすい指標といえます。

もっとも近年は、ものづくりの現場で行われているさまざまな原価低減の工夫や活動を、伝統的な管理会計の手法では表現しきれない状況も生まれています。そのため間接費のような内訳の把握しにくいコストの個々の製品への寄与を把握するためのアプローチとして活動基準原価計算（ABC：Activity-Based Costing）があわせて用いられることもあります。さらに、このような考え方をものづくりだけでなくより広い領域に応用するアプローチも存在します（たとえば物流ABC。16章5項）。また、ビジネスに用いた経営資源の多寡と売上高の関係を表す投下資本回転率については、「CCC（10章3項）」を向上させることで改善が期待できます。これはB社の例のようにより大きな売上高を狙うことを前提としたビジネスで取り組みやすい指標といえます。

これらのことからも、ROICはメーカーのビジネスにおけるさまざまな活動を俯瞰的に評価するのに適した指標ということができるでしょう。

第3部の内容について より詳しく学びたい方のために

第3部で扱ったテーマをより細かく学ぶための参考文献を紹介します。

①生産管理とQCDについて

- 藤本隆宏（2001）『生産マネジメント入門』日本経済新聞出版社
- エリヤフ・ゴールドラット（2001）『ザ・ゴール』ダイヤモンド社

②情報の非対称性とプルウィップについて

- ポール・ミルグロム、ジョン・ロバーツ（1997）『組織の経済学』NTT出版
- ピーター・M・センゲ（2011）『学習する組織』英治出版

③原価管理とROICについて

- 岡本清（2000）『原価計算　六訂版』国元書房
- 山本圭一・水谷禎志・行本顕（2021）『基礎から学べる！世界標準のSCM教本』日刊工業新聞社

第4部

顧客サービスとコスト

11章

在庫が多いとなぜ問題なのか

1 在庫の種類

「在庫」とは

製品や材料が必要なタイミングと供給されるタイミングが異なる場合、あらかじめ必要量を用意して保管しておきます。これを**在庫**とよびます。

在庫は管理に費用がかかるため、もたないに越したことはないのですが、ビジネス上は不可欠です。顧客が欲しいタイミングで商品がなければ販売機会を失うだけでなく、顧客が生産者だった場合は、顧客の製造ラインをストップさせてしまいます。自社で生産する場合も同様です。

また、1章でも述べましたが、在庫は多すぎても問題です。在庫を用意しても、販売できなければ、お金を回収し利益を得ることはできません。在庫を多くもてば品切れのリスクは下がりますが、逆に製品や材料が残ってしまうリスクが高くなります。食品は消費期限が切れてしまうと、販売することはできません。また流行の移り変わりが早いアパレル製品や化粧品なども、旬な時期を過ぎて売れ残ると、販売が難しくなります。ブランドイメージを損なわないために、売れ残った製品を値引き販売することもできず、廃棄となるケースも少なくありません。多すぎず少なすぎず、適正な量の在庫で運用することが重要です（図11－1）。

在庫の種類

メーカーでは生産の流れに沿って、各ポイントで在庫が発生し、次のような種類があります（図11－2）。

- **原材料在庫**：加工前のパーツや資材。鋼板、塗料などのほか、製品を梱包するための小箱やラベルも含まれる。
- **仕掛品在庫**：最終製品になる前の、加工途中の在庫。この状態でいったん製造を止めておいて、需要に合わせて製品化するといった調整も行われる。これにより、在庫金額を抑えつつ、販売機会の損失も同時に抑えやすくなる。原材料や仕掛品の在庫は、工場内だけでなく、外部倉庫に保管される場合もある。

図11-1｜在庫が多い場合／少ない場合のメリットとデメリット

	メリット	デメリット
在庫が多い	・欠品するリスクが低い ・調整業務が減り、オペレーションが混乱しない	・会社の資金を必要以上に使う ・保管費用がかかる ・ディスカウント販売／廃棄リスクが高い
在庫が少ない	・会社の資金効率がよくなる ・過剰在庫の廃棄が減る	・欠品するリスクが高い ・販売量の変動に弱い ・供給トラブル発生時の影響が大きい

図11-2｜製品が顧客までに届くまでの流れと在庫形態

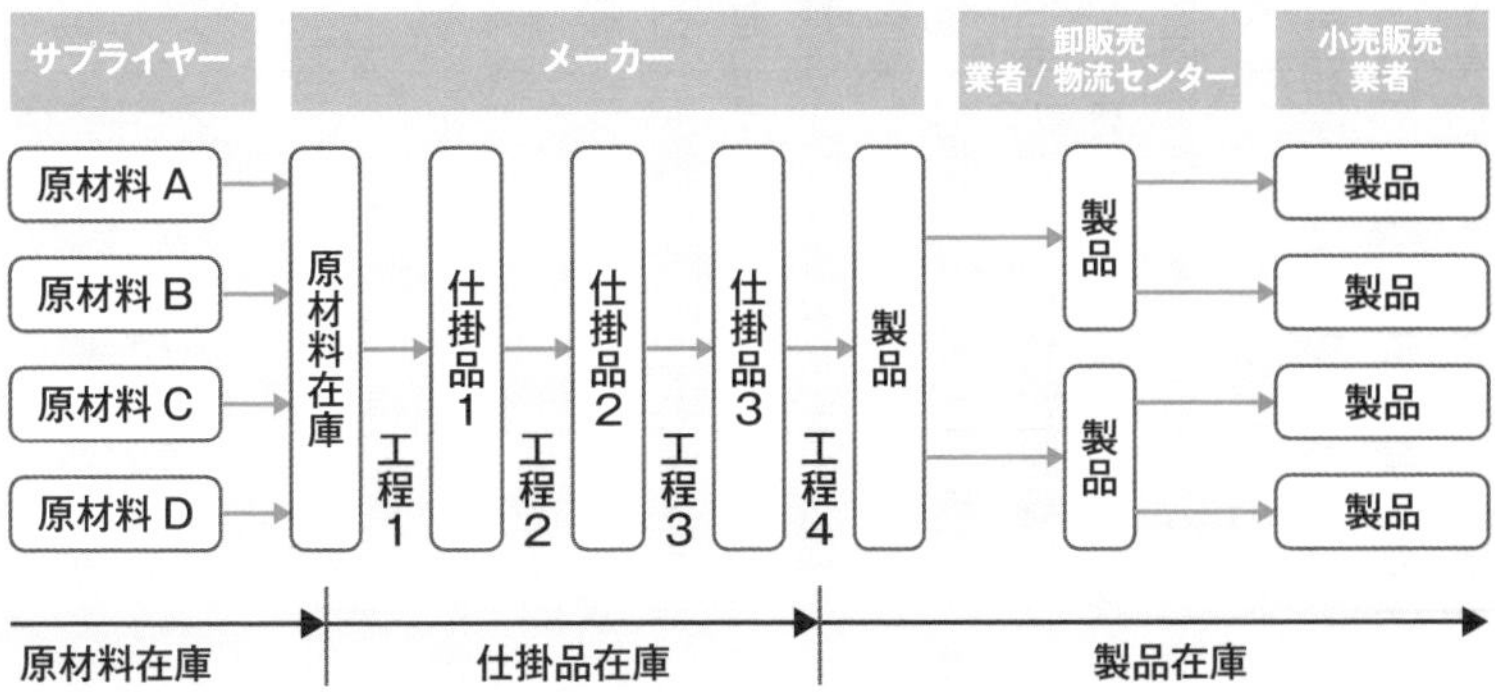

- **製品（商品）在庫**：販売されるのを待っている在庫。工場だけでなく、顧客に短納期で配送するために、物流センターに在庫をもつこともある。店舗にある在庫は、売り場に置く店頭在庫と、店舗の倉庫などに置くバックヤード在庫に分ける場合もある。
- **備品・消耗品**：生産活動をするうえで必要な資材。生産機械のメンテナンスや修理などで使用される、スペアパーツや工作機械の刃、潤滑油など。これらの管理を行うことで、生産機械の維持コストの削減や、予期せぬ生産停止を防ぐことができる。
- **輸送中在庫**：航空機、船、トラックで輸送中の状態にある在庫。航空機で輸送すると、船よりも輸送期間は短くなり輸送中在庫は少なくなるが、コストは高くなる。**モーダルシフト**とよばれる、貨物輸送を自動車から環境負荷の小さい鉄道や船舶の利用に転換する取り組みもある。

2 在庫の役割

在庫には、日々のオペレーションで発生するさまざまなギャップを埋める役割があります。

●発注から納入までのリードタイムのギャップを埋める

顧客が製品・仕掛品・原材料を必要としたときに、どれくらい待ってもらえるかによって、必要な在庫量は異なります。スーパーのような小売店で店舗に製品在庫がない場合、顧客である消費者は待ってくれません。一方で建て売りでない住宅の場合は、引き渡しまで数カ月ほど待ってもらえます。

一般には、簡単に替えがきかない製品ほど、顧客に待ってもらえる時間が長くなります。これは製品がもつ機能の特異性や、**ブランド**という概念も大きく影響します。ただ、多くの製品ではそんなに長く顧客に待ってもらえません。そのため、顧客が希望する納期と、製品を用意できるまでの時間に差がある場合は、在庫をもつことでその差を埋めることが、メーカーや小売店の競争力になります。

ちなみに、発注と次の発注の間に売れる分を**サイクル在庫**とよびます。

●需要や生産、供給の計画と実績のギャップを埋める

一般に、需要は日々または月々で同じ数量ではなく、バラつきがあります（図11－3）。需要は市場の変化やメーカーのマーケティング・プロモーションの変更などによっても傾向が変わるものです。生産や供給も、なんらかのトラブルや設備、人員の制約などによって、計画通りに実行できないことがあります。こうした不確実性による計画とのギャップを埋めるための在庫を、**安全在庫（バッファ在庫）**とよびます。

生産活動についても、トラブルのため予定数量が作れなかったり、予定より遅れたりする場合があります。納入された原材料が、メーカーの品質基準を満たさなければ、その原材料は使うことができず、生産は遅れます。

ほかにも、輸送時のトラブルがあります。大雪が降った日などは、輸送の遅延が起こることが多く、物流を管理する部署は慌ただしくなります。こう

図11-3｜在庫の増減に影響する要因

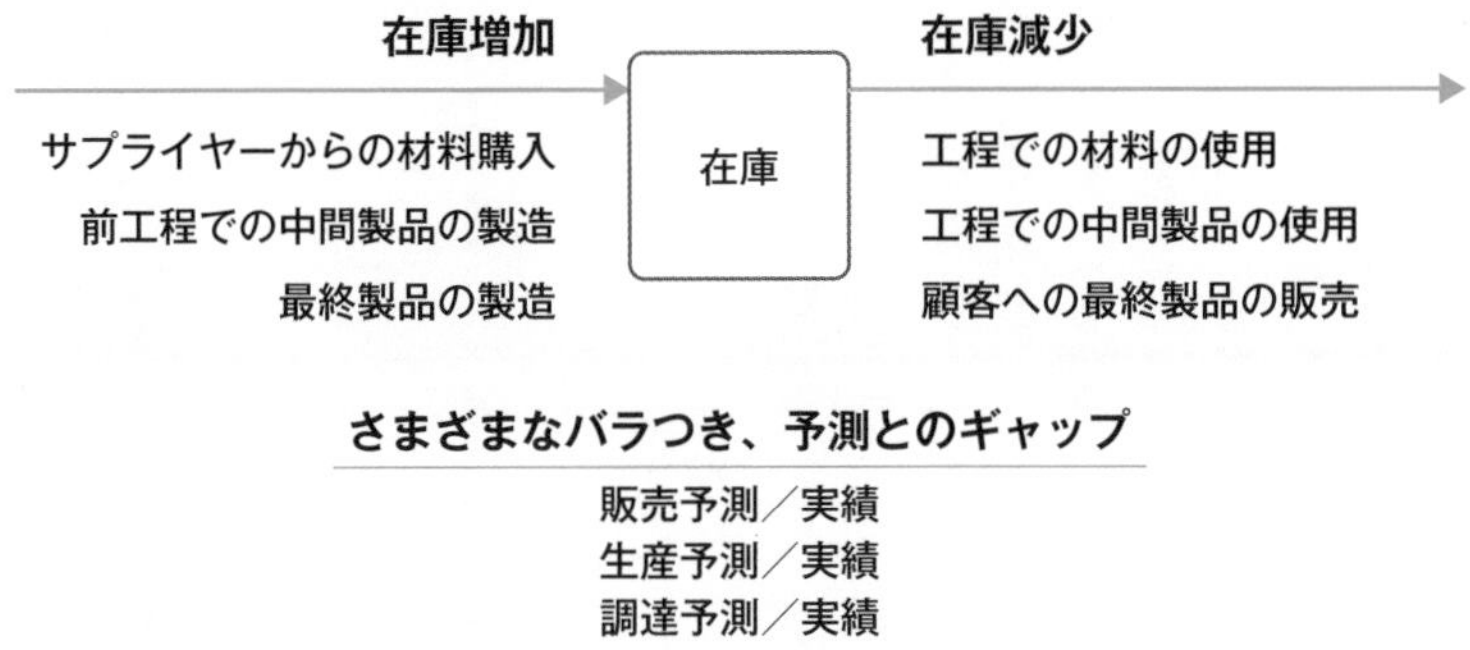

いった変動を埋めるために、安全在庫を用意します。需要や供給に多少の変動があっても、在庫があれば顧客の発注に対応できるというわけです。

● ピーク時の需要量と生産可能量のギャップを埋める

大々的なマーケティング・プロモーションを行ったり、ある期間だけ需要が急増する製品を扱ったりする場合、いつも通りの生産スケジュールでは供給が間に合わないことがあります。24時間シフトなどの生産体制で生産能力を増やす方法もありますが、前倒しで生産を行って在庫を準備することもあります。生産設備を導入するとなると大きな費用がかかり、その後も継続的に生産しなければ採算がとれません。前倒し生産では設備投資は不要なので、一時的に在庫は増えますが、少ない投下資本で需要変動に対応できます。こういった活動を**平準化**とよびます。

● 購入価格の変動リスクを抑える

天候や経済、政治状況などの影響を受けて、価格変動のリスクがある原材料は、在庫としてもっておく場合があります。これは**ヘッジ在庫**とよばれます。必要に応じて原材料を仕入れていた場合、突然価格が上がっても、ビジネスを継続させるにはそれを受け入れるしかありません。それではコストをコントロールできず、利益が状況次第ということになってしまいます。

需要予測、生産計画、原材料の調達計画がすべて予定通りになれば、在庫の過不足は発生しません。しかし現実のビジネスでは、必ず予測や計画と実績に乖離が発生します。在庫はそれらのギャップを埋める役割をもつと同時に、どれだけ計画通りに実行できたかの結果でもあります。メーカーではこの精度を高めることが重要です。

3 在庫を計画する

在庫の種類と役割について説明してきましたが、具体的にどうやって計画を立てればよいのでしょうか。

在庫計画のヒントになるのが、家庭の冷蔵庫です。日々の食生活で必要な食材を入れておきますが、すぐ使わないものを買いすぎると、置く場所がなくなったり、賞味期限が短いものは腐ったりしてしまいます。

例えば、キャベツを1個丸ごと購入したほうが割安かもしれませんが、1／2個で購入したほうが冷蔵庫のスペースを節約でき、かつ捨てることを防げるかもしれません。どちらが得かは、スペースや廃棄まで含めて考える必要があるわけです。

ここでは、在庫に影響するインプットとアウトプットにより、在庫がどのように変化するかを、ビジネスでもよくあるシナリオ別に見ていきましょう（参考：12章4項）。

在庫のインプットとは「倉庫や店舗への入荷」、アウトプットとは「出荷や販売」を指します。また、ここではメーカーの在庫という視点で説明しますが、小売店や卸売業者でも基本的な構造は同じです。

図11-4｜シナリオ1:1カ月に1回入荷する場合のインプットとアウトプット

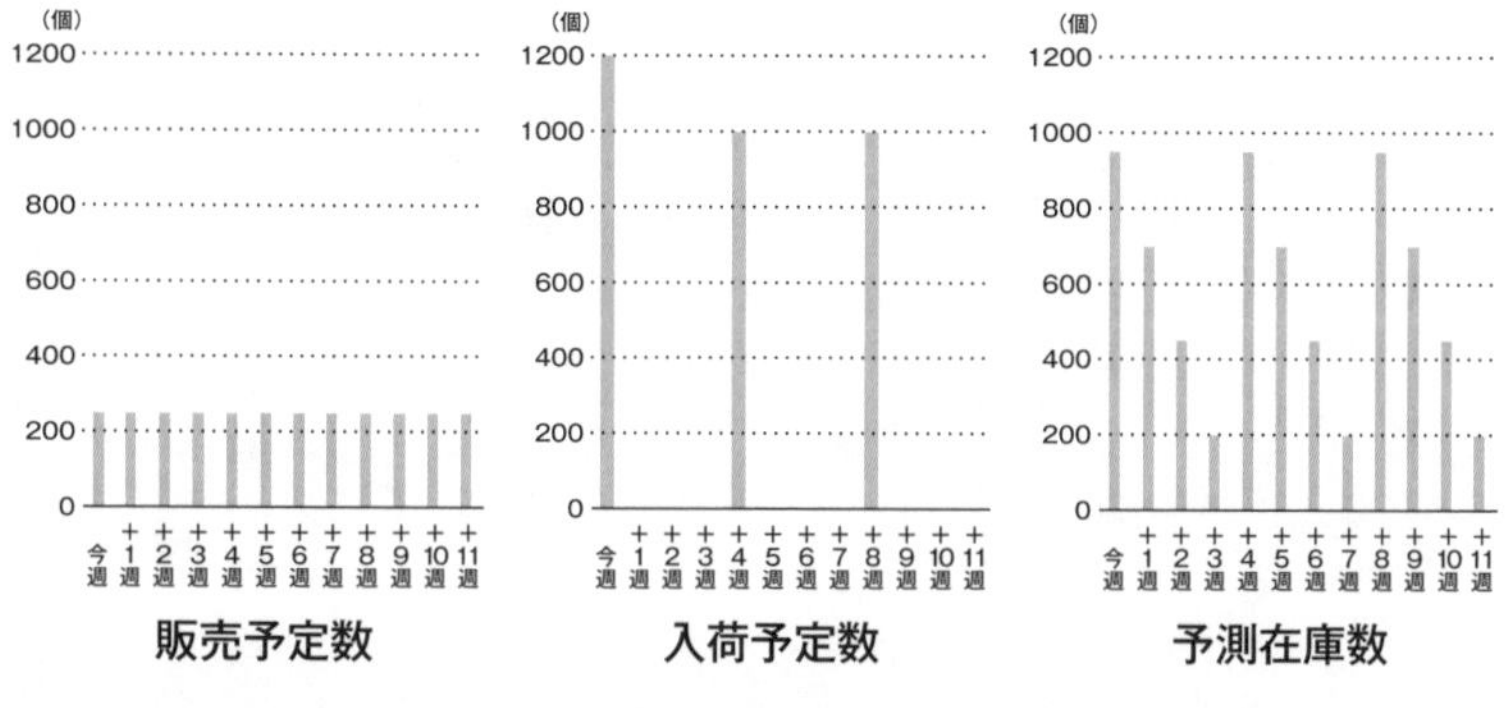

シナリオ1．1カ月に1回入荷する

図11－4の右図に示した予測在庫数は、次のように計算されます。

予測在庫数＝
　月初の手持ちの在庫数
　＋インプット－アウトプット

- 販売予定：250個（週）
- 月初の手持ち在庫：1200個
- 入荷予定：1000個（月1回）

購入または製造により入荷すると在庫が増え、日々の販売によって徐々に在庫が減っていきます。予測在庫数の推移を見ると、のこぎりの歯のようですね。在庫がなくなる前に、次の入荷がされるよう発注するため、このような形になります。家庭でトイレットペーパーなどの商品を月初めにまとめて購入し、1カ月間かけて日々消費し、翌月また新たに購入するイメージです。

●在庫数推移の概念図

シナリオ1における在庫推移の概念図が図11－5です。ノコギリ状のグラフに実は3種類の在庫が隠れています。

①ロットサイズ在庫：ロットとは、製造や発注の単位を指す。一般に購入数量を増やせば価格が割安になったり、トラックやコンテナを満載にでき、輸送効率が向上したりする。こうした効率を求めると、必要量よりも在庫は多くなり、これをロットサイズ在庫とよぶ。

②サイクル在庫：入荷と次の入荷の間で、販売や出荷によって徐々に減っていく分。図11－5では三角形の部分の在庫になる。山の高さは、1回当たりの発注量になる。

③安全在庫：図ではノコギリの歯の下にある長方形の部分。予測以上に売れた場合や、計画通りに入荷がなかった場合でも、これがあると品切れを防ぐことができる。

図11-5｜シナリオ1:在庫推移の概念図

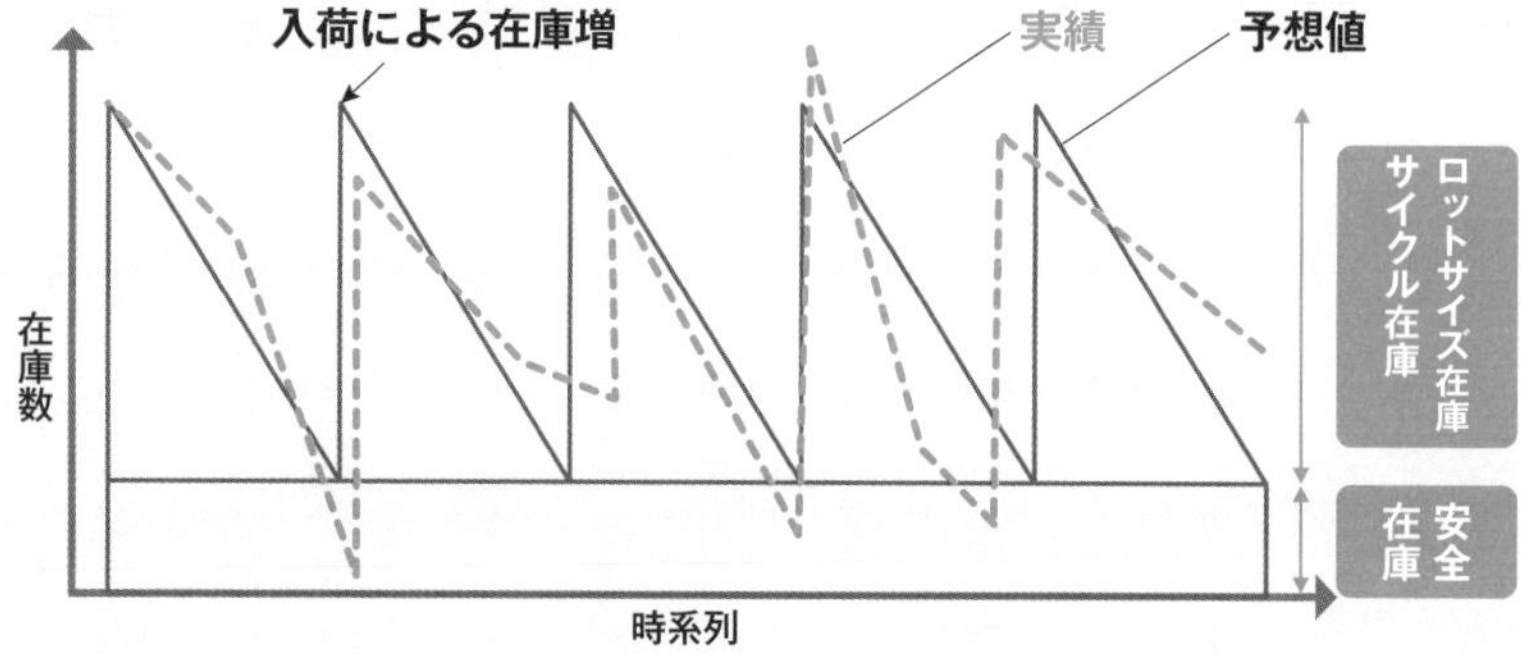

図11-6 | シナリオ2:販売が予測より多く、品切れになる例

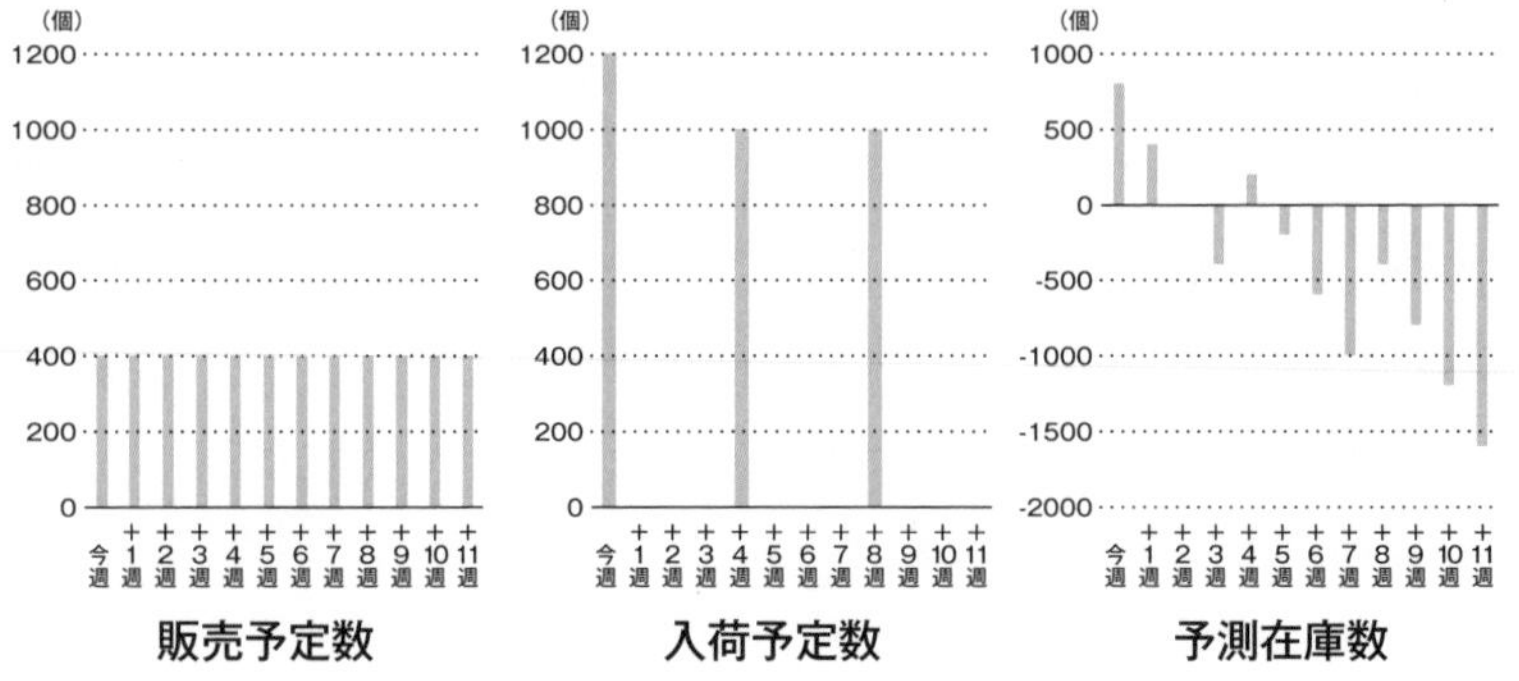

シナリオ2：販売が予測より多く、品切れになる

- 販売予定：250個（週）→**400個（週）に増加**
- 月初の手持ち在庫：1200個
- 入荷予定：1000個（毎月）

販売予定数が当初の予定数より増えるとどうなるでしょうか（図11－6）。

需要が予測より増えたことで、3週後の在庫数がマイナスになっています。これは販売できずに品切れし、**バックオーダー**（顧客の出荷納期を過ぎてしまった受注残）になります。このような事態になった場合は、次の入荷を早めたり、入荷量を増やしたりといった対応を行います。

こうした品切れはできるだけ早期に察知する必要があり、そのためには需要の変化を捉え、素早く需要予測を更新しなければなりません。商品や原材料が完全になくなってから次の分の発注をしていては手遅れなので、商品の生産量や原材料の調達予定への反映を進めます。

この考え方は3章で解説しましたが、需要予測で重要となるアジリティです。対応が遅くなるほど販売機会の損失額は大きくなるため、販売と製造の部門間で速やかな情報共有が必要です。

図11-7｜シナリオ3:販売が予測より著しく少ない例

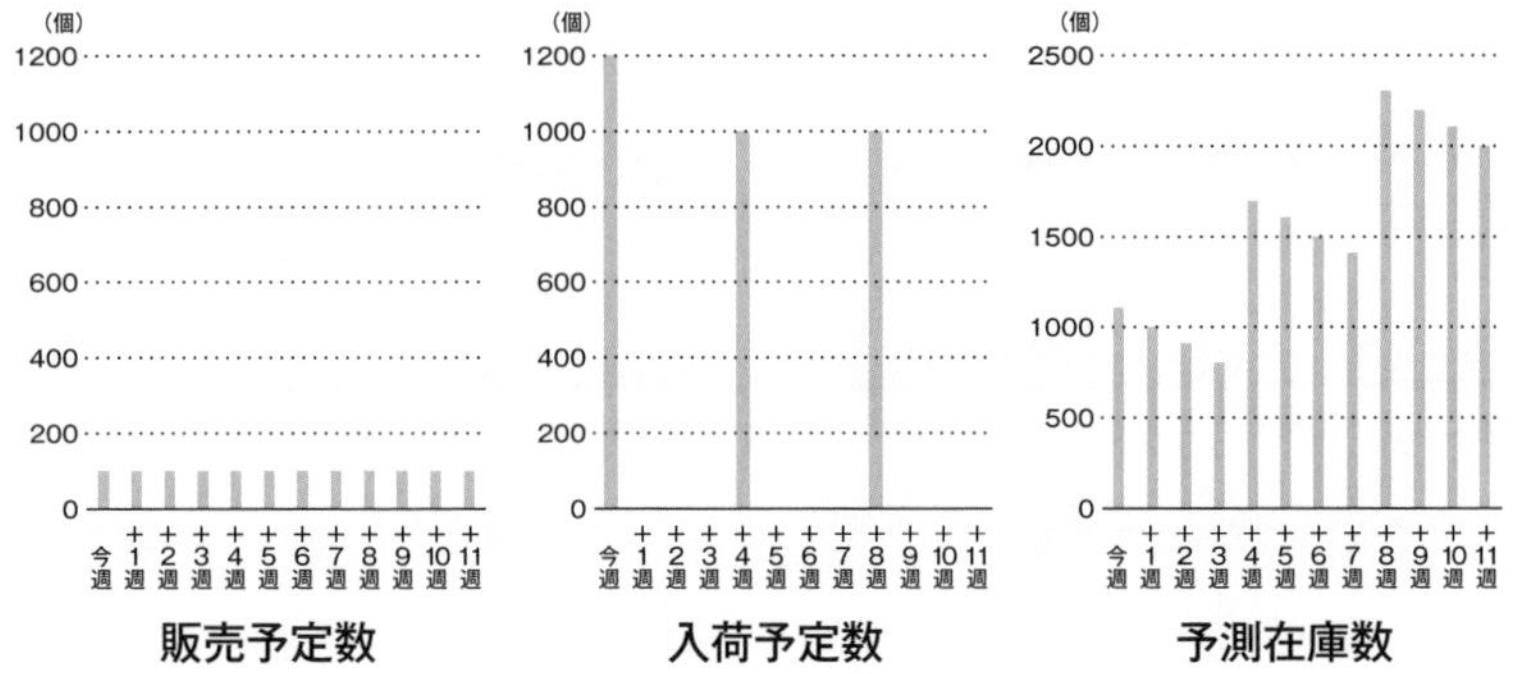

シナリオ3．販売が予測より著しく少ない場合

- 販売予定：250個（週）**→100個（週）に減少**
- 月初の手持ち在庫：1200個
- 入荷予定：1000個（毎月）

今度は販売数量が予測していたよりも大きく減少した場合の例です（図11－7）。

当初の入荷予定の変更ができないと、在庫が大きく膨れ上がってしまいます。この場合、最終製品の製造予定は変更できても、事前に手配している原材料が余る可能性が高くなります。特にこの製品のみで使用する専用原材料があると、それは廃棄せざるをえなくなります。

それでも、製品にしてしまうよりは原材料のままで置いておくほうが、資産の金額としては低く抑えられるため、できるだけ早く製品製造の予定を変更することが有効になります。この場合も品切れと同様、販売と製造の部門間での速やかな情報共有が重要です。

図11-8｜シナリオ4：1回当たりの発注ロットを小さく、短いサイクルで入荷できる例

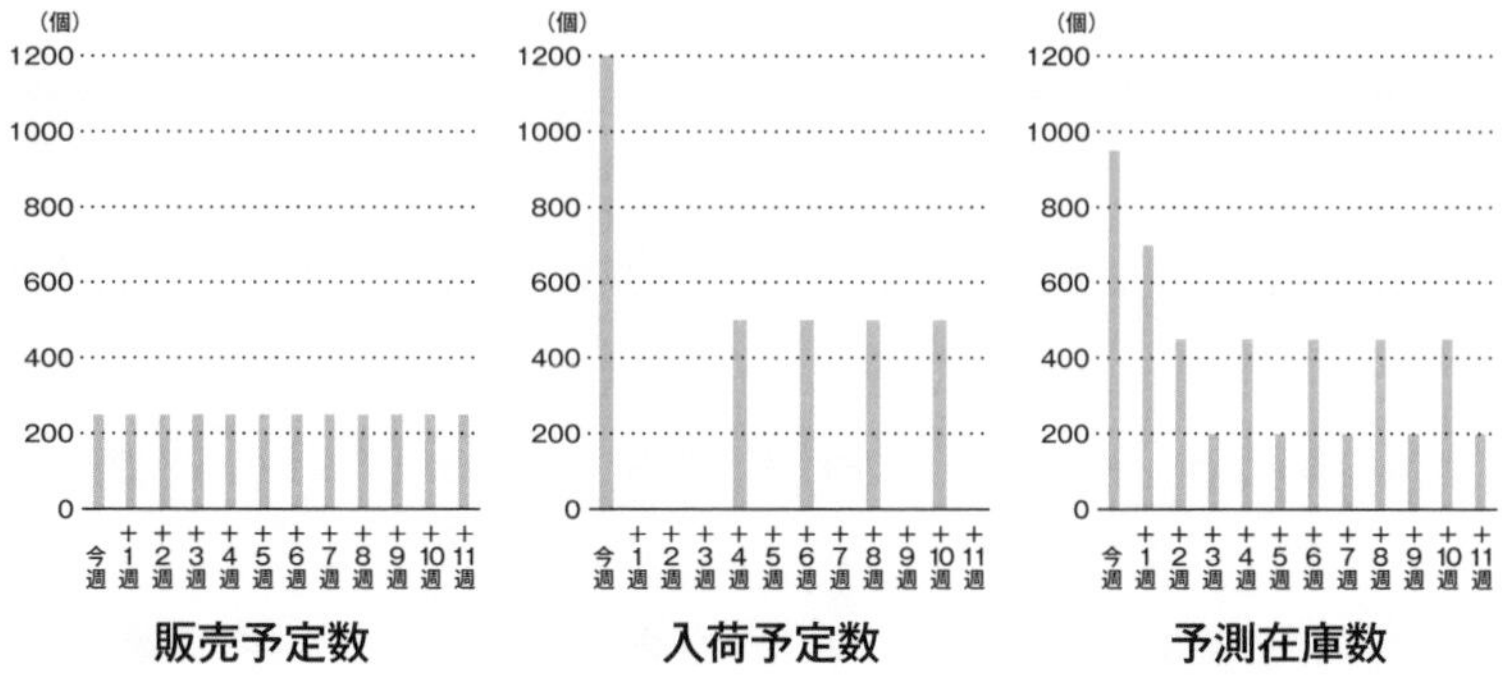

シナリオ4．1回当たりの発注ロットを小さく、短いサイクルで入荷できる場合

- 販売予定：250個（週）
- 月初手持ち在庫：1200個
- 入荷予定：1000個（毎月）→**500個（隔週）に変更**

次に、月に1回1000個の製造であったものが、2週間ごとに半分の500個ずつ入荷できるようになった場合、在庫はどのように変わるでしょうか。図11－8のグラフの通り、在庫数の山の高さが低くなります。これは在庫を保持するためのスペースを削減できることを意味します。

しかし入庫作業の回数が増えるので、その分の作業コストは高くなります。また、ロットを小さくすると、一般的に単価は高くなります。このバランスを考えることが在庫管理のポイントといえるでしょう。

シナリオ5．需要が一時集中した場合

シナリオ2は毎週の販売予定数が定常的に増えたケースでした。ここでは急遽、ある週だけ一時的に需要予測を大きく超える受注があった場合について考えてみましょう。消費者同士のSNS上でのコミュニケーションで人気が出て需要が急伸するなど、当初予測していた需要に上乗せになる場合は、急ぎの追加製造が可能かどうかの確認が必要になります。このとき、原材料の前倒し納品、製造ラインや人員の空き状況、配送トラックの追加確保など、確認すべきことは多岐にわたります。

革新的な新商品で十分な量産体制が用意できていないなど、供給で対応できない場合は、納期を後ろ倒しする、といった調整が行われることがあります。また、顧客の優先順位づけが必要になる場合もあり、メーカーでは営業部門の協力が重要になります。これが新製品の場合は、発売を延期することもあります。

4 在庫と顧客サービス

需要変動に備える安全在庫

　需要変動による品切れリスクを減らし、顧客サービスを維持するために、発注するタイミングや発注数について、余裕をもって運用を行うことが多くあります。まずは顧客サービスの具体的なイメージをつかみましょう。ここでは顧客サービスとは顧客の納品指定日時に対してどれだけ満たすことができたかの尺度とします[63]。

　通常のリードタイムに加える余裕をもった期間を**安全リードタイム**とよびます。これは製品や原材料が予定通りに届かない可能性を考慮して、通常のリードタイムよりも早く発注するために用います。需要予測の数量より多く発注するわけではないので、需要が増えた場合には品切れしますが、予定より早く必要になった場合に備えることができます。

　需要予測以上に余裕をもった在庫数量が、これまでにも何度か登場した**安全在庫**です。具体的な定義式の例は次の通りです。

安全在庫 ＝ 安全在庫係数 × 1日当たりの需要の実績標準偏差 × 補充にかかる日数の平方根[64]

　これは、2章3項で紹介したMAPEなどによって把握される需要のばらつきが正規分布に従うと仮定して計算するものです。正規分布とは図11－9のようなグラフで表され、平均値を中心に左右対称の形になります。需要の平均より多いほうにも少ないほうにも、同じ頻度で同じ程度だけ、ばらつく可能性があると仮定しています。

　また、補充にかかる日数そのものではなく〝平方根〟としているのは、安全在庫が日数と比例して増えるのではなく、日数が長ければそれだけ誤差の影響が平均値より多い場合と少ない場合で打ち消されることを表しています。

　ちなみにここでは日単位のオペレーションを想定しているため、1日当たりの標準偏差や補充日数で計算していますが、月単位のオペレーションであれば、それらを月当たりで計算します。

図11-9｜**正規分布のイメージ**

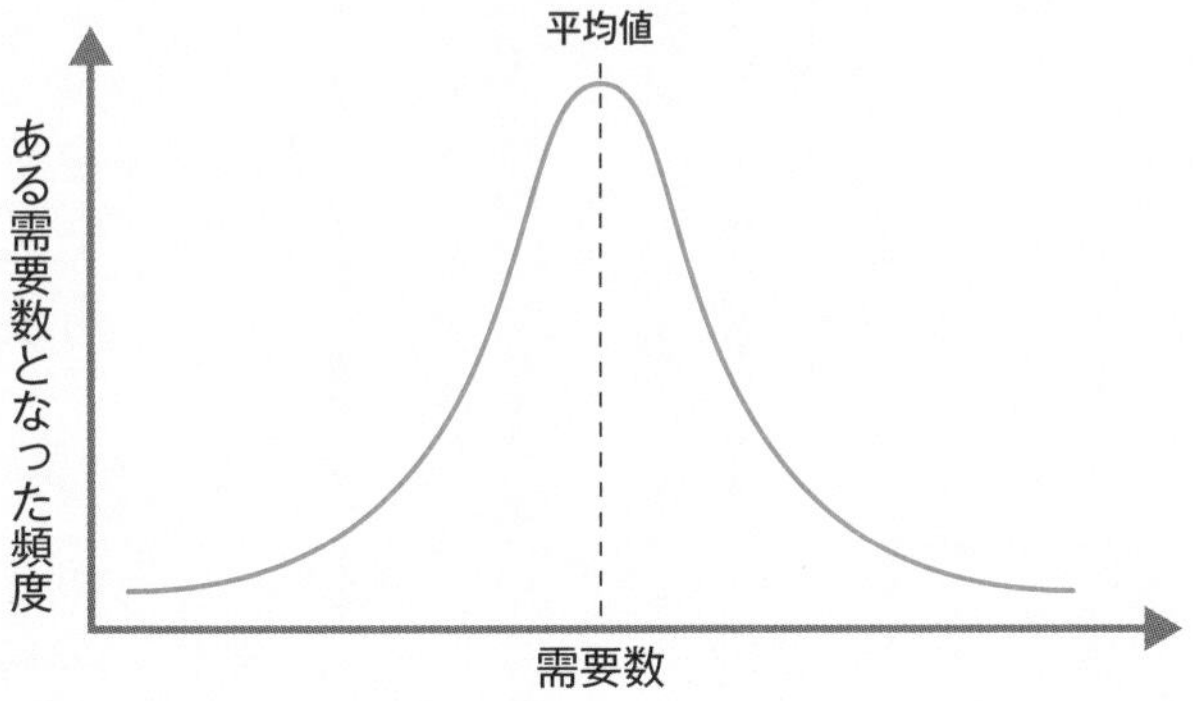

図11-10｜**品切れ許容率と安全在庫係数**

品切れ許容率(%)	安全在庫係数
0.001%	4.265
0.01%	3.719
0.1%	3.090
1%	2.326
5%	1.645
10%	1.282
20%	0.842

※安全在庫係数= NORMSINV（1-欠品許容率）。Excel関数を用いて筆者作成

安全在庫係数と品切れ許容率

この式における**安全在庫係数**は、**品切れ（欠品）許容率**という、「どれだけ品切れを許容するか」によって決まります。例えば品切れ1％を許容するのであれば、100回受注があったときに1回は品切れを許容する、という意味になります。

品切れ許容率0％の場合の安全在庫係数は計算できません。なぜなら、図11－9の正規分布のイメージからもわかるように、この仮定では需要の上限はないからです。つまり、起こりうる需要変動のすべてをカバーする在庫は無限となり、理論的に計算できません。

品切れ許容率を5％とすると安全在庫係数は1・65になります。これは自社だけで決めるわけではなく、競合のレベルや顧客からの要望も踏まえて設定します。品切れ許容率と安全在庫係数の関係については、図11－10を参照ください。安全在庫係数を高くするほど、品切れが発生しにくくなりますが、在庫は増えるため、顧客サービスのレベルとコストのバランスを考えて決める必要があり、これはメーカーの一つの戦略となります。

安全在庫は現実に使えるのか？

この安全在庫の計算における需要実績のばらつきを、予測誤差（需要予測と実績の乖離）のばらつきに置き換えて計算しているメーカーもあります。

例えば、蚊取り線香や日焼け止め、マフラーなど、特定の季節に需要が大きく増える商材について考えてみてください。需要のばらつきは大きい一方、それを考慮して需要を予測するため、需要のばらつきをもとに安全在庫を計算すると、不必要に在庫を多くもつことになります。そのため、ある程度の高度なレベルで需要予測を行っているメーカーであれば、需要のばらつきではなく、予測誤差のばらつきを使って安全在庫を計算するほうが妥当だといわれています。

また、ここで注意点したいのは、あくまでもこの安全在庫の値は、需要や予測誤差のばらつきが正規分布に従うという仮定のもとに計算した値だ、ということです。実際に需要や予測誤差のばらつきをグラフにして確認すると、正規分布とはかけはなれた形になる場合もあります。計算した値を妄信せず、自社のデータと照らし合わせて、妥当な数字かどうか確認することも必要です。

つまり現実には、安全在庫をもったからといって品切れゼロが保証されるわけではありません。また、需要の季節性が大きいのに需要のばらつきから安全在庫を計算している場合や、需要予測が常に高い傾向にあるメーカーなどでは、計算通りに安全在庫をもつと必要以上に在庫をもってしまう危険性もあります。大切なのは在庫のルールを決めたうえで運用し、定期的に結果を振り返りながら、柔軟に対応をしていくことです。[65]

5 在庫とコスト

在庫に関するコスト

在庫をもつことで、メーカーにはさまざまなコストが発生します。具体的には次のようなコストがあります。

●**購入コスト**：原材料や製品を購入する費用。単価×数量分のコストが発生する。

●**保管コスト**：倉庫の使用、荷役（貨物を出し入れする際などの作業）人員、装置の維持、使用等に対する費用。

●**発注コスト、輸送コスト**：発注するために必要な費用や、原材料や製品を輸送するための費用。発注する際の事務的な手続きや、発注後のオーダー管理にかかる費用も含む。発注後のオーダー管理とは、発注してからも希望納期通りに納入されるかを確認することや入荷してからの支払管理等を指す。発注頻度を増やせば増やすほど、1回当たりの入荷数量を減らすことができるが、発注コストや輸送コストは増加する。

●**廃棄コスト**：使用期限切れや廃番に伴い、製品を廃棄するためにかかる費用。在庫を必要以上に多くもってしまうと、しばらく販売、出荷されない滞留在庫が増え、結果として廃棄コストが増えてしまう。

●**販売機会損失コスト、顧客損失コスト**：品切れしてバックオーダーが発生してしまうと、販売機会の損失や、顧客を失うリスクが発生する。これを金額で割り出すのは難しいが、顧客からの発注に対する、希望納期達成率で測定される。これは、顧客が望む納期に間に合わなかった分は機会損失と捉えると同時に、顧客満足度を損なっている、という考え方である。ほかにも、品切れによって下降した売り上げ分を機会損失とするメーカーもあるが、品切れ解消後にその分の売り上げが上がる場合もあり、機会損失を定量的に評価するのは難しいといわれている。

在庫管理では、これらコストのバラ

図11-11｜在庫関連コストのトレードオフ

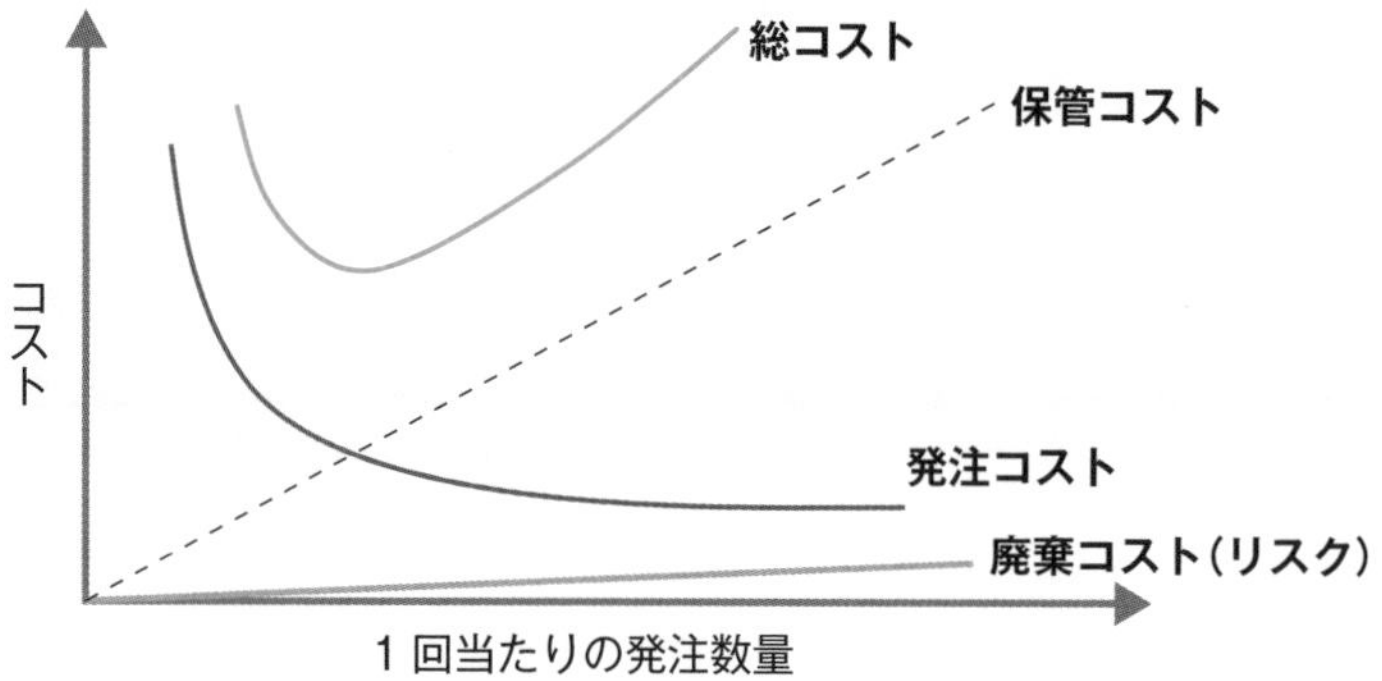

ンスを見ながら、発注単位・発注タイミング・発注頻度を決めることになります。

図11-11は、在庫関連コストのトレードオフを示した概略図になります。1回当たりの発注数量が大きくなるほど発注コストは下がりますが、逆に保管コストは保管スペースがより必要になるため大きくなります。

また、一度に必要な数量以上のものを購入してしまうと使用期限切れなどによる廃棄コストも大きくなります。そのため総コストはある数量で最小となり、それ以上になると大きくなっていきます。

ある消費財メーカーでは、需要予測が小さい製品の受注単位（小売店や卸売業者からの発注単位）を小さくする、といった工夫を行っています。あまり売れない商品の受注単位を大きくしてしまうと、店舗での売れ残りが発生し、それはいずれ、返品として戻ってくる可能性が高くなるからです。この場合、発注コストを含めた総コストは高くなる可能性があり、そのバランスを考慮することが必要です。

12章

在庫管理をやってみよう

1 どこで在庫をもつか

製品を完成させるまでのタイミング

製品在庫としてあらかじめもっていれば、顧客へのリードタイムは短くなり、販売機会の損失を防ぎやすくなりますが、在庫として残るリスクが増えてしまいます。しかしこれは、在庫をもつかもたないかの二者択一ではありません。在庫は仕掛品という途中の段階で保管するなど、以下のような複数の方式があります。

図12－1の☆部分は、流通における**デカップリングポイント**（デカップリングとは分断・分離という意味）とよばれ、このタイミングで顧客からの発注を受けることを指します。製品在庫、仕掛品、原材料、どの時点で顧客からの発注を受けるかによって、生産方式が次の通り分類されています（図12－2）。

①見込生産方式（MTS／Make-to-Stock）：顧客からの注文を受ける前に製品を完成させておくため、需要予測をもとに生産しておく必要がある。食料品、文具、アパレル等多くの一般消費財はこの方式の製品が多い。

②受注組立生産方式（ATO／Assemble-to-Order）：顧客からの注文を受けて、最終組み立てや加工を行い、仕掛品として在庫をもっておく。これは共通の原材料からカスタマイズされた製品を作る場合に有効。注文に合わせて最終製品にするため、①見込生産方式よりも在庫リスクを抑えることができる。BTO（Build-to-Order）とよばれることもある。

パソコンでよく見られる生産方式だが、これは製品のモデルチェンジのサイクルが早い製品で、特に有効と考えられている。モデルチェンジ後も一部の原材料は継続して使用できる場合も多く、それをムダにするリスクを減らすことができるためだ。

ただしもちろん、①見込生産方式よりも納品までの時間はかかるため、顧客がそれを受け入れる必要がある。パソコンメーカーであるデルコンピュータ社は、デル・ダイレクトモデルとよ

図12-1｜顧客からの発注が来る前にどこまで作っておくか

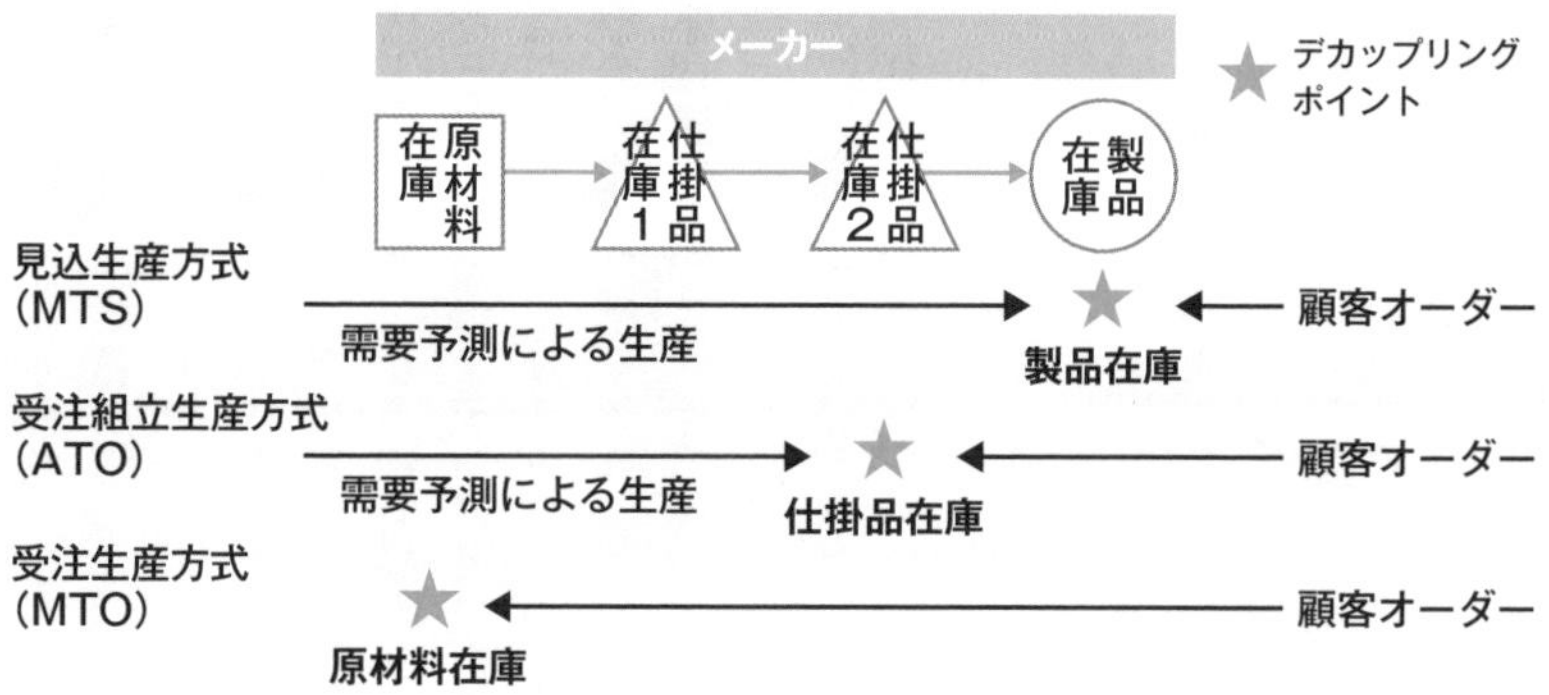

図12-2｜1品当たりの生産量と製品の多様性で整理する生産方式

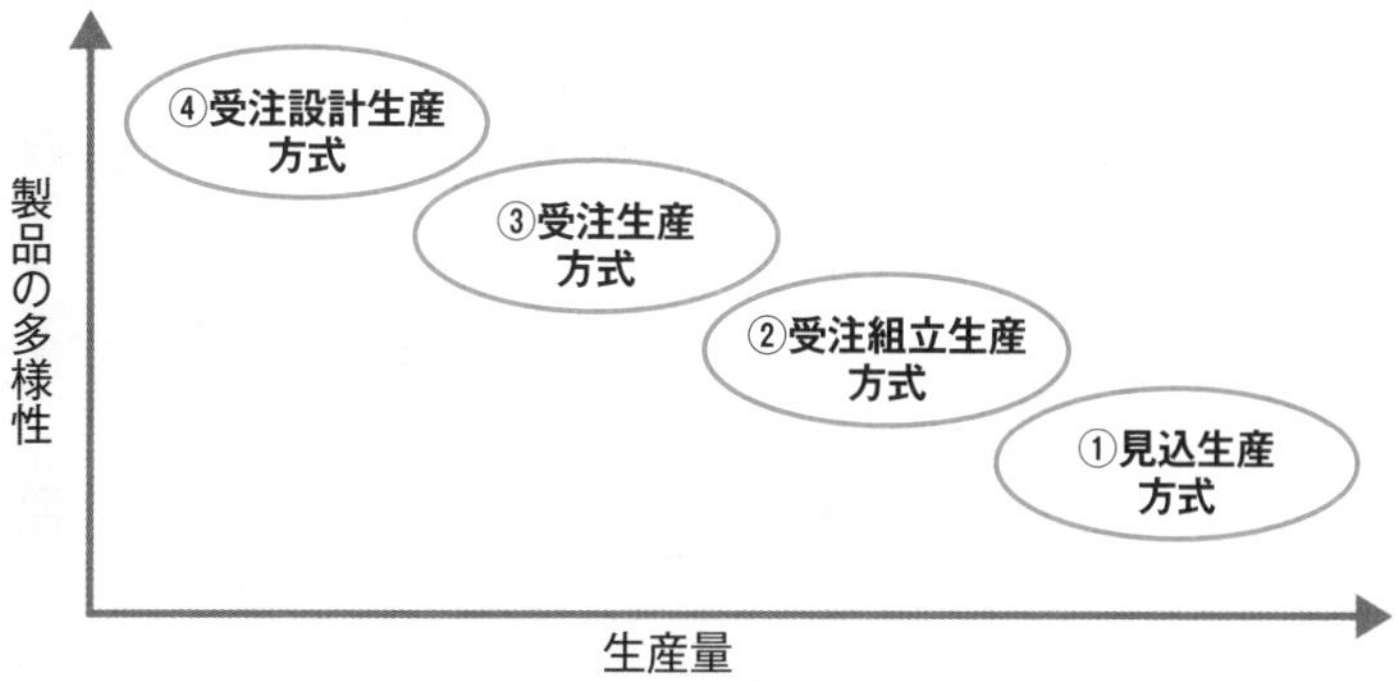

ばれる、受注組立生産と顧客への直接販売を組み合わせたモデルで1990年代に急成長した。

③受注生産方式（MTO／Make-to-Order）：顧客からの注文を受けてから、製品の製造を行う。原材料は在庫として用意しておく。顧客の希望するリードタイムに間に合うのであれば、製品の在庫リスクを軽減することができる。製品よりも仕掛品、仕掛品よりも原材料のほうが、付加価値が加わっていないために在庫金額が安く、棚卸資産を少なく抑えることができる。

　製品に名前やロゴを入れるサービスがあるが、これは受注生産方式に該当する。化粧品でも容器に名前を入れたり、容器の柄を選んだりするサービスが登場しており、これらは「パーソナライズド（Personalized）コスメ」などとよばれ、注目を浴び始めている。この生産方式は②受注組立生産方式よりもさらに納品までの時間が長くなるが、こうした顧客オリジナルの製品であれば、通常の製品よりも、顧客は待ってもよいという気持ちになる。

④受注設計生産方式（ETO／Engineer-to-Order）：顧客の注文を受けてから、顧客の希望する技術的設計を行ったり、大規模カスタマイズを行ったりして、製品を生産する。そのため、顧客からの注文を踏まえて原材料を調達する。航空機、船、注文住宅といった製品はこの方式で生産される。この生産方式は納品までの時間が最も長くなるが、メーカーは在庫リスクを負わなくてよいという大きなメリットがある。

扱う製品の種類が限定的で、生産量が比較的多い場合は「見込生産」、製品の種類が多く、出荷するときの形態が多い場合は「受注生産」が採用される傾向があります。

ただ、こういった分類も固定されたものではなく、イケアのように組み立て前の家具を商品として販売して、顧客が組み立てる販売方法を取っているものや、文具のペンでキャップ・ボディー・インクを別々に顧客が購入できて、カスタマイズするといった例もあります。

また、図12－1のデカップリングポイントから左側の領域は、需要予測に基づいた製造になります。

製品が顧客に届くまでの在庫拠点

製品は顧客に届くまで、さまざまな場所で在庫として管理されます。このように流通の過程で在庫をもつ機能を担う場所は在庫拠点とよばれます。これは図12－3のようなネットワークで表すことができます。

拠点には次のような種類があります。

- **サプライヤー倉庫**：工場で使用される原材料の在庫をもつことがある。この在庫責任はメーカーがもつ場合もあるが、サプライヤー倉庫の原材料在庫まで管理できているメーカーは多くない。
- **混載倉庫**：複数のサプライヤーから納入される原材料を保管する倉庫。混載倉庫に集約し、まとめて工場に輸送することで、工場への輸送を少なくして総輸送コストを抑えることができる。
- **工場**：工場でも原材料や仕掛品を在庫として管理している。これは製造工程間のバッファとして機能し、製造が滞らないようにする。また、製品生産に必要な資材のバッファにもなるため、急な増産に対応することができるようになる。
- **物流センター**：製品を各エリアの顧客に配送するために、物流センターを利用するケースがある。この在庫も顧客に対する商品のバッファとして機能

図12-3｜製品が顧客に届くまでのネットワーク

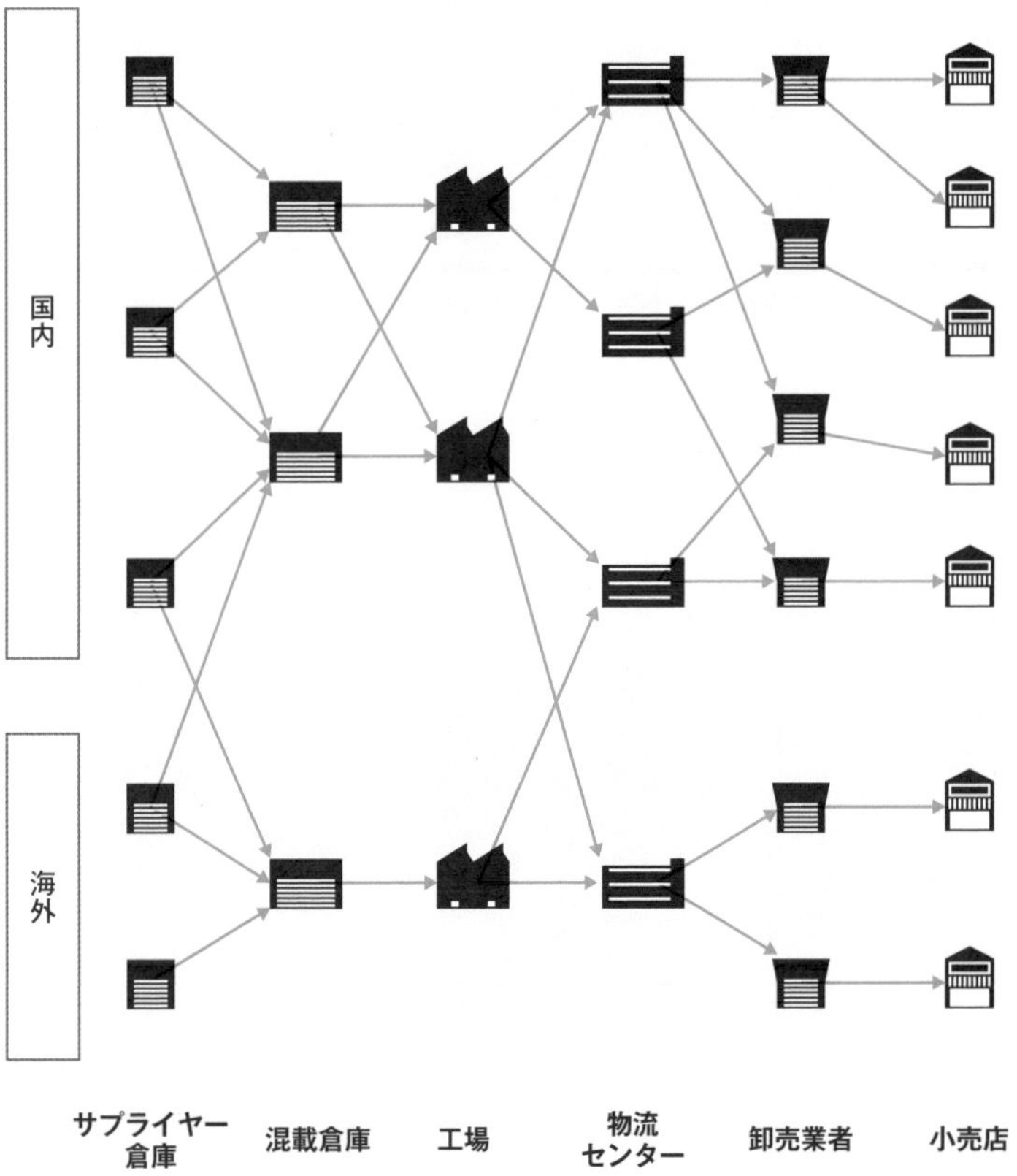

する。また、工場の生産単位が、顧客の必要数量と比べて大きい場合があり、物流センターで適切な量に小分けにして、出荷する役割も担う。ここから先の流通段階の在庫については、「製品」ではなく「商品」とよぶことが一般的です。ここではわかりやすさを優先し、メーカー視座で「製品」と表記を統一します。

- **卸売業者**：製品在庫のバッファとして機能するだけでなく、商材によっては小売店に配送するために小分けにする役割や、複数のメーカーの商品を合わせて小売店に出荷する役割をもつ。これにより、小売店は必要以上の在庫を仕入れなくて済み、輸配送を効率化することができる。
- **小売店**：最終顧客である消費者が、商品をすぐに購入できるための在庫をもつ。

製品が顧客に届くまでにはこれだけたくさんの拠点があり、それぞれで在庫をもつため、情報の連携が非常に重要です。各拠点で独自に需要予測や在庫計画を進めてしまうと、部分最適にとどまり、結果的に全体の効率が落ちる可能性があります。結果として、9章で紹介した、工場やサプライヤーへ発注する総数量が多くなりすぎてしまうブルウィップ効果を生んでしまいます。メーカーには、卸売業者からの注文だけを見て判断するのではなく、最終消費者の需要も考慮するなど、サプライチェーン全体を考慮した在庫計画が求められます（3章3項「B to BとB to Cの需要予測」参照）。

製品が顧客に届くまでの一連の活動の全体管理の例として、ニトリグループの取り組みがあります。これは、国内外に物流センターを設置して、「商品の仕分けと保管による配送コストの削減」と「全国に拡がる店舗網への迅速な商品配送」を進めているというものです（ニトリHD、統合報告書2020）。3次元自動倉庫に倉庫管理システムを導入し、倉庫全体での業務自動化と標準化を推進するとともに、海外の自社製造拠点と商品の製造情報が連携することで効率的な物流をコントロールして、コスト削減とスムーズな供給を実現しようとしています。

また、ユニ・チャーム、資生堂、ライオンの3社では、店舗販促物（小売店で使用する商品サンプルや売り場づくり用のツールなど）の物流を統合する、といった共同配送の取り組みを行っています（資生堂ニュースリリース、2019）。このように、どこで在庫をもつのかの最適化を目指すためには、企業を超えた連携が有効であり、競合も含め、そうした取り組みを積極的に推進することが、これからのメーカービジネスにおいて一つの競争力になっていくでしょう[66]。

2 商品のランク分け

ABC分析

すべてのSKUを同じように管理するのではなく、SKUをいくつかのグループに分類して、効率的な在庫管理を行う**ABC分析**という手法があります。分析ステップは次の通りです。

1. 在庫がある商品について、売上金額や利益金額、在庫金額などから一つの評価軸を選び、金額の高い順にSKUを並べる
2. そのリスト内における商品ごとの金額構成比を算出する
3. 構成比率に基づき、あらかじめ決めておいた基準で、SKUをABCという3ランクに分類する

ABCランクの分類は、**パレートの法則**を考慮して決めるのが一般的です。パレートの法則は「**80:20の法則**」ともよばれ、全体の2割の要素が8割の金額を生み出しているという経験則に基づく理論です（イタリアの経済学者ヴィルフレド・パレートが所得と人口の関係から見出した法則）。例えば売上金額の80%が20%のSKUで生み出されているといったことや、在庫金額の80%は20%のSKUで構成されているといった状態を説明します。もちろんこれはあくまでも一般論であり、メーカーのビジネスモデルや扱うSKU数などによって、この比率は変わります。具体的には、例えば次のように、ランク別に管理の強弱をつけます。

- **Aクラス商品**：全体金額の構成比の上位約10〜20%程度まで。重要度が高く、品切れが許されない。管理する際も、優先順位を上げてリソースを割くべき製品群。
- **Bクラス商品**：Aクラスに次いで、金額構成比の上位70〜90%程度までを、Aクラスより優先順位は下げて管理。発注頻度を下げるなどして管理の手間を減らしたりする。
- **Cクラス商品**：A、Bクラスに該当しない下位グループ。製品やサービスにもよるが、A、Bランクに比べて安全在庫を少なく抑えた

図12-4｜SKU別の売上金額と累計構成比

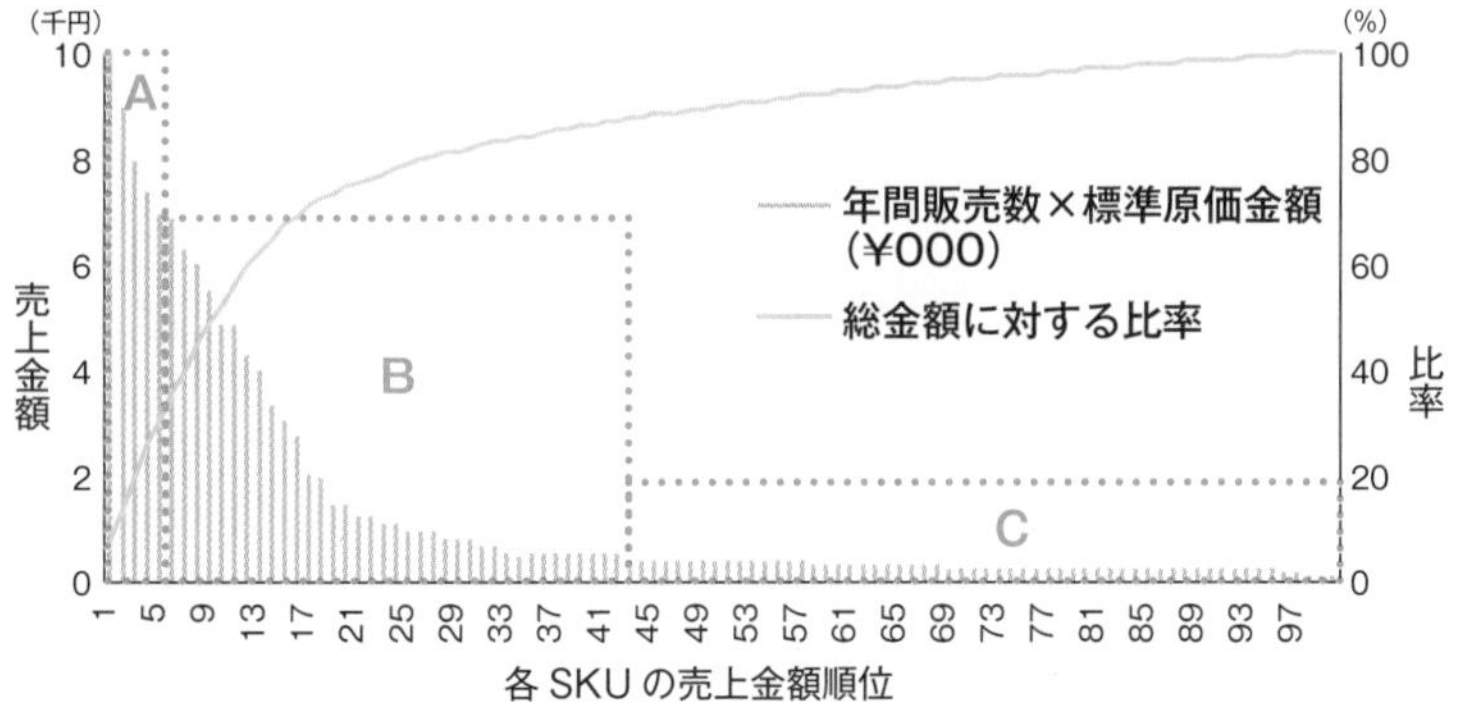

り、受注生産で対応したり、手間をかけない管理方法を検討する。

SKU別の売上規模と、上位からの累計の構成比をグラフで表現すると、図12-4のような形になります。重点的に管理すべきSKUは明らかですね。

また、この例ではABCの3ランクに分けていますが、さらに細分化して管理方針を決めることもあります。

難しいSKUマネジメント

細分化する消費者のニーズに応えるために、メーカーが扱うSKU数も増加傾向にあります。大々的なテレビCMを見て、みなと同じものを買うといった行動は、平成の終わりにはすでに廃れていて、消費者は自分に合ったもの、自分の個性を表現できるものを選択するようになりました。

しかしSKU数の増加は、メーカーにとっては悩みの種となっています。

なぜならSKUを無制限に増やすと、管理の手間が増えて生産性が低下したり、コストが上がったりするためです。さらには売り上げが分散するため、商品が売れ残るリスクが増加します。

一方で、あえて多くのSKUを取りそろえるという戦略を採用している企業もあります。それはメーカービジネスの小売りを担う時価総額世界トップクラスの（2021年1月時点）、アマゾンです。これは**ロングテール戦略**とよばれます。需要の少ない商品も取り扱うことで、販売総数を増やし、全体の売り上げを大きくすることを目指します。

SKU数を抑えるのか、増やすのか、それぞれに長所と短所があり、どちらの戦略をとるかはメーカービジネスにおいて非常に重要な意思決定となります。しかし実際は、この戦略を明確にできず、結果的にロングテール戦略となったものの、在庫削減に四苦八苦しているメーカーも少なくないのです。[67]

3

商品の一生

商品にもライフステージがある

　人間にさまざまなライフステージがあるように、商品にも新発売から販売終了まで、いくつかのステージがあり、これを**商品のライフサイクル**（Product Lifecycle）といいます。

　在庫管理を行ううえで、ライフサイクルのどのステージにあるかを考慮する方法もあります。商品のライフサイクルについては、需要予測の観点から6章1項で説明しましたが、例えば、ガラケーとよばれるスマートフォン以前の携帯電話を想像するとよりイメージしやすいのではないでしょうか。

　次ページにある図12－5のグラフを見ると、1992年から2000年にかけて爆発的に携帯電話の出荷台数が増え、8年程度横ばいが続いたあと、2008年からは減少傾向となり、2010年以降はスマートフォンに取って代わられていく状況がわかります。この移り変わりがライフサイクルです。

　ライフサイクルは大きく次の四つのステージに分類されます（コトラー&ケラー）。

1．導入期

　商品が発売され、売り上げが徐々に増えてくる期間で、まだ利益が出ていないことも多いステージです。ここでは在庫量を決めることが重要な意思決定になります。第2部で述べた通り、導入期の需要予測はデータが少ないために難しく、需要特性が類似する商品の需要パターンを参考にすることもありますが、最終的には意思決定が必要になります[68]。初期の販売数量が商品の**最小発注量**（MOQ／Minimum Order Quantity）に満たないケースもあり、在庫の廃棄リスクが高い時期でもあります。可能であればETOやMTOが推奨されるステージです。

2．成長期

　商品の認知度向上などによって売り上げが急伸し、利益も増加するステージです。ここでは競合メーカーが、類似機能を持った商品を発売してくることが考えられ、競争が激化します。販

図12-5 | 商品のライフサイクルと売上高、利益

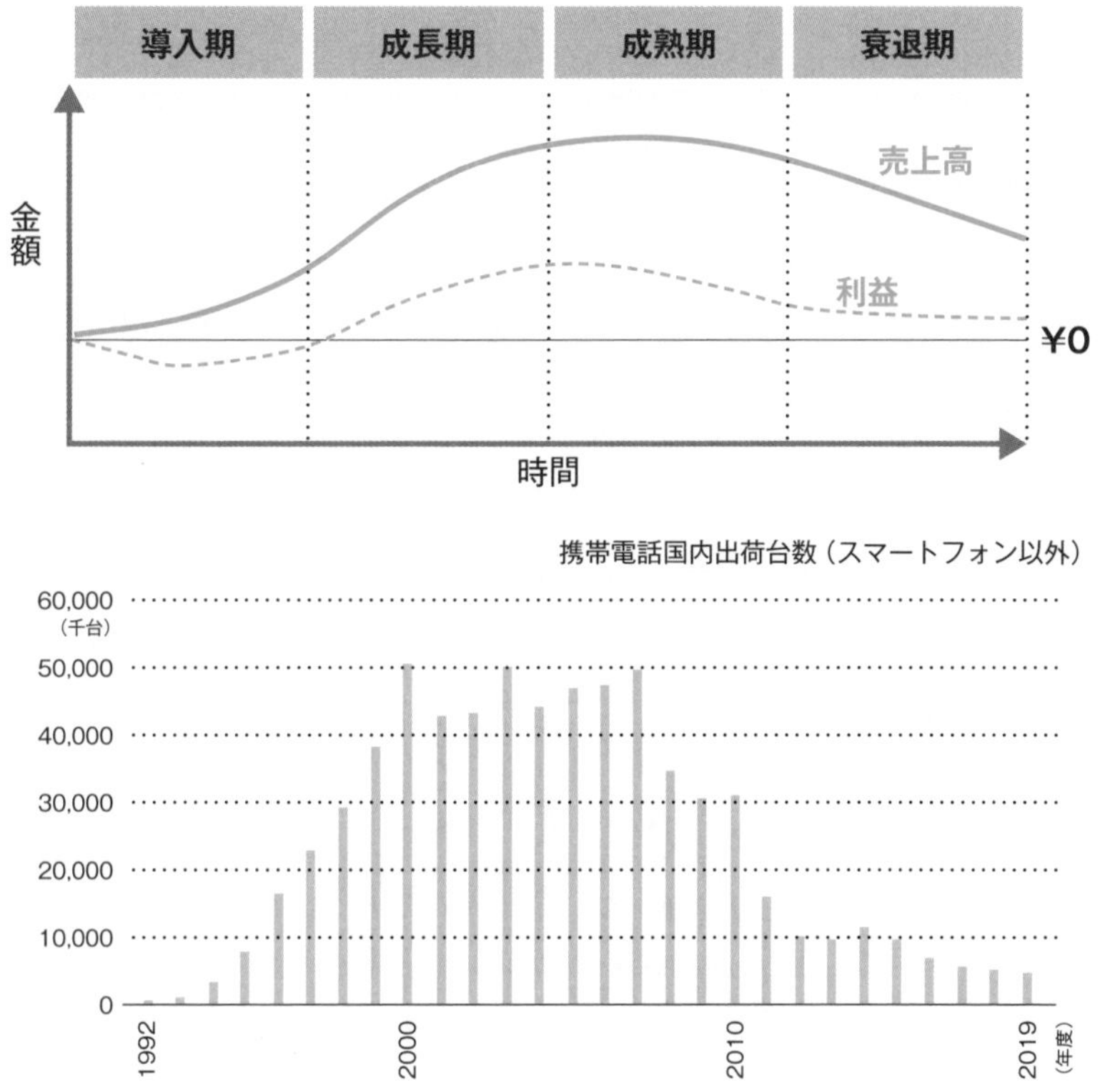

出所：一般社団法人電子情報技術産業協会 統計資料より筆者作成

売データが収集できるようになるため、統計的な時系列モデルを使った需要予測が可能になり、MTSやATOも有効になってきます。

3. 成熟期

市場や生産キャパシティの制約から、売り上げが伸長し続けることはなく、成長期を経て成熟期に入ります。売り上げが安定してほぼ横ばいになり、市場シェアを守りつつ、利益の最大化を目指すステージです。利益を上げるためにはコスト削減が必要になり、メーカーとしてはオペレーションの効率化や商品の継続的な改善を行います。4章で説明した、商品開発における発売後の改良ですね。成熟期に入り始めたのを見誤り、成長期の勢いで生産を続けていると、在庫が急激に膨れ上がります。需要のトレンド変化を俊敏に察知することが重要です。これは3章で述べた、需要予測のアジリティですね。

図12-6｜レコードアナログ盤の売上復活

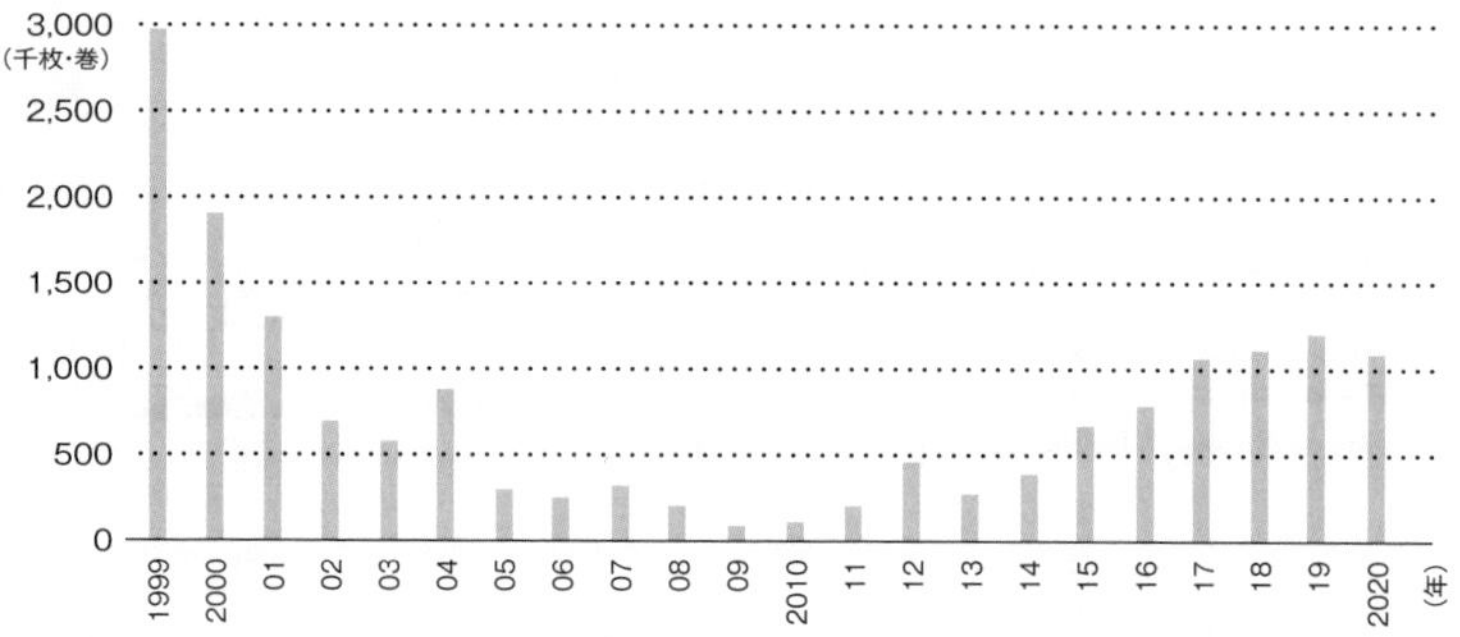

出所：一般社団法人日本レコード協会“音楽ソフト種類別生産量推移”より筆者作成

4. 衰退期

商品が顧客に飽きられたり、優れた競合商品が発売されたりすることで、売り上げが減少する衰退期になります。メーカーとしては、需要に合わせて生産キャパシティを縮小しますが、同時にこの商品に取って代わる新製品の導入を進めるステージでもあります。旧商品を余らせず、かつ新商品を品切れなく導入できるように、原材料調達や生産を進めます。しかし、必ずしも顧客が旧商品から新商品へ移行するとは限らず、生産をしぼった旧商品が品切れし、売れなかった新商品の在庫が過剰になるといったことも起こります。

もちろんこれらの分類に当てはまらず、売り上げが長期にわたって持続するロングセラー商品や、一度衰退したあとに再び成長期に入る商品もあります。

例えば三ツ矢サイダーやブルドックソースは、なんと明治時代から売られています。一方で、インスタントカメラのチェキ、アナログレコード盤は、それぞれデジカメやCD、音楽配信によって廃れたと思いきや、時代を経て再び需要が伸びました。

ただし、こういった売り上げの再拡大を予測することは難しい場合が多いです。なぜなら、売り上げの再拡大を狙い、マーケティング・プロモーションを行うメーカーもありますが、多くの場合、これは消費者の行動によって主導されるからです。

チェキであれば、韓国のテレビドラマで使用されたことをきっかけに再度注目されました。またアナログレコード盤は、配信の時代にあえてレコードで音楽を聴く、という体験が消費者に見直されたことが、復活のきっかけの一つといわれています（図12－6）。

よってメーカーにとっては、これらを予測するよりも、いかに早期にこうした市場変化を察知できるかが重要になってきています[69]。

4 デマンドプランナーが考える在庫計画

安全在庫が唯一の答えではない

11章4項で説明した安全在庫の式は非常に有名で、多くのメーカーがこれに基づき、在庫計画を立案しています。しかし、すでに紹介したように、需要や予測誤差のばらつきは正規分布とは限りません。

例えば新製品であれば、その計画は目標の側面もあり、高い傾向があります。IBF（Institute of Business Forecasting & Planning）による2016年の調査（n=791）では、新製品の75%は計画未達となっています。[70]目標という意味で、それを目指して人の行動が変わるため、新製品の需要予測については、必ずしも誤差が正規分布に近くなることがよいことではありません。ただ、現実の需要や誤差率の分布を踏まえ、在庫計画を考えることは非常に重要です。

ここで、安全在庫とは別の考え方を紹介します。それは現実や未来の需要特性を考慮するものであり、それらについてメーカー内で最も詳しい、需要予測の専門家であるデマンドプランナーが主導するものです。

安全在庫はあくまでも過去の需要や誤差の分布に基づいて計算されるものであり、未来の需要変動は考慮されていないわけです。言い換えると、未来も過去と同様に、需要が変動すると想定している必要があります。もちろん、現実はそんなに単純ではありません。メーカーが未来に行うプロモーションも、過去とまったく同じ内容であることはあまりないでしょう。

つまり、安全在庫の考え方は、①正規分布を前提にしている、②過去の需要や誤差のばらつきに基づいている、という二つの点で、現実のビジネスには使いづらい場合があります。需要や誤差の分布が正規分布に近く、またメーカーのマーケティング・プロモーションの対象になりにくい製品であれば、ある程度は有効です。

具体的には、発売して数年以上が経過し、需要の季節性が大きくなく、ある程度の売上規模で安定的に売れている製品などは、安全在庫による在庫管

図12-7｜安全在庫と戦略在庫のちがい

	安全在庫	戦略在庫
計算方法	定型の式	専門職による変動予測
需要変動の参照期間	過去	未来
前提	需要や誤差が正規分布	需要変動が予測できる
メリット	計算が楽 自動化しやすい	環境変化を考慮できる リスクヘッジになる
デメリット	過去実績が必要 環境変化を想定できない	算出負荷が高い 自動化しにくい
適した製品	需要が安定している 発売後数年以上経過 需要予測も統計的	新製品 主力製品 環境変化の影響が大きい

理がうまくいくと考えられます。

未来の需要変動を想定した戦略在庫

では、需要や誤差の分布が正規分布にならない、または過去の傾向が当てはまりにくい（もしくは過去の実績がほとんどない）製品の在庫計画は、どのように考えたらよいのでしょうか。

一つの答えは、デマンドプランナーによる需要変動の想定を踏まえた、**戦略在庫**です。これは一般的にはほとんど定義されていない在庫です。本書での定義は、「未来の需要変動を想定し、それを踏まえて戦略的に用意する在庫」になります（図12-7）。

ここで重要になるのが、需要変動の想定です。需要予測は当てることを目指しますが、誤差0は現実的ではないという話を2章でしました。これはスキルの高いデマンドプランナーでも同様です。しかし、需要予測がどちらの方向へどれくらい外れそうかについてはある程度、想定することが可能です。[71] 複数の予測モデルを使って、多面的に市場や顧客の分析を行い、幅を持った予測を行うと、需要変動の方向と程度を、一定の根拠をもって想定できます。

これに基づいて用意するのが、戦略在庫です。新製品、マーケティング・プロモーションの対象となる製品、市場環境の変化の影響を受けやすい製品、突然の需要増が時々発生してきた製品など、その検討対象は少なくありません。7章3項で紹介したサイクル在庫や安全在庫に加え、この戦略在庫の概念も踏まえ、製品ごとの需要特性に合わせた在庫のもち方を検討することが有効です。

メーカーのデマンドプランナーは、単に統計学に詳しく、時系列分析で精度向上を目指すだけでは不十分です。より広い視野をもち、未来の市場変化やマーケティングによって需要が変動するという現実を定量的に評価し、在庫計画を提案できるスキルが必要です。[72]

13章

メーカー内の情報コミュニケーション
—S&OP入門—

1 S&OPとは

部門横断の経営の意思決定

メーカービジネスにおいて実際に商品に接する「現場」は、販売部門と生産・物流を担うサプライチェーン部門が担っています。一般的に販売部門の目標は売上金額を最大化する、つまり製品を十分な量確保し売り逃しを最小化することです。同時にサプライチェーン部門の目標は、運用効率を最大化する、つまりコストを最小化することです。

しかし、これらの目標は必ずしも両立するわけではなくトレードオフの関係にあります。各部門がそれぞれみずからの部門の目標達成だけを主張していては結論に至ることができないというジレンマがあります。

そのため、需要（販売）と供給（製造）のバランスをとるには、事業戦略に基づいた経営視点での意思決定が必要になります。計画通りに売れないこともありますし、予定通りに調達、生産できないこともあります。定期的に需要・供給計画と実績を確認して乖離の理由を分析し、それを改善するための意思決定を行い、実行していく必要があります。また、最新の需給状況と事業計画との整合性も確認する必要があります。

事業計画とS&OP

事業計画は5カ年計画や10カ年計画といった、中長期的な財務、商品開発、販売、マーケティング、生産などの戦略や計画を踏まえ、通常は年に1回程度、見直されます。これらの計画単位は、SKUレベルではなく、市場単位や事業単位、主要な製品群単位といった、もっと大きなくくりの金額ベースで策定されます。

本章では、事業戦略のオペレーションとしての実行に関する意思決定プロセスとして、グローバルのトップメーカーでは広く知られている**S&OP**(Sales & Operations Planning) について説明します。

ただ、S&OPは日本に導入されてまだ日が浅く、こうすればうまく運用

図13-1 | S&OPの全体イメージ

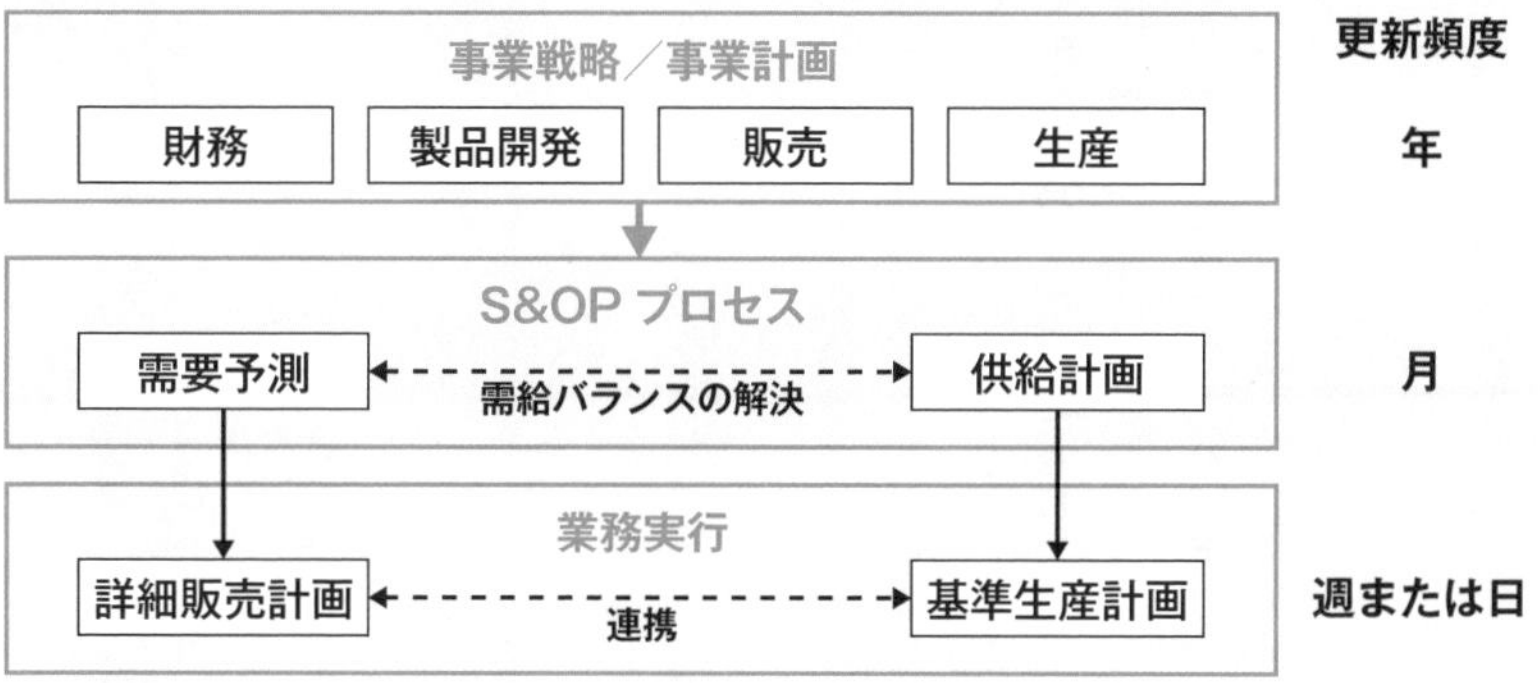

できる、という勝ちパターンが整理された状態にはなっていません。筆者らは、メーカーのビジネスモデルや戦略、扱うSKU数などに合わせて、S&OPをアレンジする必要があると考えており、本書ではそれを考えるための基本的な概念やいくつかの事例を紹介します。参考文献を含め、標準的な定義を学ばれたうえで、実務の中でアレンジし、各メーカーに最適なS&OPを目指すとよいでしょう。

これからメーカービジネスに関わる皆さんにとっては、S&OPは少し難しい概念です。ただ、2010年以降の日本のメーカービジネスでは、確実に重要になっている概念なので、知っておいてまったく損はないどころか、むしろその考え方を踏まえたうえで業務を学んでいくことには大きなアドバンテージがあります。

S&OPは、事業計画を踏まえた需要予測と供給計画について、少なくとも月一度は会議を実施して、次項以降で解説するポイントについて経営層が意思決定を行うプロセスです（図13－1）。これは部門横断の意思決定になるため、経営層の参画が必要になります。

2 S&OP会議で決められること

S&OPと需給調整の違い

月次のS&OP会議では、直近の販売計画や生産計画の実績との乖離を確認して、その1年以上先までの中長期のバランス調整を視野に入れて意思決定を行います。場合によっては、ここで事業計画の見直しも行われます。

短期的にSKU別の生産計画を調整する、いわゆる需給調整とは、見ている製品階層や期間が異なります。より大きな単位で、より長期の需給ギャップに着目して大きな意思決定を行うのがS&OPです（図13－2）。

S&OP会議では、製品群単位で、金額ベースと数量ベースの両方で議論が行われます。ここでの意思決定は、営業部門の販売計画や工場の基準生産計画の見直しに反映されます（7章参照）。例えば当初の計画より売れ行きがよく、今後も中長期的に売上成長が見込まれるカテゴリーがあれば、最新の需要予測をもとにサプライチェーン部門が供給体制を見直すといった意思決定が行われます。新製品の発売時期の変更や製造ラインの新設といった、より大きな意思決定が行われることもあります。

複数の事業を展開していたり、オペレーションが国ごとに分かれたりしているグローバル企業では、まず事業単位や国単位で比較的小規模のS&OPを行った後、グローバルS&OP会議として、さらに集約したレベルで意思決定を行う場合もあります。

S&OPを導入している企業

S&OPという言葉は、日本ではまだなじみがないかもしれませんが、米国では1980年代から提唱されている概念です。日本でも、ブリヂストンやハウス食品、JFEスチールといった企業の事例が紹介されています。海外でもコカ・コーラやサムスン、デュポンといった、優良企業で導入されているプロセスです。

しかし必ずしもすべてのメーカーで、S&OPが正しく理解され、運用されているとは思いません。S&OPは実

図13-2 | S&OPと需給調整

	S&OP	需給調整
対象期間	1年以上の中長期	数カ月先の短期
議論される製品階層	製品群	SKU
関与者	営業部門・SCM部門・ 財務部門のトップ や経営層	営業部門とSCM部門 の担当者
アクション例	・新製品の発売時期変更 ・製造ラインの増設 ・事業や地域を超えた供給調整	・直近の増減産 ・需給コントロール （出荷優先順位の変更）

際、かなり負荷の高いオペレーションです。そのため、本質的な意味を理解したうえで、目的を明確化して導入することが極めて重要です。

　トヨタのハイブリッド車プリウスの発売が、トップダウンの意思決定で1年早められた話は有名ですが（京都での第3回気候変動枠組条約締約国会議（COP3）の開催に合わせたともいわれています）、これは多くの部門が関わらなければ実現できないため、よび方はともかく、S&OP同様のしくみで意思決定が行われたと推察します。環境・市場の変化や自社の供給キャパシティをアジャイルに把握し、事業が目指す目標との乖離を踏まえたうえで、全社最適の意思決定を支援するのが、S&OPの本質でしょう。

S&OPのポイント

　S&OPの主なポイントは次の3点に集約されます。

1 経営層がS&OP会議に参加して、事業戦略の観点から最も適切な結果を得られるよう、部門横断的な意思決定を行う

2 事業計画や財務計画の金額と、販売・生産する数量について、主要製品群単位で整合性を調整する

3 最低でも月次で振り返りと対策の実行を行う

　もしマーケティング・営業部門と生産部門で月次会議は行っていても、主な議題が直近のバックオーダーの対応であったり、経営層が参加せず、現場レベルの短期的な最適化を目指した意思決定が行われていたりするのであれば、それは需給調整であり、S&OPとは異なります。まずは本書でS&OPという概念を正しく理解し、それが自社のビジネスにどんな新しい価値を生むかを熟考することから始めましょう。[73]

3 S&OPの基本的な流れ

S&OPの基本的な流れは以下の5つのステップで進めます（図13−3）。

①**データの収集・集計**：売り上げやバックオーダー、在庫、マーケティング情報、市場情報などを、通常は月初に収集し集計する。S&OPでは単に実績の羅列を眺めて議論するのではなく、特定の指標で状態をモニタリングする。その指標については次節で説明。

②**需要予測レビュー**：需要予測や売上計画立案を担う部門で、それらと実績の乖離（**予実比較**）を分析し、レビューを行う。ブランド別やカテゴリー別、製品群別といった単位で、事業計画とのギャップを確認し、計画達成へのアクションについて検討する。この検討のための需要予測の分析資料が、3章で説明したデマンドブリーフである。ここで先々の需要予測を修正することもあり、それらの更新版を供給計画立案部門に渡す。

③**供給計画レビュー**：直近の市場変化や新たなマーケティングアクションを踏まえて更新された需要予測に対し、供給が可能か、または現在の供給計画で在庫が過剰にならないかをSCM部門で確認する。生産活動を進めるうえでの制約を考慮しながら、最も効率がよいと考えられる供給計画を立案する。供給制約には、生産設備の供給能力や生産するための人員体制、外部から調達する原材料のリードタイムなどがある。

例えば生産キャパシティに対して需要予測が高い場合は、生産の平準化（11章参照）や生産キャパシティを増やすための人員確保、アウトソーシングの採用といった対策が検討される。それでも需要予測に対して供給が不足する場合は、アカウントや店舗ごとの供給数を決めて配荷するなど、需要をコントロールする策をマーケティング・営業部門と検討する場合がある。この②を受けた③の調整が需給調整である。

ここで新しい設備、場合によっては新しい工場や物流センターといった大規模な投資が必要なレベルの需

図13-3｜S&OPの流れ

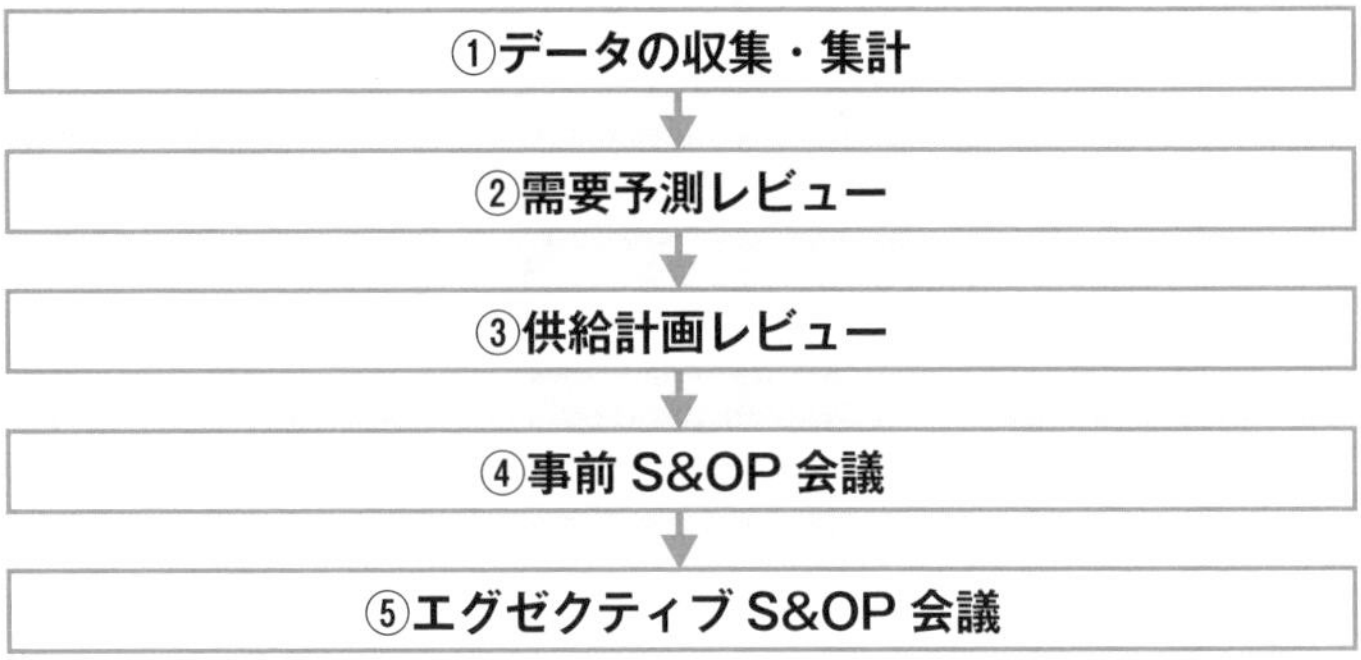

給ギャップが見つかったり、新製品の発売時期を後ろ倒しするなど、マーケティング・営業部門も含めた調整が必要になったりした場合は、次のS&OP会議へ上げられる。

④事前S&OP会議（プレS&OP会議）：このあとのエグゼクティブS&OP会議で話し合うべき内容について、営業やマーケティング、SCM部門など、需要予測や供給計画に関与する部門とファイナンス部門の部門長クラスで、事前にレビューを行う。ここでは、経営層の意思決定までは必要ない内容について、合意する。例えば、一時的な増産のために工場で残業によって対応するという場合は、経営層の判断までは必要ない場合が多いといえる。また、ここではエグゼクティブS&OP会議で議論すべき内容も決定する。

⑤エグゼクティブS&OP会議：経営層が参加する月次の会議である。CEOやマーケティング・営業部門、供給を担うSCM部門、ファイナンス部門、CEO直属の経営戦略部門などの役員クラスが参加する。この会議の目的は、経営層が需要と供給に関する課題について理解し、メーカーとしての中長期的な対策を意思決定することだ。プレS&OP会議から上がってきた大きな課題に対する意思決定以外にも、需給に関する各種KPI（Key Performance Indicator）を確認する。この会議で決定されたことは、参加部門の業務で速やかに実行される。

以下のような内容が議題となる。

- 前回の会議で決めた実行計画の進捗確認
- S&OPで確認するKPIの確認
- 需要予測と供給計画の確認
- 需給バランス、財務計画の見直しと、目標達成に向けた実行計画の検討と必要な経営資源の配分の意思決定

4 S&OPの管理指標（KPI）

続いて、S&OPのKPIの例を紹介します（図13－4）。

●議論される製品の階層

S&OPで売り上げや在庫を確認する際の製品階層レベルは、SKU単位ではなく、製品群単位です。S&OPの意思決定の対象となるような需給のバランスを考える際には、オペレーションが似ている製品群で確認できれば十分であることがほとんどです。

例えば筆記具であれば、鉛筆・ボールペン・マーカーといった製品の構造に注目した分類ができる一方、同じ製品でも、自動機で大量に量産する製品と、手組みで少量を生産する製品を区分することもできます。

このように製品群の分類基準はさまざまであり、あまり社内システムのマスターでは整理されていません。そのためS&OPでは、部門横断で同じ分類での製品群単位を用いるように、あらかじめ合意したうえで運用します。

●各種KPIと単位

S&OPでは売り上げ、在庫、利益などについて、それらから算出する在庫回転率やROI（Return on Investment：投資対効果）などの指標も算出し、議論しますが、指標に応じて数量ベースと金額ベースを使い分けます。

例えば売上計画であれば、財務部門は金額、マーケティング・営業部門は金額と数量、SCM部門は数量での計画立案が一般的です。これはそれぞれの部門でコミュニケーションをとる相手が異なるためです。そこで、金額と数量の両方をうまく使い分け、部門横断で議論し、各部門の業務実行へつなげていきます。

具体的な指標としては次の表のようなものがあります。S&OPは基本的に月次サイクルで行われますが、S&OPで議論される内容はメーカーによって異なり、週次、月次、四半期のサイクルでそれぞれ管理するKPIを決めてS&OPを行っている例も聞きます。

●議論の対象期間

直近から12カ月または18カ月先まで

図13-4｜各種機能の代表的な管理指標

分類	代表的な指標
顧客サービス	納期遵守率 受注残
売上高／需要予測	売上高 利益 市場シェア 売上予算達成率 需要予測精度
生産	生産計画達成率 在庫金額 棚卸資産回転率 生産能力、生産効率 製造原価
総合指標	ROIC、CCC

の計画を確認することが、欧米グローバル企業では一般的です。しかしメーカーによっては、3年先までの確認を必要とするケースもあります。この期間は主に供給に関するアクションにかかる時間を考慮すべきです。ほかに、事業計画の立案サイクルに合わせ、当年度の残りと来年度を対象とするメーカーもあります。

S&OP実践の落とし穴

S&OPを運営する際に留意しなければならないのは、手段の目的化です。経営層向けの会議だからといって、データの収集や集計、資料作成に多大な時間をかけるのは、目的を見失っているといえます。また、S&OPでは単一のオペレーションの数字だけを見るものでもありません。ベストケースもワーストケースも吟味したうえで、需要予測と供給の合意を行います。

S&OPの目的はアジャイルな部門横断のトップレベルの意思決定支援であり、コンパクトにでも定期的なS&OPサイクルを回し、早期に必要なアクションをとることが最も重要です。同時に、その振り返りを行うことも重要で、S&OPの中で知見を蓄積し、それを生かしていく思考が必要です。

部門間の目標のトレードオフを超えられるというのが、需給調整とS&OPの大きな違いです。そのためS&OPでは、売り上げや在庫といった指標だけでなく、顧客サービスを測る納期遵守率（顧客の希望納期通りのタイミングに、希望数を出荷できた割合）や、利益、ROICといった指標も、部門横断で達成すべきものとして確認されます[74]。

14章

メーカーの組織マネジメント

1 ビジネスモデルとサプライチェーン戦略

価値提供のプロセスもビジネスの一部

メーカービジネスの基本は、製造する製品そのものと言っていいでしょう。しかし顧客のニーズは多様化しており、製品自体だけではなく、いかに顧客にその価値を提供するかが重要になってきています。この価値とは、ハードウェアに限らず、サービスなどのソフトウェアのそれも含みます。つまり、メーカーは製品を作るだけでなく、顧客に価値を提供する過程もビジネスとして考える必要があります。

顧客にサービスも含めた価値の提供をしている企業の代表例が米アップル社です。アップル社のハードウェア製品をもっていなくても、ソフトウェアのiTunes（Apple Music）を使ったことがある方もいらっしゃるでしょう。ソフトウェアサービスの利用者が多いイメージがありますが、図14－1の売上構成を見ると約80％はハードウェアです。[75]ソフトウェアの売上高にはApp Store（アップル社のハードウェア向けのアプリをダウンロードするサービス）が含まれており、ハードウェアだけでなく、ソフトウェアを購入・利用するサービスと合わせて消費者に選ばれているといえそうです。

メーカーは、原材料を調達して、製品を製造し、顧客に届けることで価値を生むため、サプライチェーンの構築は必須です。そして、これはビジネスモデルに合わせて変化させていかなければなりません。ビジネスモデルで重要なのは、①どんな価値を顧客に提供するか、②簡単に競合に模倣されないか、そして③利益を継続的に生み出せるか、の3点だといわれています。

例えば、従来の店舗販売だけでなく、インターネット経由での販売を増やしたい場合を想定すると、従来にない受注から出荷までの情報の流れの構築が必要になります。また、すばやく顧客に届けるための物流機能の整備が必要となることも想定されます。提供するサービスに対応するサプライチェーンを設計しないと、顧客の期待に応えられなくなってしまうのです。

では、具体的にビジネスモデルの何

図14-1｜2019年のアップル社の売上構成

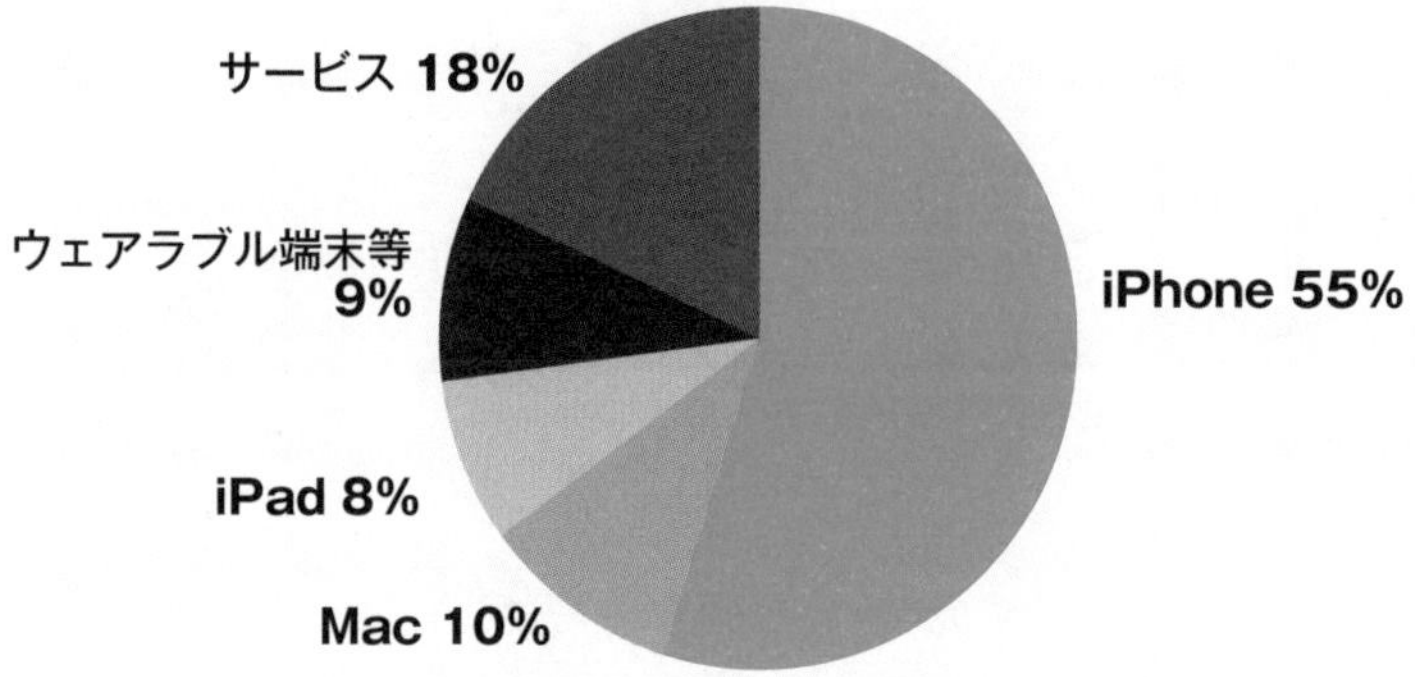

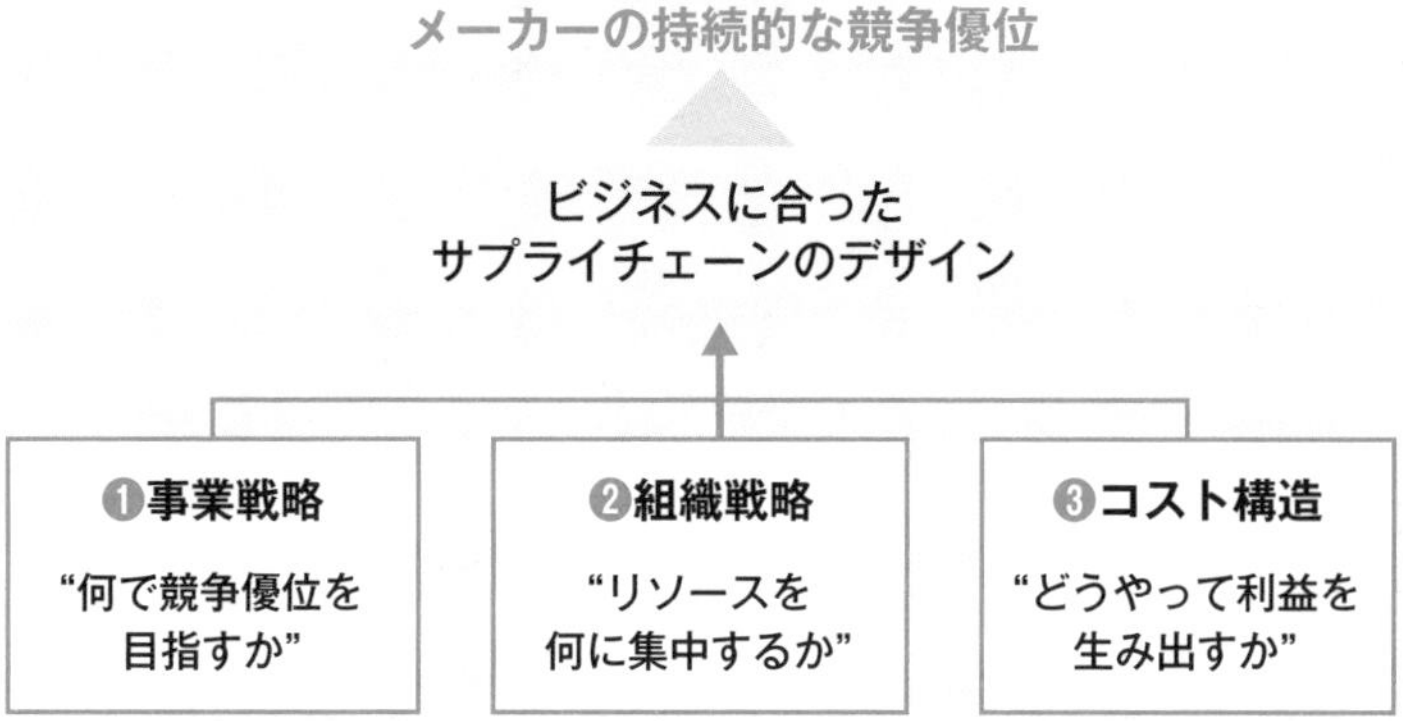

参考ウェブサイト：Apple financial Data 2019年度 https://s2.q4cdn.com/470004039/files/doc_financials/2019/ar/_10-K-2019-（As-Filed）.pdf （参照2020-11-01）

を考慮してサプライチェーンを設計すればよいのでしょうか。それは、次の二つの戦略と一つのモデルです。

● **事業戦略**：いかにして競争に勝つかを選択する事業の計画を指す。マイケル・ポーターは、事業戦略には①コストリーダーシップ戦略、②差別化戦略、③集中戦略の3種類があると整理している。[76]

① **コストリーダーシップ戦略**：他社よりも低価格な商品を提供することによって競争優位を確立する戦略。

② **差別化戦略**：他社と比べてユニークな商品を提供して差別化を図り、競争優位を確立する戦略。

③ **集中戦略**：特定の市場・製品・地域などに限定して自社の経営資源を集中し、そこでの競争優位を確立する戦略。

必ずしもどれか一つを選ぶのではなく、複数をミックスさせることもある。

複数の事業を展開している企業においては、事業ごとに異なる戦略を採用する場合もある。

アップル社は、特に製品のデザイン・品質だけでなく、サービスの提供による顧客体験の差別化に重点を置いて、顧客価値を提供していると考えられる。iTunesでは、それまでの音楽の聴き方と異なり、CDといった媒体を用いずに、デジタルで音楽を購入して、iPodのような端末で聞くことができるようになった点が、新しい価値となったといわれている。

●**組織戦略**：事業戦略を実行するため、どのような機能を設計し、それぞれがどんな役割を果たすかを決める必要がある。組織デザインと役割分担である。企業の中核となり、他社との差別化を図るコアとなる機能以外は、他社と協働でオペレーションを行ったり、アウトソーシングを行ったりすることも選択肢になる。

例えばゲーム・玩具メーカーの任天堂は、自社のコアとなる企画・設計に経営資源を集中し、生産設備をもたず外部の生産パートナーに委託している。このような、生産設備をもたずに外部に委託し、自社は企画・開発・デザイン・マーケティングに特化することを**ファブレス経営**とよぶ。

販売チャネルがインターネット経由の直接販売の場合と、卸売業者を介する場合では、受注や配送を担う組織が変わる。消費者への直接販売の受注では、専用の販売サイトを立ち上げたり、小口の出荷に対応するための配送のしくみを整える必要がある一方、卸売業者からの受注は、特定の顧客からの受注となり、また関連製品群や数量をまとめて一括して受注したり配送したりすることになる。

生産場所が国内外で複数あるときも、意思決定をすばやくするため、管轄する組織を別にしたほうがよい場合がある。例えば日用品メーカーであるP&Gは、グローバルで六つの地域に分けて、地域ごとに販売、流通、在庫管理、価格設定、**マーチャンダイジング**（商品化計画）のプラン策定・実行を担当している。このあと、メーカービジネスで特に重要となるサプライチェーン組織のあり方について、さらに詳しく解説する。

●**収益モデル（コスト構造）**：顧客のニーズを満たしつつ利益を確保するため、コスト構造を計画する。コスト構造とは、製品を製造・販売するために何にどれだけ費用がかかっているかを整理したもの。製品を製造するために必要な原材料費、人件費だけでなく、広告宣伝費や研究開発費といった費用も含む。

このコスト構造は、ビジネスを行う国によって大きく異なる傾向がある。例えば人件費については国によっても、また同じ国の中でも地域により異なる。作業員の基本月給も99～2574ドル

図14-2｜サプライチェーンの決定にはさまざまな要素が考慮される

までさまざまである。[77] また、販売する国で製造したほうが物流費は安価になる。

また一般的に、受注生産方式で受注ごとに少量ずつ製造するよりも、見込生産方式で一度に多く製造したほうが、コストは低くなる。つまり、どのような生産オペレーションを採用するかで、コストの構造、それによる利益率が変わってくるのである。

企業が採用する戦略、それを推進する組織のデザインや役割分担、さらにはコスト構造を踏まえ、メーカービジネスの生命線であるサプライチェーンを設計するのです[78]（図14－2）。

2 組織の権限と責任

3種類の組織デザイン

企業の戦略に基づいた組織をデザインする際に、役割と責任の担当範囲や、誰が誰に報告するか（レポートライン）といった内容を定義する必要があります。この組織構造は、中央集権型、分散型、ハイブリッド型の三つに分類できます（ショシャナ・コーエンほか、2015）。

中央集権型は、業務をヘッドクォーターや本社といったトップレベルで管理するものです。例えば、調達業務をグローバルで一元管理することで、価格交渉力の強化や運用の効率化といったメリットがあります。

分散型は、業務の権限と責任を、各事業部門や地域、製品カテゴリー別などで委譲するものです。地域や製品カテゴリーに合わせて、業務の最適化を図ることができます。中央集権型は全体最適と専門性で勝る一方、分散型は意思決定の迅速さや個別の状況に応じた柔軟対応で勝ります。

つまり、中央集権型でも分散型でもそれぞれのメリットがあり、その両方を上手に享受できるような組織、オペレーションのデザインが有効になるということです。メーカービジネスでは、こうした組み合わせの発想も極めて重要です（図14－3）。

また、その両者を組み合わせたものがハイブリッド型です。業務の標準となる部分は中央集権型で一括管理しますが、日常業務の運営・意思決定は分散型で各部門や地域に任せるというものです。

店舗オペレーションの権限と責任

この権限と責任の中央集権型と分散型の考え方は、企業の組織デザインだけに当てはまるものではありません。製品の発注や在庫管理といった店舗オペレーションについても、同様に整理することができます。この場合の中央集権型とは本部発注のことを指し、分散型とは店舗ごとに発注権限をもたせて、それぞれで在庫管理することを指します。消費者向けのビジネスである

図14-3｜中央集権型と分散型のメリット比較表

	デメリット	メリット
中央集権型	・全社共通の最適化が可能 ・管理部門の専門化が可能 ・管理部門集約によるコストダウンが可能	・地域や製品による柔軟な対応には時間がかかる ・現場のオペレーションの自主性が損なわれる可能性がある
分散型	・地域や製品カテゴリーに合わせて柔軟な対応可能	・各組織が同じ職務をもつ重複が発生する ・全社共通の最適化には時間がかかる

参考文献：ショシャナ・コーエン他（2015）『戦略的サプライチェーンマネジメント』英治出版

小売業では、何が売れるかを見極めて、売れ筋の商品を仕入れることが重要です。そこで、商品発注や在庫管理を本部主導で行うのか、店舗主導で行うのかは非常に重要になります。

中央集権型のメリットは、発注ロットをまとめられるので、仕入れ価格を安く抑えられることです。また、店舗に陳列する商品を統一しやすくなり、店舗を横断して消費者へプロモーションを行うことができます。これは、ブランドイメージづくりにも影響します。店舗ごとの売れ行きがばらついた際には、店舗間で在庫を移し、消費を促進するといったアクションも本部主導で行われます。

一方で、分散型にもメリットがあります。店舗ごとに商圏が異なり、客層も異なる可能性が高く、売れる商品が異なります。気候による需要の違いが大きいアパレルなどでは、特にそうした傾向が強いです。需要の差を踏まえた発注、在庫管理には、分散型のほうが適しているといえるでしょう。また、店舗で発注する場合はその責任を店舗が負うため、仕入れた商品を頑張って売ろう、という心理も働きます。

セブン-イレブンの分散型マネジメント

日本のコンビニエンスストアの先駆けであるセブン-イレブンは、加盟店である店舗と本部の役割分担を明確にした**ハイブリッド型マネジメント**を行っています。本部は情報システムの提供等の店舗経営のバックアップを担う一方、各店舗は商品の発注権限をもちます。それによって、店舗近くの運動会などのイベントに合わせたおにぎりやお弁当の発注、悪天候の予報を踏まえた傘や生活必需品の発注といった、そのときの店舗ごとの最適な品揃えを可能にしているのです。

3 企業間の連携と分業

縦の連携と横の分業

メーカーのサプライチェーンをマネジメントするうえで重要な考え方に、**垂直統合**と**水平分業**というものがあります。それぞれの定義は次の通りです。

■垂直統合：原材料の調達から最終消費者への販売まで、付加価値を生み出す工程を自社（または同じ企業グループ内）で直接保有し、コントロールする。同じ企業内なので、各機能間の連携を密に行い、経営資源（ヒト、もの、カネ）を共有化することで競争力を高めようとするビジネスモデル。次のようなメリットとデメリットがある。

〈メリット〉
- 外部組織との利害関係がないために安定供給を確保しやすい
- 契約交渉といった取引に関するコストを削減できる
- 各機能のノウハウを自社に蓄積できる
- サプライチェーン全体のコントロールがしやすい

〈デメリット〉
- 自社ですべての機能をもつため、初期投資や固定費が大きくなる
- 市場の変化やビジネスモデルの変更によって不要になった機器があっても、それを担当する社員のことを考え、廃棄する決断がしにくい

ちなみに、この付加価値が生み出されていく過程を川の流れにたとえ、原材料の購買や調達をオペレーションの「川上」、消費者への販売を「川下」とよぶことがある。近年ではアパレルや小売業界で垂直統合が多くみられる。GAP、ZARA、ファーストリテイリング（ユニクロ）などは、自社で製品の企画、製造、販売までの機能をもつか、他社に委託する場合でも厳しい基準設定と管理を行うことで、素早く消費者のニーズを把握して商品化し、納得感のある価格で販売することができている。また、自動車業界もこのモ

図14-4｜垂直統合と水平分業の特徴

	垂直統合	水平分業
初期投資・固定費	大：自社でもつ必要がある	小：他社との分業が可能
中間コスト	小：他社との取引が不要	大：他社との取引が必要
市場変化のリスク	既存事業から撤退しにくい	多様化するニーズに対応しやすい
ノウハウ流出のリスク	リスク小	リスク大
全体の調整	容易	時間がかかる

デルであり、品質の管理、向上にも有効であるといわれている。なぜなら自社（グループ企業）で管理している工程のため、品質の課題に対して迅速に情報共有し対応できるというメリットがあるためである。

■**水平分業**：自社の製品のコアとなる部分以外の機能をそれが得意な企業に任せ、協力し合うビジネスモデル。例えばパソコン、テレビなどの電子機器産業は水平分業が進んでいる。日系電機メーカーは垂直統合モデルといわれてきたが、近年は、商品開発やマーケティング・プロモーションなどを自社で行い、製造は台湾のホンハイ（鴻海）などの製造請負企業に任せるという水平分業モデルが増えている。ホンハイが提供しているこのような製造請負サービスは、**電子機器受託製造サービス**（**EMS**：Electronics Manufacturing Service）とよばれる。

　他社ブランドの製品を製造することをOEMとよぶのは本書の序章で紹介したが、他社ブランドの製品を、製造だけでなく、設計もすることを**ODM**（Original Design Manufacturing）という。この中で電子機器に特化しているのがEMSである。委託する側は製造設備を自社でもつ必要がないというメリットがあるが、製造のノウハウを自社には蓄積しにくいというデメリットもある。

　ある特定の同じ機能について、複数の企業が協力したり、M&Aによって統合したりするケースもあり、これは**水平統合**とよばれる。大手コンビニ複数社で、店舗配送の共同化実験を行うのも水平統合の例といえる。

　垂直統合と水平分業のメリットとデメリットを整理したのが図14－4です。

　この垂直統合と水平分業は、メーカーが戦略的に選択できるとは限りません。市場環境の変化によって、変えざるをえない場合もあります。

例えば自動車産業は日系電機メーカーと同様、これまでは垂直統合モデルでした。**系列（ケイレツ）**とよばれる部品会社（サプライヤー）と連携をとり、商品開発から販売までを、すべてグループ内で行ってきました。しかし自動車業界は「CASE（Connected, Autonomous, Shared & Services, Electric）」というキーワードで表現される、顧客心理とビジネス環境の大きな変化に直面し、メーカーはビジネスモデルを変革しなければ生き残れないという危機感をもっています。

その一つである電気自動車（Electric Car）については、従来のガソリンで動く自動車と比べると構造が単純で、ビジネスへの**参入障壁**が低いといわれています。なぜなら複雑で部品点数の多い従来のエンジンと比べて、バッテリーやモーターのほうがしくみがより簡単で外部からの調達が容易になるからです。そして、バッテリーやモーターといった電気自動車の基幹部品には、従来の系列ではなく、家電メーカーが参入してきています。先述のホンハイはEMSの企業として紹介しましたが、ここも電気自動車のプラットフォーム（車の基本構成部分。近年では複数の車種で共通化されている）を発表しています。自動車は特に安全性が重視されるため、一朝一夕では既存の自動車メーカーのノウハウには追いつかないでしょうが、自動車業界も少しずつ垂直統合から水平分業へ変わっていくと考えています。[79]

4 CSR、SDGs、ESG投資

企業と社会

　皆さんが着ている服や食べているものが、過酷な労働環境下で子どもが働いて作ったものだとわかったら、どんな気持ちになるでしょうか。ビジネスがグローバルに拡大すると、思いもよらぬ環境で作られた原材料を、知らず知らずのうちに使っている可能性が高くなります。[80] こうした背景を受け、**CSR**（企業の社会的責任：Corporate Social Responsibility）に取り組む企業が増えています。これは企業が利益を求めるだけでなく、社会に与える影響に責任をもち、その持続的発展のために貢献すべきだという考え方です。環境保護や人権尊重、フェアトレード（直訳すると「公平・公正な貿易」。開発途上国の原料や製品を適正な価格で継続的に購入することにより、立場の弱い開発途上国の生産者や労働者の生活改善と自立を目指す「貿易のしくみ」、フェアトレード ジャパン）、寄付や慈善活動といった多様な活動が行われています。

　この契機の一つとなったのが、2015年の国連サミットにおいて満場一致で採択された、**SDGs**（Sustainable Development Goals）です。2030年までに持続可能な世界を目指すという開発目標のことで、17のゴール（あるべき姿）と169のターゲット（具体的な目標）からなります。[81]

　その中核的なコンセプトは「Leave No One Behind（誰も取り残さない）」というものです。人々が暮らすうえで接する政治・経済・社会・技術・経済・規則といったシステムの範囲をより広く捉え（外部環境分析については9章4項参照）、これまで見過ごされがちであった貧困・飢餓・環境破壊・資源枯渇などを問題と認識し、17の課題として整理・克服する取り組みです（図14－5）。

　例えば環境問題に関するゴールの一つとして、〝13 気候変動に具体的な対策を〟があります。その中のターゲットの一つに〝13・2 気候変動対策を国別の政策、戦略及び計画に盛り込む〟があり、日本では2030年度に

図14-5｜SDGsで挙げられている17の課題

1. **貧困をなくそう** *No poverty*
2. **飢餓をゼロに** *Zero hunger*
3. **すべての人に健康と福祉を** *Good health and well-being*
4. **質の高い教育をみんなに** *Quality education*
5. **ジェンダー平等を実現しよう** *Gender equality*
6. **安全な水とトイレを世界中に** *Clean water and sanitation*
7. **エネルギーをみんなに そしてクリーンに** *Affordable and clean energy*
8. **働きがいも経済成長も** *Decent work and economic growth*
9. **産業と技術革新の基盤をつくろう** *Industry, innovation and infrastructure*
10. **人や国の不平等をなくそう** *Reduced inequalities*
11. **住み続けられるまちづくりを** *Sustainable cities and communities*
12. **つくる責任 つかう責任** *Responsible consumption and production*
13. **気候変動に具体的な対策を** *Climate action*
14. **海の豊かさを守ろう** *Life below water*
15. **陸の豊かさも守ろう** *Life on land*
16. **平和と公正をすべての人に** *Peace, justice and strong institutions*
17. **パートナーシップで目標を達成しよう** *Partnerships for the goals*

出所：JAPAN SDGs Action Platform ｜ 外務省（mofa.go.jp）

2013年度比26%という温室効果ガス排出削減目標が掲げられています（政府、2021年4月）。また、CO_2削減については〝9 産業と技術革新の基盤をつくろう〟というゴールに対するターゲットとして、〝付加価値の単位当たりのCO_2排出量〟が示されています。

SDGsは、国連で採択された世界共通の開発目標です。これに取り組まないことによる法規制への対応の遅れや、社会からの批判といったリスクも想定されます。スポーツメーカーのナイキでは、1997年に製造を委託する東南アジア工場での児童労働・低賃金労働・強制労働があることが明るみに出て、世界的な不買運動に発展しました。これによる売上減少とブランドイメージの棄損は大きかったといわれています。

SDGsに取り組んでいる企業の事例は外務省でも公開されています。[82] 例えば総合電機メーカーの三菱電機では、持続可能な社会の実現のため、使用済み家電のプラスチックのリサイクルや、省エネルギー化、再生可能エネルギーの活用による環境負荷低減といった取り組みを行っています。[83]

近年では**グリーン調達**という概念も広がっていて、これは環境省が「納入先企業が、サプライヤーから環境負荷の少ない製商品・サービスや環境配慮等に積極的に取り組んでいる企業から優先的に調達するもの」と定義しています。メーカーは環境経営の推進によって、事業機会の獲得と法令違反となるリスクの回避を目指すとともに、顧客や社会から持続可能な社会形成への貢献が期待されているのです。

社会貢献への投資

また、SDGsと併せてよく聞くのが、**ESG投資**〈E：環境（Environment）、S：社会（Social）、G：ガバナンス（Governance）〉です。これはメーカーの収益だけを目的とした投資ではなく、環境・社会・ガバナンス要素も考慮した投資のことを指します。特に、年金基金などの長期で運用する機関投資家たちから、企業経営の持続性、気候変動などの長期的なリスクへの対応、新たな収益機会を探索する姿勢などを評価する一つの指標として注目されています。ESGの基準を満たしているということは、その企業は長期的な企業価値の向上が期待できると考えられるからです。

投資にESGの視点を組み入れることを掲げる国連責任投資原則（PRI）に、世界の1965の機関（資産運用規模約70兆ドル）が賛同し、署名しています。[84] 日本でも2015年に、年金積立金管理運用独立行政法人（GPIF）がPRIに署名したことを受け、ESG投資が広がり始めています。

近年、役員報酬をESGに連動させる企業も増えています。これは二酸化炭素排出削減や従業員の多様性などの達成度合いで支給額が変わるしくみです。これによって経営者は短期目標ではなく、中長期目標で評価されます。米国では主要企業の半数、日本では日経500種平均株価の構成企業の1割弱が導入しており、日本精工や資生堂などのメーカーも取り組みを進めています。[85]

以上のように、メーカーは単に自社の顧客や従業員の利益だけを考えてビジネスを行うのではなく、それらを取り巻く環境、社会、地球への貢献も考えるべき時代になっているのです。[86]

第4部の内容について より詳しく学びたい方のために

第4部で扱ったテーマをより細かく学ぶための参考文献を紹介します。

① 在庫管理について

- D・スミチ・レビ他（2002）『サプライ・チェインの設計と管理』朝倉書店
- ショシャナ・コーエン他（2015）『戦略的サプライチェーンマネジメント』英治出版
- 石川和幸（2014）『在庫マネジメントの基本』日本実業出版社

② S&OPについて

- 山本圭一・水谷禎志・行本顕（2021）『基礎から学べる！ 世界標準のSCM教本』日刊工業新聞社

③ SDGについて

- 沖大幹他（2018）『SDGsの基礎』事業構想大学院大学出版部

第5部

顧客に届ける物流

15章

顧客に届いて売り上げになる

1 なぜ物流が重要なのか

「物流」とは何か

最終の第5部では、商品が工場や倉庫から出て、店舗や消費者に届く**物的流通**（physical distribution）にフォーカスします。メーカービジネスにおいて、物流は商品を顧客に提供する販売活動と密接な関係をもっています（図15-1）。

実は、この「物的流通（物流）」という言葉は、工業標準化法第14条に基づいて公益社団法人日本ロジスティクスシステム協会（JILS）が策定した定義が日本工業規格（JIS Z 0111:2006）となっています。これによれば、物流とは「物資を供給者から需要者へ、時間的及び空間的に移動する過程の活動」とされ、その具体的な活動内容として「包装、輸送、保管、荷役、流通加工及びそれらに関連する情報の諸機能を総合的に管理する活動」が例示されています。

これらの各活動は商品供給の根幹を支えるものです。売買取引を通じて化粧品を顧客に提供する百貨店のビジネスや、貸借取引を通じて乗用車を顧客に貸し出すレンタカーのビジネスなど、商取引を通じて「もの」を提供するビジネス一般に共通します。みずから「もの」を生産して顧客に提供するメーカーのビジネスについても例外ではなく、原材料を仕入れる際の「**インバウンドの物流**」と、本章で紹介する商品を供給する際の「**アウトバウンドの物流**（以降、単に「物流」とよびます）」は、ともにメーカーのビジネスに不可欠な要素といえます。

なお、米APICSはこれら2種類の物流について前者を**フィジカル・サプライ**、後者を**フィジカル・ディストリビューション**（物的流通、本書の定義と同じ）として区別し、両者を合わせた概念を「**ロジスティクス**」として用語を整理しています。[87]

物流は最後の暗黒大陸

現代経営に多大なる影響を与えた経営学者ピーター・ドラッカーは、企業の物流に関する領域を「最後の暗黒大

図15-1｜メーカービジネスにおける各種物流

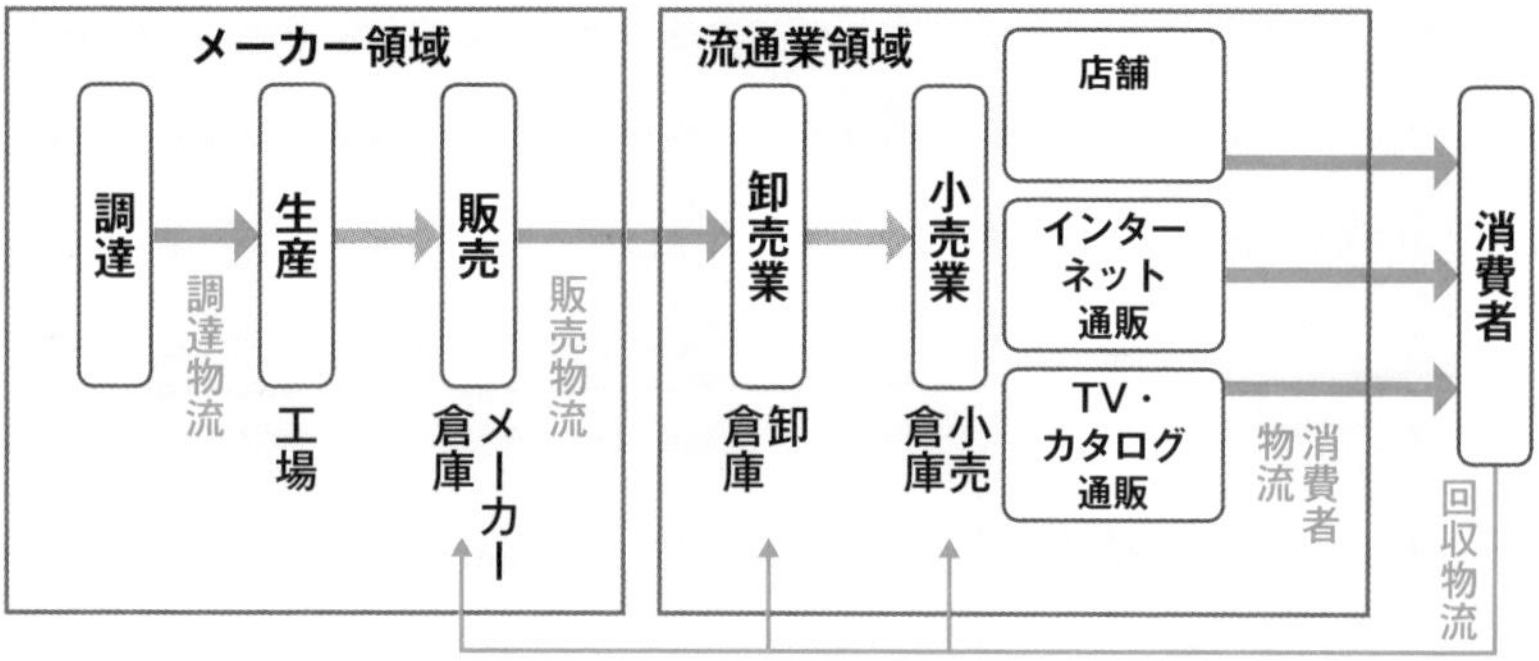

陸」と表現しています。その含意は、企業において経営課題が論じられる時の中核的な関心事は営業力や研究開発の強化であり、物流は商品の保管や移動に関する所与のインフラと見なされて経営的な観点からの検討の対象とされていない状況を指摘するものです。この指摘は、翻って、物流には大きな発展の余地があることを示唆しています。

　メーカーのビジネスでは、物流の役割を「適切な量の原材料や商品を適切な場所に輸送する」ことと捉えています。顧客にとっては、メーカーが物流へ投資するほど利便性が高まります。つまり物流は、商品の価値を高める重要な役割を担うと考えることができます。

時間が競争力になる時代

「適切な量」と「適切な場所」に加えて重要とされているのが「時間」です。

　アマゾンのECサイトで商品を購入する際に必要な行動は、わずか数回のタップだけです。この行動を指す「ポチる」という表現も、その手軽さを雄弁に物語っています。消費者の支持を得ているのは、この簡便さに加えて、翌日、早ければ当日中に商品が届くという配送サービスに負うところが大きいといえます。

　アマゾンが取り扱う商品の多くは量販店の店頭にも並んでいるごく普通のものですが、その配送サービスは他社を圧倒しており、これによって差別化を図っているといえます。アマゾンが配送費に投じている金額は、2019年には379億ドル[88]（約3・79兆円）であり、なんと売り上げの15%に相当します。このように物流を**CX**（Customer Experience：**顧客体験**）の一要素と捉え、商品の価値を高めるための取り組みは、ウォルマートなどの小売業だけでなく、ZARAのようなメーカーにも見てとることができます。

2 産業革命と物流の歴史

ロジスティクスの語源

「物流」を包含する概念である「**ロジスティクス**」という用語の歴史は古く、19世紀後半のフランスにおいて兵員と物資の保管・輸送を指す軍事用語「Logistique（ロジスティークと発音）」として用いられたのが起源とされます。その語源については、兵員と物資の駐屯する場所に設営する「Loger（ロッジ）」に由来するとする説と、「数学に長けている」という意味のギリシャ語の形容詞「Logistikos（ロジスティコス）」に由来するとする説とがあります。[89] この軍事用語は日本に輸入された際に「兵站《へいたん》」と訳されましたが、その後ビジネスの世界に応用される過程で「ロジスティクス」と原語に近い呼び方が定着しました。

物流のあり方は、科学技術の進歩とともに変容してきました（図15－2）。産業革命以前のヨーロッパにおける海上輸送は、大型の帆船が主役でした。しかし19世紀の産業革命の蒸気機関の実用化による蒸気船の登場で、天候に左右されることなく大量の物資を計画的に運ぶことができるようになりました。また、蒸気機関は内陸輸送手段にも実装され、大量輸送を可能にしたといわれます。

20世紀中ごろには、輸送機材が標準化されたことにより、「荷役の自動化」が促進されました。それまでの物流においては、汽船や鉄道で大量に物資を運ぶことができても、その積み荷下ろしは人海戦術で行われ、多くの人手と時間がかかっていました。その作業は作業員の熟練を要するものでしたが、フォークリフトと用途に応じて規格化されたコンテナの発明により、大量輸送の荷積みや荷下ろしの時間が大幅に短縮されました。このことで、コンテナボックスを開梱して中の荷物を取り出すことなく、船から鉄道、トレーラーに積み替えることが可能になり、習熟を要する積み替え作業が不要になったのです。物流を海陸一貫輸送としてシームレスにつなぐことが可能になり、輸送途中での盗難の心配もなくなることで、貿易がより手軽で身近なしくみ

図15-2｜ロジスティクスの変遷

出所：小野塚征志（2019）「ロジスティクス4.0」をもとに著者作成

として世界中に広がりました。

20世紀後半に入ると、電算技術の進化に伴い「管理・処理のシステム化」が促進されました。それまで台帳などを使って人手に頼っていた「もの」の移動に関する情報の管理が**WMS**（Warehouse Management System：物流管理システム）や**TMS**（Transportation Management System：輸配送管理システム）などの物流管理システムに置き換えられていったのです。WMSとは、倉庫への貨物、資材、製品の入出荷管理や在庫管理などの機能を担うシステムです。TMSとは、倉庫から出荷された荷物を運ぶトラックなどの配車計画や運行管理、荷物の追跡などの管理を担うシステムです。

この時期、物流の実作業だけでなく、在庫の管理にも技術革新が起こりました。国際貿易での通関、関税などの手続きの電子化です。このように、20世紀には物流のデジタル化が進みました。

これからの物流

20世紀末ごろから21世紀にかけて特筆すべきは、情報通信技術の飛躍的な進歩です。これは物流のデジタル化をさらに促進させるものと考えられます。筆頭がAIやロボットを活用した「物流の装置産業化」です。この動きは物流業界において**「ロジスティクス4・0」**[90]ともよばれ、ビジネスの現場ではすでにロボットがビッグデータを活用して、より高速かつ確実にものを運ぶしくみが始まっています。

また、デジタル化の促進に伴い、グローバルでの大量輸送が低いコストで安全に行えるようになり、ビジネスのあり方を変容させつつあります。物流は産業構造の変化に大きな役割を果たしてきたといえるでしょう。メーカーのビジネスを考えるうえでも、物流分野の変化を察知することは重要です。

3 物流活動に期待される役割

物流の種類

メーカーが生産した商品は、工場を出発してからさまざまな過程を経て消費者の手に渡ります。この取引の流れは特に「**流通**（Distribution）」とよばれ、メーカーのビジネスにおいては「もの（Physical goods）」の移動を伴うことから「物的流通（Physical Distribution）」とよばれます。

物流には原材料や仕掛品を調達する**内的物流**（調達物流）と、商品を卸売業者や小売業者へ移動する**外的物流**（販売物流）、消費者に届ける物流（消費者物流）があります。また、製造から保管、販売への流れを**動脈物流**、余剰在庫や不良品などが返却される流れを**静脈物流**（回収物流）とよびます。

多くの企業や部門が関わるという複雑性も一つの特徴といえるでしょう。2020年の緊急事態宣言時には、首都圏を中心に一部の小売店が休業しました。これらを取引先とするビジネスでは、物流部門だけでなく、取引先と休業に関する情報を確認する営業部門、販促物の手配スケジュールを変更するマーケティング部門、需要予測をリバイスするSCM部門などが協働することが必要になりました。また、メーカーだけでなく、配送を担う物流会社とのコミュニケーションも重要でした。

物流の六つの基本機能

物流機能は、次の六つに整理できます（図15－3）。

①**輸配送**（Transportation/Delivery）
②**保管**（Storage）
③**包装**（Packaging）
④**荷役**（materials handling）
⑤**流通加工**（Distribution processing）
⑥**情報処理**（Logistics information system）

①輸配送とは、「もの」を運ぶ機能です。最も想像しやすい物流の機能といえるでしょう。②保管も重要な機能

図15-3｜**物流の6機能の定義**

機能	JISの定義（Z0111:2006）
①輸配送	貨物をトラック、船舶、鉄道車両、航空機、そのほかの輸送機関によってある地点から他の地点へ移動させること
②保管	物資を一定の場所において、品質、数量の保持など適正な管理の下で、ある期間蔵置すること
③包装	物品の輸送、保管、取引、使用にあたって、その価値及び、状態を維持するために、適切な材料、容器などに物品を収納すること及び、それらを施す技術、又は施した状態。これを個装、内装及び、外装の３種類に大別するパッケージングともいう
④荷役	物流過程における物資の積卸し、運搬、積み付け、ピッキング、仕分け、荷揃えなどの作業及びこれに付随する作業。マテリアルハンドリングともいう
⑤流通加工	流通過程の倉庫などで商品に加工すること、生鮮食品や繊維商品の二次加工、小分け商品化包装、値札付け、鉄鋼・ガラス生産財の裁断、注文に対応する機器の組み立て、組み替え及び塗装替えなどをいう
⑥情報処理	物流を対象とした情報システム。このシステムには、物流の各機能を効率化、高度化するための機能分野、受発注から発送、保管から在庫、更に調達及び回収の業務分野、これら関連した計画・実施・保評価の経営過程の分野、さらに、運輸業、倉庫業などの物流事業者との荷主の関連を含めた分野がある

出所：日本規格協会編集「JISハンドブック62物流」日本規格協会　2013年　19〜24頁

です。製造したものを運んで、すぐに売れるわけではなく、一定期間は品質を劣化させずに保持しておかなければなりません。品質を劣化させないためには、商品を③包装しておくことが有効です。それらを段ボールやオリコン（折りたたみコンテナ）などに入れ、倉庫に保管する場合が多いといえます。

保管している商品は、取引先からの発注に合わせ、出荷します。商品の保管からピッキング、出荷で必要となる作業を④荷役といいます。この流通の過程で、商品に加工する場合があります。値札付けや総菜の調理などが想像しやすい例です。これも物流機能の一つで、⑤流通加工とよびます。

こうした物流のさまざまな活動は、情報でマネジメントすることが有効です。製造した商品や保管されている在庫は何個あるのか、小売店からの発注はいくつかといった情報は売り上げや利益に影響するものであり、正確に管理しなければなりません。この⑥情報処理も物流の重要な一機能です。

物流機能の評価

物流の六つの活動の評価には生産管理で使われる**Q**（Quality：品質）／**C**（Cost：費用）／**D**（Delivery：納期）を転用する考え方があります。

品質とは、ここでは製品の品質ではなく、物流における精度や安全性のことです。誤出荷や在庫が合わないなどの問題、輸配送や保管での破損・劣化などの問題がなく、指示された商品が正しく届けられることを意味します。

物流部門の観点からは「包装」は商品の移動や保管の際に内容物を保護するための資材として捉えられますが、メーカーの観点に立てば、商品の提供価値の表示手段（商品の価値を構成する要素）として捉えることができます。

ニュース等で「日本のユーザーは、包装に少し傷がついているだけで不良品として返品する（受領しない）」といった物流業界の嘆きを耳にすることがありますが、これはそのような観点の相違から生まれるジレンマといえるでしょう。物流における「品質」を巡る論点に対しては、業界共通規格で再利用可能、かつデザイン性の高い包装容器をサブスクリプション形式（一定期間、定額で製品やサービスを利用できる販売方式）で提供するベンチャー企業のアプローチが注目されています。[91]

費用とは、物流にかかる費用のことで、輸配送に使うトラックなどの費用から、保管にかかる倉庫の費用、荷役・流通加工にかかる人件費や設備費、包装にかかる資材費、情報処理にかかるシステム費などが含まれます。製造業や小売業などの全業種の売上高物流費比率（物流費÷売上高）は、日本企業の場合5％弱となっています。インターネット通販の場合は12％強です。インターネット通販の物流費が高い理由は配送費です。店舗や卸向けの配送は一つの注文で多くの商品を運ぶため、1品当たりの配送費が安くなりますが、インターネット通販では個人向けが多く、1オーダー当たりの品数が少ないために割高となります。

納期とは、約束された納品期日のことです。期日までにものが届けられないと、後工程において滞留が発生したり、販売機会をロスしたりします。アパレルや化粧品のようにトレンドの予測が難しい商品は、納期を短くして、需要のピークシーズンに近づけて発注し、予測の誤差を最小限に抑える**QR**（Quick Response：短納期生産）の手法もあります。

アパレルでは、あらかじめ素材や原材料を用意しておき、注文に合わせて縫製することで短納期を可能にしています。そのほか、商品を消費地に近いところに在庫をもつことで、納品までの時間を短くしていますが、これは在庫が増える原因となります。

4 物流を利益源と考える

メーカービジネスにおける利益と物流費

物流費を低く抑えることは企業の収支にどのような意味をもつでしょうか。メーカーの利益を増加させるアプローチとしては、10章4項で説明したように売上原価（cost）を低減させるほかに、販管費（expense）を減らす方法があります。物流費はこれら両方に関わる性質を有し、その低減は直接的に企業の利益増大に寄与します。

売上高に占める物流費の比率を5％とすると、売上高100億円のメーカーであれば物流費は5億円と概算されます。この物流費を10％削減した場合、金額は5000万円です。このメーカーの営業利益率が5％だったとすると、10億円（5000万円÷5％＝10億円）の売上高を上げた場合と同じ営業利益を稼ぎ出したことになります。つまり、この物流費の削減は売上高を10億円上げたのと同等の価値があることになります（図15－4）。

物流費を把握し、改善する方法

物流費を正確に把握するために、物

図15-4｜物流費削減のインパクトは大きい

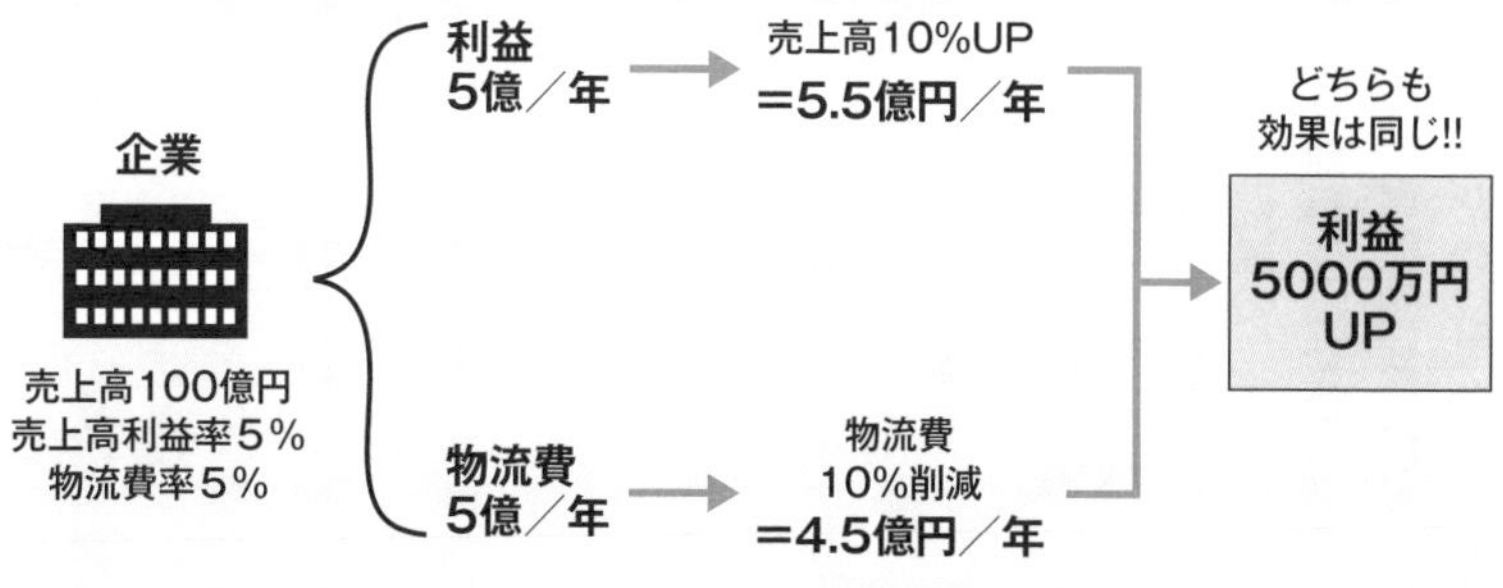

図15-5｜物流費の詳細項目例

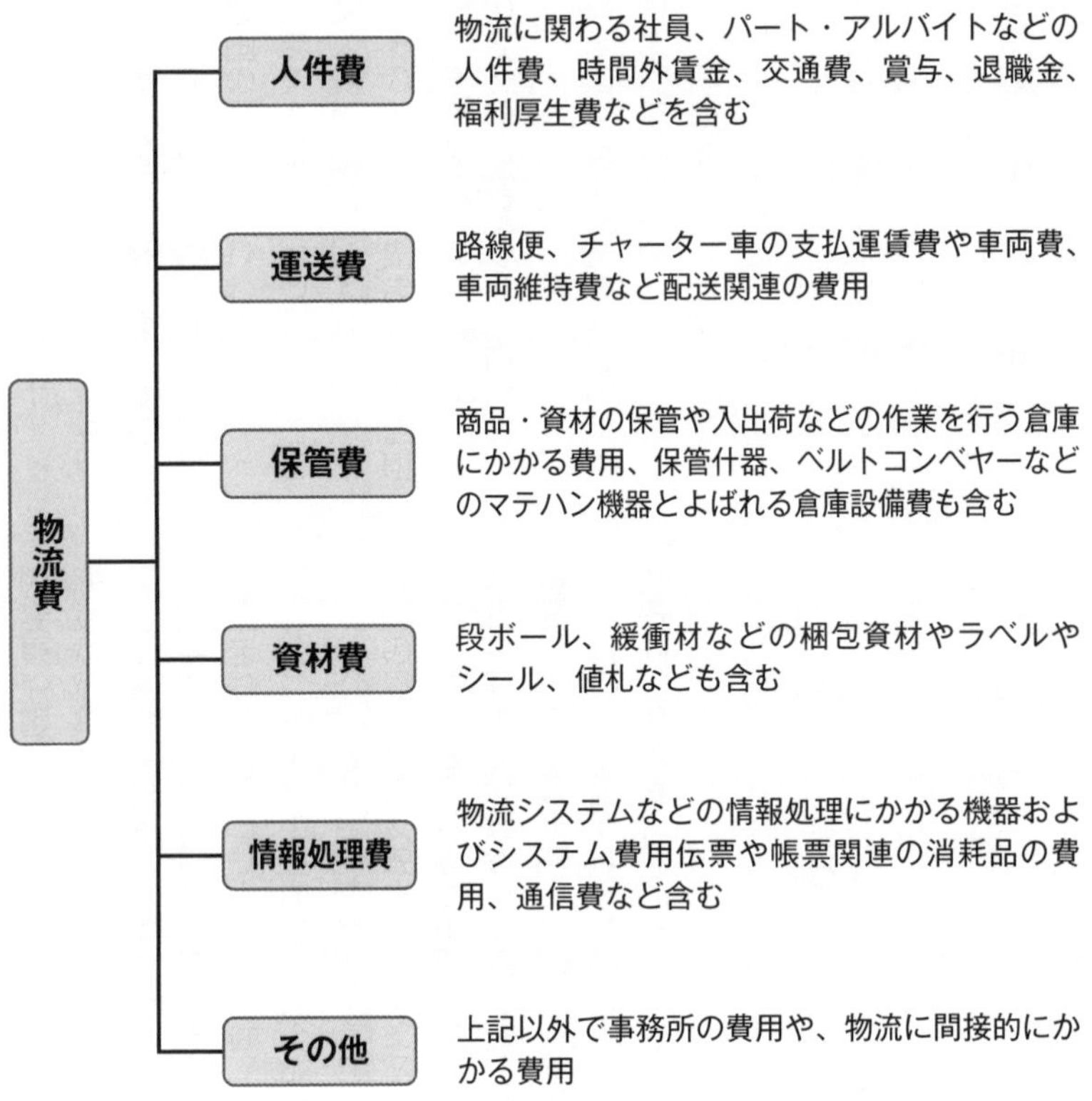

物流費
人件費
物流に関わる社員、パート・アルバイトなどの人件費、時間外賃金、交通費、賞与、退職金、福利厚生費などを含む
運送費
路線便、チャーター車の支払運賃費や車両費、車両維持費など配送関連の費用
保管費
商品・資材の保管や入出荷などの作業を行う倉庫にかかる費用、保管什器、ベルトコンベヤーなどのマテハン機器とよばれる倉庫設備費も含む
資材費
段ボール、緩衝材などの梱包資材やラベルやシール、値札なども含む
情報処理費
物流システムなどの情報処理にかかる機器およびシステム費用伝票や帳票関連の消耗品の費用、通信費など含む
その他
上記以外で事務所の費用や、物流に間接的にかかる費用

流拠点ごとに、人件費、運送費、保管・流通加工費、資材費、設備費、情報システム費、事務所費などを項目別に集計することが有効です（図15－5）。これを**物流会計**とよびます。各項目の物流費に占める割合や変動などから問題点を把握し、改善を目指します。ただ、これだけでは単なる経費削減にしかなりません。

物流部門の活動がメーカービジネスにおいて収益性に寄与する観点からは、**ABC**（Activity Based Costing）とよばれる、工程ごとに作業生産性を評価する手法が有効です（16章5項を参照）。例えば、人件費としてまとめて捉えるのではなく、一人が行っている作業の内容や秒単位における生産性で細かく評価します。それには、ストップウオッチで現場の作業時間を計測するといった地道な活動が必須です。ABCはかなり専門的な分析手法のため、実践で使うためには参考文献[92]などでより具体的に調べてみましょう。

16章

メーカービジネスにおける物流問題

1 物流環境の変化

物流インフラの危機

日本の人口は2008年1億2808万人をピークに減少しており、2060年頃には1億人を切ると予測されています。[93] 年代別に見ると65歳以上の高齢者の割合が、2040年には35%に迫る超高齢化社会です。その一方で単身世帯が増え、総世帯数は増加傾向にあります。

　こうした社会構造の変化や消費者マインドの変化を受け、インターネット通販の小口配送が増えています。これらが要因となって、物流インフラを維持することが難しくなってきています。なかでも他業種と比較して賃金水準が低く、拘束時間も長いトラックドライバー不足の問題は深刻です。

　ものが運べなくなるという事態は、メーカーにとっては致命的です。ユーザーの嗜好も物流を圧迫しています。このことは商品そのものだけでなく、その入手経路にも及んでいるのです。いわゆるオムニチャネル（17章）とよばれる流通形態はその好例といえるでしょう。

　しかし、このような変化の背後では情報処理技術の進化が促進されています。翻って物流も、メーカービジネス全体に共有される情報を前提とした役割を担うことになります。つまり、物流のDXがメーカービジネスのDXに牽連して促進されるのです（18章）。このことは、人手不足という課題にも一定の効果が期待されます。

日本の物流構造の課題

物流インフラの維持を考える際に留意すべき点として、生産性も重要です。ここでは米国との比較で説明します（図16－1）。

　まずは物流構造です。[94] 日本の物流においては、卸売業が中心的な役割を果たしています。例えば日用品の場合、メーカーの工場から物流センターを経由して、卸売業の物流センターで仕分けされ、小売店へ納品されます。卸売業の倉庫では、ケース単位で扱うものから、商品を1点ごとに仕分けしたピ

図16-1｜日米の物流慣習比較

	日本	米国
契約形態	メーカー⇔卸売業者⇔小売店	メーカー⇔小売店
納品形態	卸売業者の倉庫でケースからピースへ	ケースで一括
物流費の負担	メーカー	小売業

図16-2｜物流の生産性と各種物流条件の関係

作業工程		低い ← 作業生産性 → 高い			
納品	納期	時間帯指定	当日中	翌日	翌日以降
	発注日	毎日	週単位	月単位	
ピッキング		バラ	ロット	ケース	パレット
配送	形態	宅配便	路線便		
	届け先	消費者直送	店舗納品	センター納品	
	荷姿	バラ	ロット	ケース	パレット

日本の場合　納期が当日配送、単位もバラ（小口）、多頻度納品など
小売流通業からの要望が多く、結果生産性やコスト高になる

ース単位のものまで扱っています（図16－2）。

一方、例えば米国ではメーカーが小売業と直接取引をしており、小売業の物流センターにパレットに載せたケースで一括大量納品を行います。細かな作業が不要な分、それにかかる人や時間が少なくて済みます。

また、物流費用に対する考え方も生産性へ影響しています。日本では物流費はメーカーの負担となることが一般的です。そのため小売店は、小口や短納期納品などの高い物流サービスを求め、物流費も高くなります。

米国では小売業がみずから流通機能をもち、物流費を負担します。そのため物流費を自発的に抑えようと、効率的な配送が実現しやすいのです。

生産性を高めるほど、物流インフラの維持もしやすくなりますが、こうした日本の物流構造や企業間の契約形態（物流費の負担者）を踏まえる必要があります。

2 ラストワンマイルの問題

ラストワンマイルにおける宅配クライシス

「もの」が運べない状況に拍車をかけているのが、個人宅に届ける消費者物流の問題です。このメーカーの販売活動の最終工程ともいえる物流を**ラストワンマイル**といいます。インターネット通販に取り組むメーカーが増え、ラストワンマイルの問題は非常に重要になっています（図16－3）。

その一つの大きな問題は**宅配クライシス**です。このよび方は、ドライバー不足によって商品を届けられなくなる危険性を警告しています。原因は労働人口の減少に加え、インターネット通販の拡大による小口配送の急増です（図16－4）。大手配送会社のヤマト運輸や佐川急便、日本郵便ですら、配送キャパシティが不足してきています。

ここにはさらに再配達の問題があります。日中は商品を受け取れない単身世帯が増加したことで、1件の注文を届けるために何度も訪問する事態が発生しています。

また、インターネット通販会社は顧客の利便性を上げる当日配送のサービスを重視しています。当日配送は、事前に配送計画が立てられないため、急な対応でドライバーの負担は増えます。これらがドライバー不足の問題を深刻化させているのです。

トラックドライバーの待遇改善が必要

トラックドライバーの負担が増える一方で、その待遇はなかなか改善されていません。2020年の国土交通省の調べでは、宅配便の個数は43億2349万個となり5年連続で過去最高を更新しました。そんな中、宅配便のシェア1位のヤマト運輸ですら、配送運賃を27年間値上げしていませんでした。この理由は、1990年に「**物流二法**」とよばれる法律が施行され、トラック輸送業界は規制緩和による新規参入が増加し、価格競争が激化したためです。

しかしついに2017年、インターネット通販の最大手のアマゾンに対して、ヤマト運輸が宅配便の取扱件数の制限と値上げを交渉しました。取り扱

図16-3｜ラストワンマイル問題の要因

社会構造

・高齢化社会
・労働人口減少
・単身世帯増加

技術進化

・インターネット売上拡大
・小口配送の増加
・当日配送やコンビニ受け取りなどサービスの多様化

消費者心理

・EC購買への慣れ
・ドライバー業務不人気
・商品が短期間で届くことへの慣れ

図16-4｜宅配便数の取扱個数と輸送会社のシェア

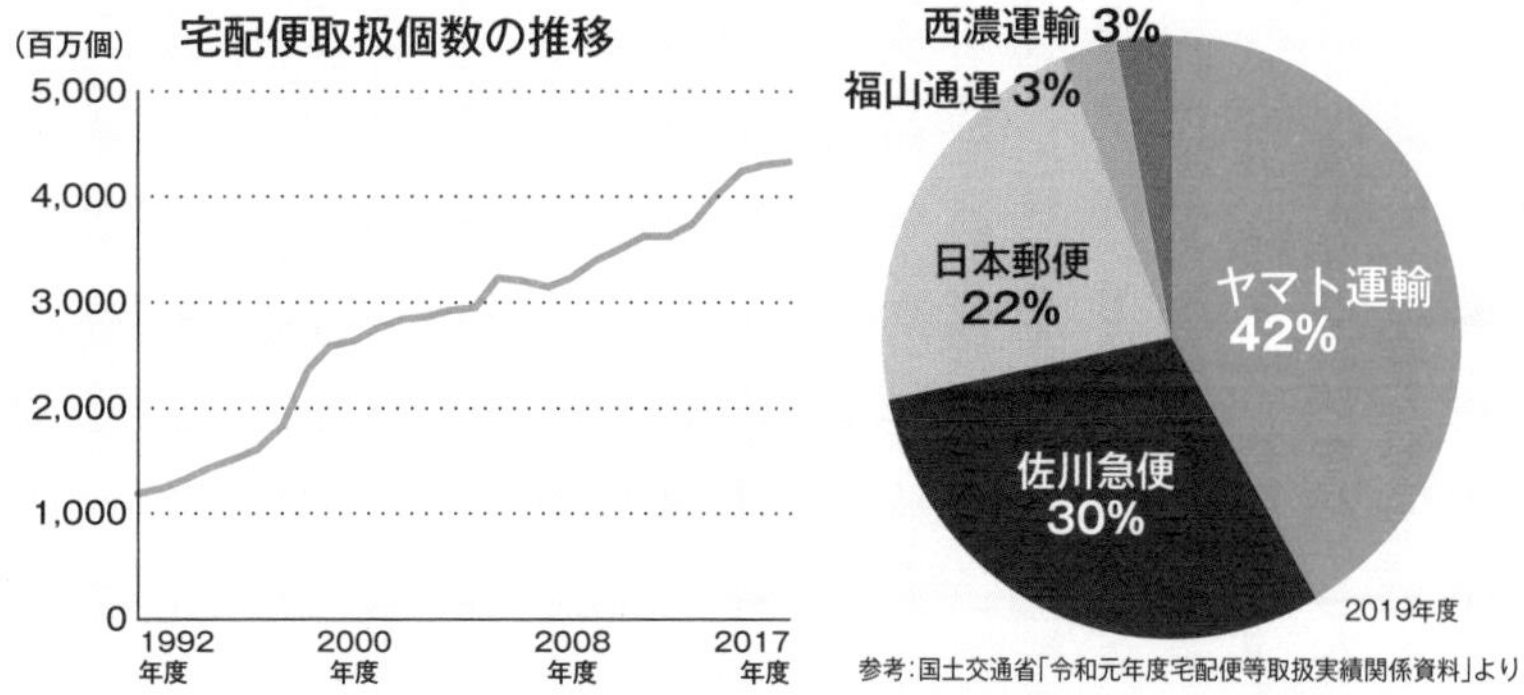

参考：国土交通省「令和元年度宅配便等取扱実績関係資料」より

う荷物数が増えても、再配達や当日配送などの負担増加によって、収益が悪化する構造になっていたからです。これをきっかけに配送会社の運賃の値上げが一斉に始まりました。

ところがこれに対抗するように、アマゾンや楽天、ヨドバシカメラなどは自社で顧客に届ける配送を開始しました。自社で配送機能をもつことで、配送会社の値上げによるコスト増の影響を抑えようと考えたのです。

この結果、配送会社の収益は劇的には改善せず、トラックドライバーの賃金収入は全産業平均よりも2割低く、労働時間は2割多いという状況が続いています。メーカーのビジネスに関わる実務家も、こうしたラストワンマイルの問題と、その原因となっているトラックドライバーの待遇は知っておくべきでしょう。ドライバーの賃上げや労働環境の改善は、物流インフラの維持のためにも必要不可欠です。

3 メーカーが物流を把握する三つのレベル

物流の戦略・計画・実行

物流インフラを維持するために、メーカーとしてすべきことには何があるでしょうか。一つの考え方として、管理レベル別に整理してみましょう。管理のレベルとは、戦略・計画・実行といった、業務を担当する人々に求められる視座の高さと視野の広さによる分類です（図16－5）。

一つめは商品の入出荷や在庫保管を行う物流現場を管理する「**実行レベル**」です。管理範囲は比較的狭く、倉庫内の業務や輸配送に関する業務です。ここでは日々の業務を計画通りに実行することが重要になります。納品期日までに業務を遂行するため、各作業工程の生産性の把握から適正人員の配置、現場での改善活動を継続的に行います。

メーカーとして、ここまで細かな物流業務に直接関わることはあまりないかもしれません。ただし、協力企業に丸投げするのではなく、KPIを決めて実態を把握しなければなりません。トラブルが発生した際、その根本的な原因を自分たちで考えることができなくなってしまうからです。

二つめは、物流部長やセンター長などが管理する「**計画レベル**」での視点です。物量予測や人員計画などの管理、各工程の優先順位決め、関係部門との調整など、物流における司令塔的な業務です。物量予測には、メーカーからの需要予測の提供が有効ですし、それを踏まえて人員計画や配車計画が組まれます。ここでの情報連携に問題がないかの確認は重要です。

最後は事業戦略も考慮して物流を考える「**戦略レベル**」です。事業戦略の実行を念頭に、物流がどうあるべきかを議論し、メーカービジネスのインフラともいえるサプライチェーン全体を考えることが重要になります。これはメーカー単体で考えるのではなく、協働する物流企業とともに練っていく必要があるでしょう。

ボトムアップとトップダウン双方向からの物流改善

メーカーはまず、どのレベルに問題

図16-5｜物流の戦略・計画・実行

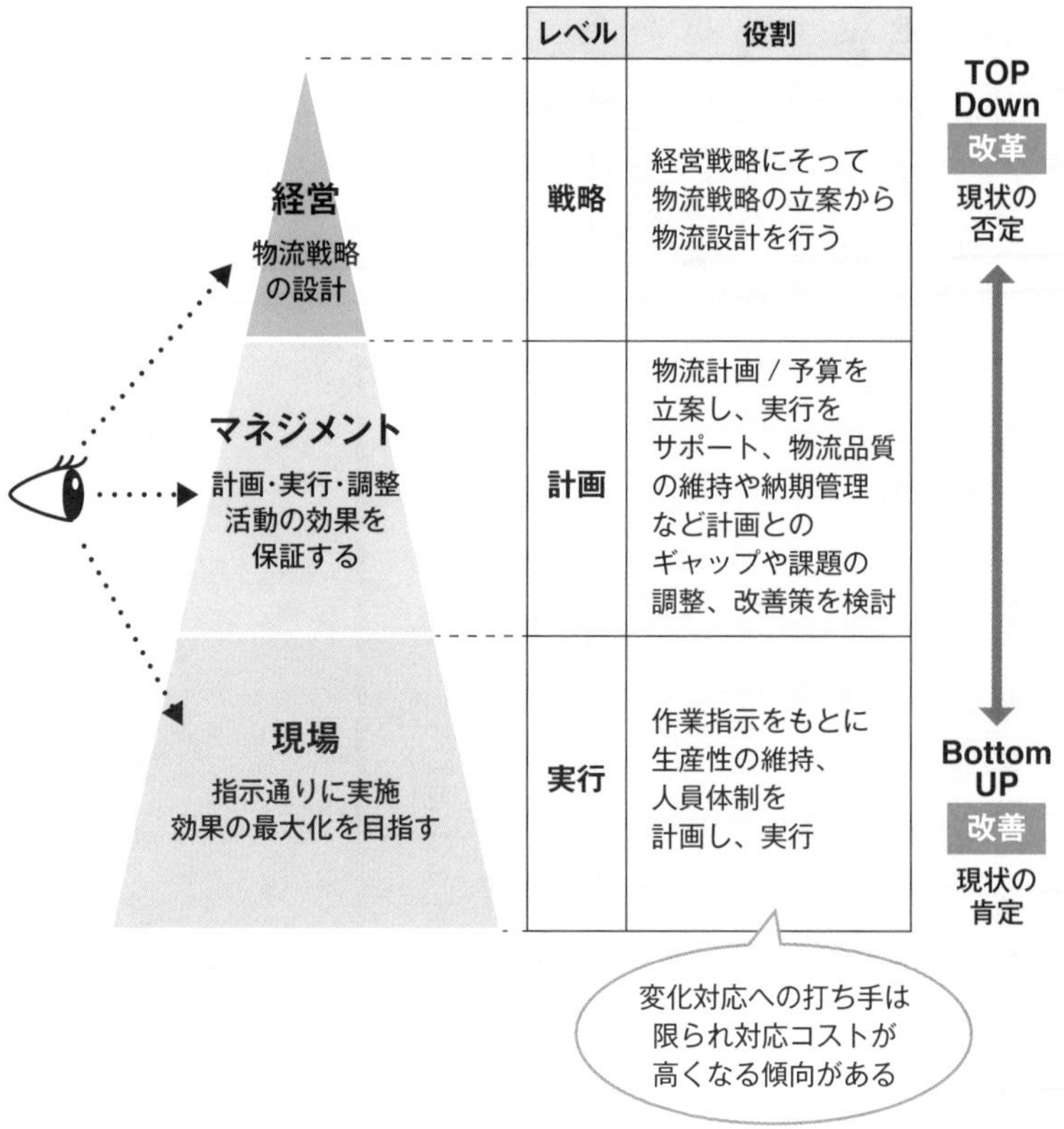

レベル
役割
TOP Down
改革
現状の否定
経営
物流戦略の設計
戦略
経営戦略にそって物流戦略の立案から物流設計を行う
マネジメント
計画・実行・調整活動の効果を保証する
計画
物流計画/予算を立案し、実行をサポート、物流品質の維持や納期管理など計画とのギャップや課題の調整、改善策を検討
現場
指示通りに実施効果の最大化を目指す
実行
作業指示をもとに生産性の維持、人員体制を計画し、実行
Bottom UP
改善
現状の肯定
変化対応への打ち手は限られ対応コストが高くなる傾向がある

があるかを把握する必要があります。

物流インフラの危機という大きな問題に対しては、実行レベルや計画レベルの改善だけでは解決できない可能性が高いといえます。もちろん、現状業務を肯定し、現場からボトムアップで「改善」することも重要です。物流活動におけるムリ・ムダ・ムラをなくしていくことで、生産性を高めることができるはずですし、物流品質を向上させることで、メーカーの競争力を高めることもできます。

一方で、現状の業務を見直す「改革」も必要で、これはトップダウンの戦略レベルで行う必要があります。ラストワンマイルの問題におけるトラックドライバーの待遇改善などは、サプライチェーン全体の中で検討しなければ解決は難しいでしょう。メーカー内でもSCMやロジスティクス部門だけでなく、営業部門やカスタマーサービス部門も一緒に検討すべきテーマであり役員レベルの関与が必要になるでしょう。

4 物流の評価指標

正しく届け、費用を抑える

具体的に物流の状態を把握し、検討するための指標を説明します。物流品質の指標には、**誤出荷率**（誤出荷発生件数÷出荷指示件数）、**汚破損率**（汚破損発生件数÷出荷指示件数）、**クレーム発生率**（クレーム発生件数÷出荷指示件数）などがあります。間違いなく、壊さず汚さずに商品を届けられたかを測るものです。それら商品自体に関するものだけでなく、トラックドライバーの配達時の対応も含めて、物流品質として管理されます（図16－6）。

商品を正しく届けるという意味では、納期も重要です。この指標には、**納期遵守率**（納期内納品件数÷受注件数）があります。消費者向け配達では、より早く届けることが競争力になりますが、納期を守るのは大変になります。ここで競争しようとすると、コストは上がる傾向があり、品質も一部は犠牲にしなければならないかもしれません。

物流の費用に関する指標には、**売上高物流費比率**があります。例えばアパレルと食品では、温度管理が異なるため、費用が大きく異なります。一方で、1000円の商品でも10万円のブランド品でも、工程が同じならかかる費用は同じです。そのため単価の安い商品は、より慎重に物流費用を考える必要があります。商品は売れていても、配送費が高騰して収益化できずに事業を休止した事例もあるくらいです。

これら物流品質、納期、コストはトレードオフの関係にあります。そのためメーカーや小売業はこのバランスを注視しつつ、どこで競争優位を獲得するかを考える必要があります。

日用品メーカーの花王は欠品することなく顧客の注文に応えるため、全国約8万店の顧客に、受注から24時間以内に納品できる物流体制を構築しています[95]。このためのコストは高くなりますが、納期で差別化を図り競争優位を獲得しようとしていると考えられます。

積載効率

輸送機能に関する指標を説明します。

図16-6｜配送サービス重視点

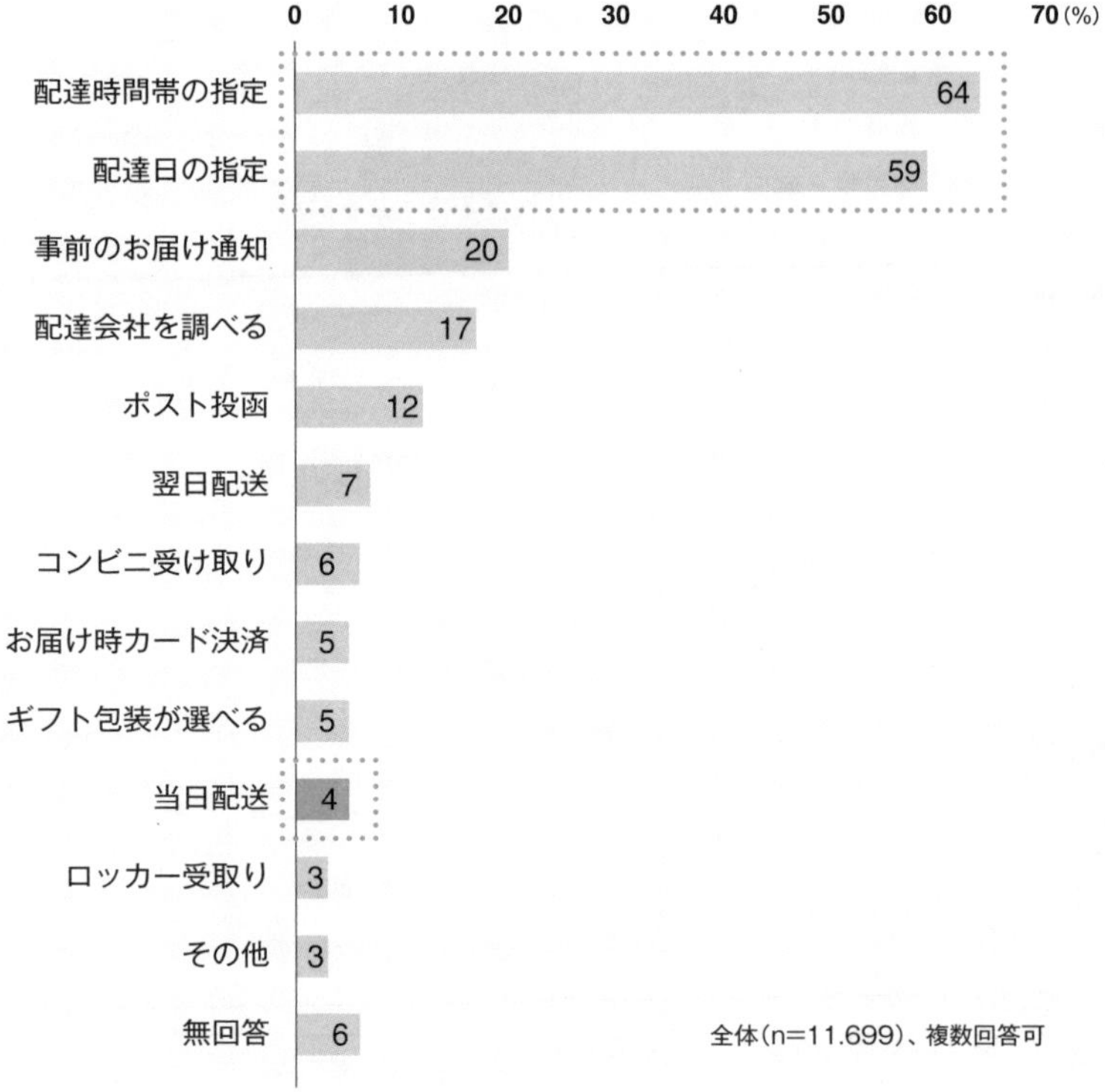

出所：（公社）日本通信販売協会（JADMA）発行情報誌「JADMANEWS(ジャドマニューズ)2017年3-4月号」より
http://blog.fides-cd.co.jp/article/451083893.html

国内の輸送活動の90％以上がトラックです。トラックを有効活用する指標として「**実車率**」「**積載効率**」「**実働率**」があります。

- **実車率**（**実車走行距離÷全走行距離**）：例えば、東京から大阪までの荷物を運び、復路に何も積まずに戻ってきた場合は、実際に荷物を運んだ割合は半分となる。荷物を乗せて運ぶことを「**実車**」といい、この場合は半分なので実車率は50％となる。大阪から東京への復路で他社の荷物を乗せて運ぶことができれば実車率は100％となる。
- **積載効率**（**輸送トン数÷最大積載可能トン数**）：トラックの荷台にどれくらいの荷物を積んで運んでいるかを表す指標。2トントラックに1・2トンの荷物を運んでいた場合の積載効率は60％になる。当然、トラックの荷台をいっぱいにして運んだほうが効率的だが、取引先の希望時間

図16-7 | **物流指標とコスト**

物流指標

項目	定義
総売上	事業売上
対売上物流費比率	物流費÷総売上
売上粗利	事業粗利
対売上粗利物流費比率	物流費÷売上粗利
物流費	総物流費
	物流にかかる総人件費
	物流にかかる総配送費
平均在庫数・金額	（期首在庫＋期末在庫）÷2
在庫回転率	売上原価÷平均在庫金額
出荷数（点・件・率）	出荷数（点数・件数）
	配送費合計÷出荷数
	人件費合計÷出荷数
	物流費合計÷出荷数
入荷数	入荷数（点数・件数）
返品/移動数	返品／移動数（点数・件数）

物流費　詳細

人件費	マネージャー・社員・パート・派遣など雇用にかかる費用 ※賞与、交通費、残業代、法定福利費含む
運送費	支払い運賃（チャーター便、路線便、宅配便など） 自家車両費（オイル、タイヤ、修理費など車両維持費、燃料、高速代など運行費、減価償却、リース代など）
保管・加工費	自家倉庫費（建屋）、支払い家賃や外部倉庫保管料、外部委託作業費、什器、マテハンなどの物流設備費 ※減価償却費、保守費、保険料含む
資材費	梱包資材／消耗品費（パレット、緩衝材、段ボール、梱包テープ、梱包機など）
情報処理費	情報機器費（PC、サーバー、プリンター、周辺機器） 印刷用紙、インク、システム関連消耗品にかかる費用 通信費（電話、FAX、情報システム回線使用料） ※減価償却費、保守費、レンタル費含む
その他管理費	水道光熱費、修繕維持費、その他経費

に間に合わせたり、急な納品に対応したりすると、トラックの荷台がいっぱいになるのを待てない。

● **実働率（トラックの走行時間÷1日当たりのトラックの総稼働時間）**‥は所持しているトラックの稼働率です。取引先へ商品を届ける際、倉庫での荷下ろしに時間がかかり、倉庫の手前で順番待ちの渋滞が発生することがある。この待機時間が、トラックの有効活用の点で問題になっている。実働率はトラックの稼働時間分析に使われる。

これらの指標に基づく業務改善は、トラック輸送業者の自助努力で行われてきました。しかし、メーカーが主導して物流を設計することで、大幅に改善されるといわれています。宅配クライシスなど、トラックドライバーの不足が深刻な問題となっている一方、現在の積載効率は50%以下です。

この一つの解決方法として、**共同配**

図16-8｜物流の業務フロー図

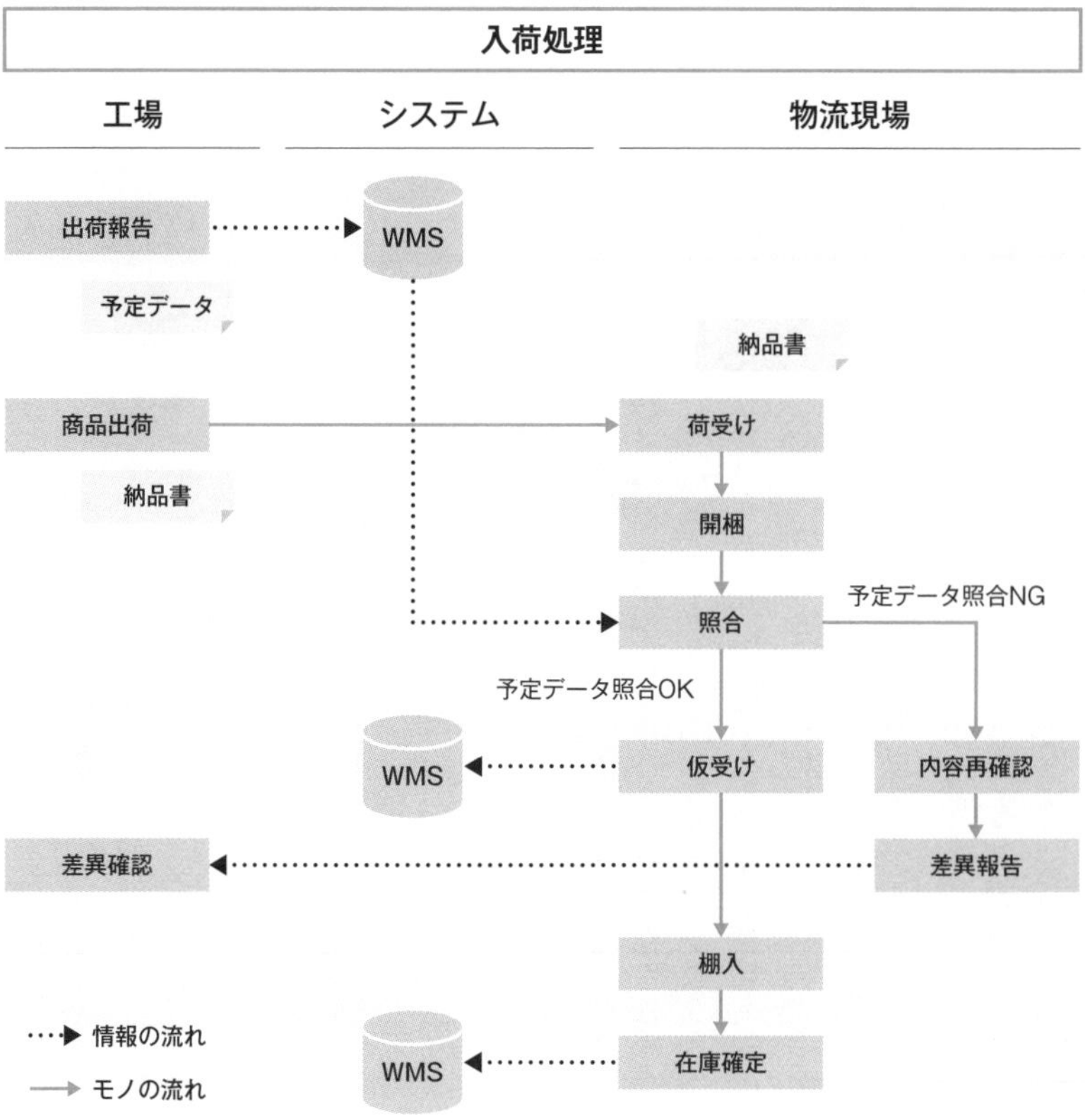

送が始められています。これを加速するには**ＩＣＴ**（Information and Communication Technology）や**ＩｏＴ**（Internet of Things）などのテクノロジーが有効です。なぜなら、商品の位置や目的地をリアルタイムで把握でき、行き先の同じ商品を一緒に運ぶことで積載効率が改善できるからです。そのためには、メーカーと配送会社が共同で進める必要があります。これは排出ガスの減少による地球環境の保全にもつながります。

こうした指標の管理のほかに、物流業務の流れを図式化して問題点を発見する**業務フロー図**が有効です。これは業務全体を直感的に理解するのに役立ちます。図16－8は、工場、システム、物流現場を情報とモノがどう行き来するかを示しています。

指標による数値管理と業務フロー図を併用することで、物流現場全体が見えるようになります。

5 物流会計

物流ABC

物流費は財務諸表上のさまざまな項目に含まれることから、**物流会計**で管理されます。物流費には、物流に関わる人件費、運送費、保管費、資材費、情報処理費などが含まれます（15章4項や図16-7参照）。

物流における作業ごとに管理する手法が**物流ABC**（Activity Based Costing：**活動基準原価計算**）です。12章2項で紹介した、商品ランク別のABC分析とは異なります。

次ページの図16-9を見てみましょう。この図では、作業①（入荷）の荷受作業は、時給1200円のスタッフが1時間当たり200ケースを処理した場合、1ケース処理にかかる費用は1200円÷200ケース＝6・0円。仮に1日に300ケースを荷受けした場合の物流費は1800円となります。このように、単位当たりの活動にかかる費用（アクティビティ単価）を試算することができます。

さらに各活動には必要とするスペースや機械設備などあり、これらも費用として計算します。活動にかかった面積（坪数）と、面積当たりの費用、その活動にかかった時間などから、日単位のスペース費用として計算します。物流施設内でかかった人件費、スペース費、機械設備費や資材費などを活動別にわけて集計し、1日当たり、商品1点当たりの物流費**（アクティビティ単価）**を捉える方法が**物流ABC**です。

それまで人件費、スペース費などの大きなくくりで捉えていた物流費を、荷受けやピッキングなどの活動単位で捉えなおすことで、物流費が増える要因を洗い出しやすくなります。施設ごとの実績を比較して各活動におけるムダを見つけたり、改善した場合の金額的な効果を試算したりできます。

これにより、取引先別の収益性を分析することもできます。例えば、緊急出荷や多頻度の小口発送が多い取引先は、倉庫の作業効率が悪くなり、物流費も高くなります。この結果、出庫量の割には儲かっていない取引先だった、というのはよくある話です。

図16-9｜物流ABCの考え方

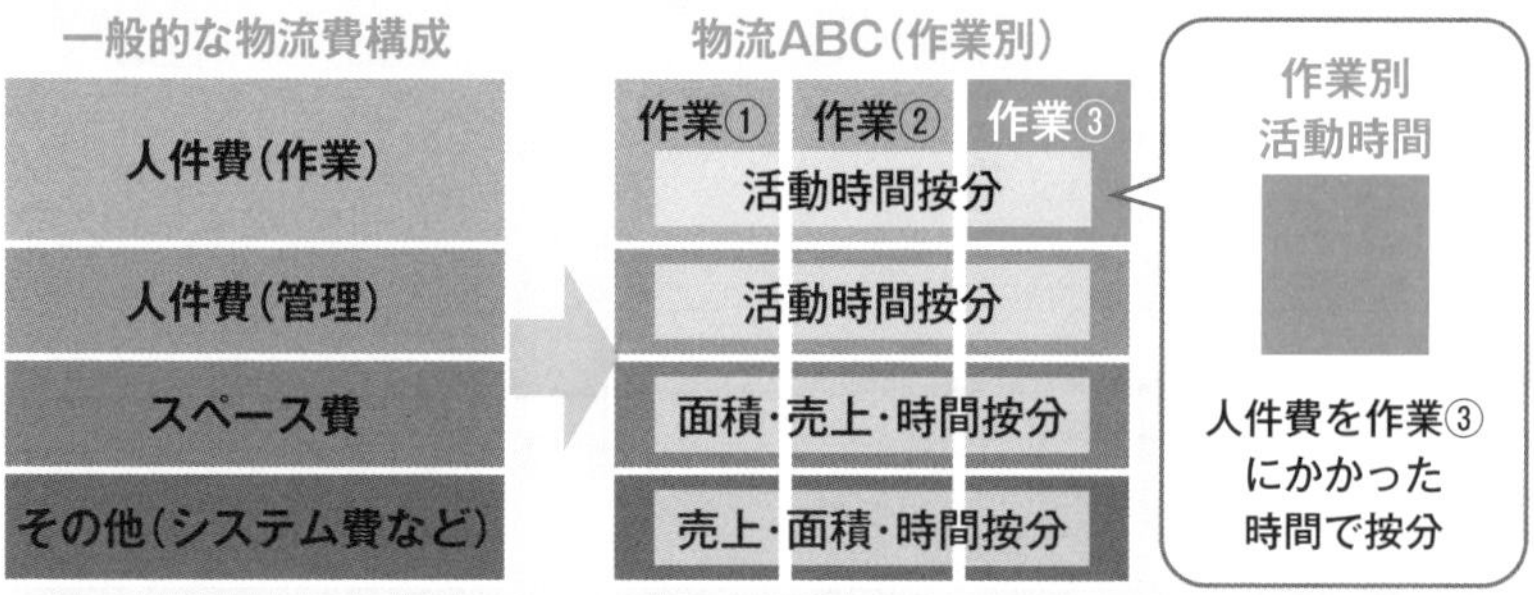

人件費(作業)						
アクティビティ		時間当たりの処理数	時間単価	単位当たり物流費	1日当たりの処理数	1日当たりの作業費 計
作業①(入荷)	荷受	200ケース/時	1,200円	6.0円	300ケース	1,800円
	棚入れ	150点/時	1,000円	6.7円	20,000点	134,000円
作業②(出荷)	ピッキング	80点/時	1,000円	12.5円	10,000点	125,000円
	梱包	100点/時	1,000円	10.0円	8,000点	80,000円
作業③(加工)	検品	80点/時	1,500円	18.8円	10,000点	188,000円

人件費(管理)							
	対象者数	月次単価	作業別按分		作業別物流費	稼働日/月	1日当たりの管理費 計
管理者	○○人	○○○円	作業①	○○%	○○○円/月	○○日	○○○円
			作業②	○○%	○○○円/月	○○日	○○○円
			作業③	○○%	○○○円/月	○○日	○○○円

スペース費(倉庫)					
	スペース面積	スペース単価	単位当たり物流費	稼働日/月	1日当たりのスペース費 計
作業スペース	○○坪	○○○円/坪	○○○円/月	○○日	○○○円
保管スペース	○○坪	○○○円/坪	○○○円/月	○○日	○○○円

システム費(物流)					
	システム費用	対象期間	単位当たり物流費	稼働日/月	1日当たりの物流システム費 計
システム	○○○千円	○○カ月	○○○円/月	○○日	○○○円

TOTAL		
	月間物流費	○○○円/月
	1日当たり物流費	○○円/日
	1点当たり物流費	○/点

17章

消費者が変わり、物流も変わる

1 流通革新

流通の構造改革

メーカーでも、これまでの卸売業者を通した小売業への販売だけでなく、ECを通じて消費者と直接コミュニケーションをすることで、消費者の要望をスピーディにものづくりに生かそうとする動きが始まっています。

物流の進化も、消費者に近いところから始まっています。店舗だけでなく、インターネット通販など、複数の販売チャネルをまたぐ**オムニチャネル**という概念は、流通における構造改革といえます。小樽商科大学の近藤公彦教授によるとオムニチャネルの一般的な定義は、「すべてのチャネルを統合し、消費者にシームレスな買い物経験を提供する顧客戦略」となっています。[96]

言い換えると、顧客の購買行動においてオンラインとオフラインの区別をなくすことです。

例えば実店舗において商品を認知し、インターネットで情報収集を行い、口コミサイトや比較サイトを参照にしながら比較・検討し、特定のECサイトや実店舗において購入するといった行動です。購入後はメーカーや店舗からのサポートを受けます。この一連のプロセスで販売チャネルの境目をなくすことができれば、顧客にとっては大変便利でしょう。

オムニチャネルは特に小売業のビジネスのあり方を大きく変容させることになりますが、サプライチェーン全体を視野に捉えた場合、これに商品を供給するメーカーのビジネスも影響を受けることは必至といえます。つまり商品供給に関わる企業はオムニチャネルへの対応を求められるようになるでしょう。

オムニチャネルの始まり

オムニチャネルは、2011年に米国の百貨店メイシーズが行った取り組みです。店舗で商品を見てネットで購入するという**ショールーミング**への対策です。[97]ショールーミングで買い物されると、小売店の売り上げにはなりません。そこでメイシーズが実店舗の在

図17-1 | 各チャネル概念図

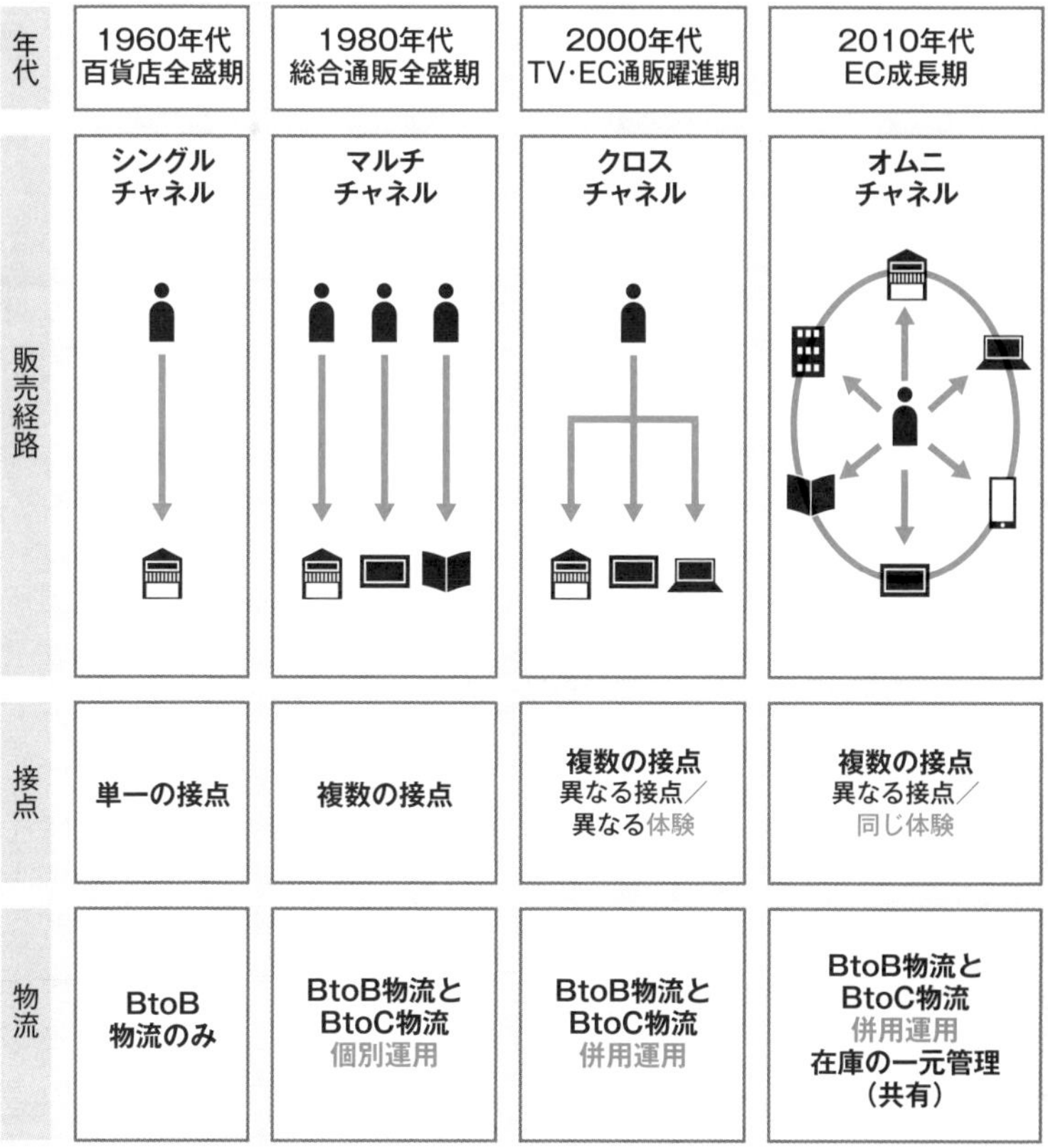

年代	1960年代 百貨店全盛期	1980年代 総合通販全盛期	2000年代 TV·EC通販躍進期	2010年代 EC成長期
	シングルチャネル	マルチチャネル	クロスチャネル	オムニチャネル
販売経路				
接点	単一の接点	複数の接点	複数の接点 異なる接点／ 異なる体験	複数の接点 異なる接点／ 同じ体験
物流	BtoB 物流のみ	BtoB物流と BtoC物流 個別運用	BtoB物流と BtoC物流 併用運用	BtoB物流と BtoC物流 併用運用 在庫の一元管理 （共有）

庫や顧客情報を企業全体で統合して管理し、消費者が店舗で選んだ商品を倉庫から自宅へ直送するサービスを開始しました。この新しい購買体験は、日本でも2013年頃にメディアで取り上げられました。

　図17-1のとおり、店舗だけでしか購入できない**シングルチャネル**から、雑誌やカタログなどの通販での購入の選択肢を加えた**マルチチャネル**、それらの複数の販売チャネルでの顧客データを統一した**クロスチャネル**、さらにその購買体験を進化させて、デジタル化によるリアルとバーチャルを融合して店舗でもインターネットからでもシームレスに商品を購入することができるオムニチャネルを多くの小売企業が目指すようになりました。

　その流れは加速し、2016年に中国のアリババは、ネット販売とリアル店舗の融合を**ニューリテール**とよび、純粋なネット通販の時代が終焉すると述べています。[98] アリババのいうニューリテールとは、消費者がネット上とリアルの店舗の区別を意識することなく、欲しいものが、欲しいタイミングで、欲しい場所で入手できるという購買のしくみで、まさにオムニチャネルを示しています。

さらに、2020年のコロナウイルス感染症の拡大をきっかけに、さまざまな業界でインターネットを活用した購買行動が加速しました。商流が大きく変わるということは、それを支える物流においても変革が求められるのです。

ネット通販で直接顧客に販売する**D to C**（Direct to Consumer）ビジネスの海外事例としては、米国のコスメGlossierやスニーカーAllbirdsなどが知られていて、日本でも男性化粧品バルクオムや、高級シャンプーボタニストなどはD to Cブランドとして注目されています。

こういった新しいブランドだけでなく、これまでリアル店舗での販売をメインにしてきたメーカーや小売業のビジネスにおいてもD to Cのビジネスが注目されているといえるでしょう。

もっとも、D to Cのビジネスは、リアル店舗での販売を前提とした従来のビジネスの売り上げを奪う（いわゆる**カニバリゼーション**）可能性が高く、簡単ではない経営上の判断が求められる側面もあります。特に新しいブランドほどは大胆に進められないといった難しさがあります。

技術の進歩を起点とした消費者の購買心理や行動の変化に対してメーカービジネスの要素としての物流にどのような影響があると考えられているのでしょうか。国内外の企業の事例を紹介しつつ、ビジネスの最前線で起こっていることをご紹介します。[99]

2 進化する情報管理

情報の一元管理で実現するオムニチャネル

ネット通販の台頭やオムニチャネル対応などの小売業におけるビジネス変化は、物流にも大きな影響を与えます。オムニチャネルを実現するためには、顧客情報の統合とあわせて、在庫情報の一元化が求められます。一人の消費者が、リアル店舗やネットで購入した履歴を一つにまとめて管理することを**顧客情報の統合**とよびます。店舗で購入した時のポイントがネット通販でも利用できるのは、顧客情報の統合のおかげです（図17－2）。

ただしこれには、消費者を統一のIDで管理することが必要になり、リアル店舗でのログインなどのID提示やウェブサイト上での手間が増えます。メーカーにおいては、情報のセキュリティを確保しなければなりません。

在庫情報の一元化とは、リアル店舗の在庫とネット通販の在庫に関する情報をまとめて管理し、在庫の所在を明確にすることです。店舗で欲しい商品の色やサイズがなくても、別の店舗や倉庫に在庫があれば、それを自宅などへ直送してもらえるのがオムニチャネルの大きなメリットです。

ここで難しいのが、リアル店舗で売れた数もネット通販で売れた数も、できるだけリアルタイムで把握し、常に在庫情報を更新することです。例えば1日に1回、夜間でしか情報が更新されないとすると、昨夜時点の在庫情報で今日の注文に対応することになります。ある消費者が購入しようとした商品が、ほかの店舗やネット通販ですでに売れてしまっている可能性が出てきてしまうのです。

これまでは店舗に届けることが物流の役割でしたが、倉庫在庫や店舗在庫などを一元化し、消費者に届けるまでを担う必要が出てきました。

在庫情報管理の高度化

このように、在庫の情報管理はかなり難しいのですが、技術の進歩によって、これを解決できる可能性が高まっています。その一つが、**RFID**（Ra-

図17-2｜物流管理システムにおける情報の流れ

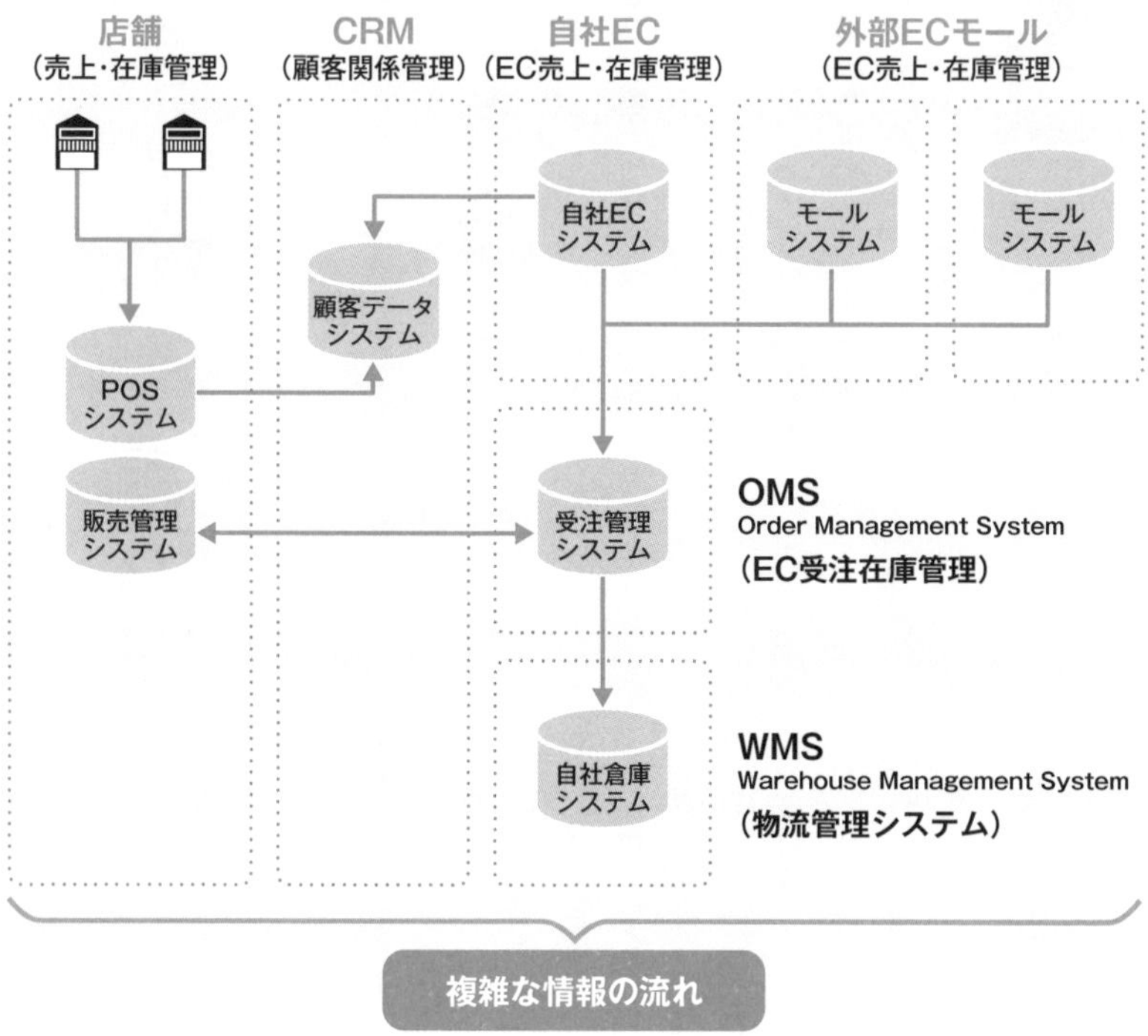

dio Frequency IDentification）とよばれる技術です。これは専用タグのメモリに記録されたデータを対応のスキャナを用いて読み書きするシステムです。身近な例がJRのスイカ（Suica）などの交通系ICカードです。改札機がスキャナの役割を果たし、スマートフォンやカードによる無線通信だけでデータの読み書きができます。

これが商品を識別するために、バーコードと同じような使われ方をします。ユニクロの店舗では、無人レジにRFIDの技術が使われています。商品についているタグのバーコードをレジでスキャンしなくても会計処理が可能になりました。すべての商品にRFIDタグがついて電波を発信しているため、店舗内にあるすべての商品在庫を読み取ることが可能になりました。

これまで店舗での棚卸しには、商品を1点ごとに読み取る必要があり、店舗スタッフが数時間かけて行っていましたが、今はスキャナをかざすだけで簡単に読み込めるため、大幅に時間短縮されました。

コンビニエンスストア業界では、RFIDの対抗馬として、アマゾンゴーでも採用されている画像認識の技術が出てきました。画像認識の技術は、商品の識別をRFIDではなく、画像情報から解析し、識別します。RFIDの場合は商品一つひとつにタグを付ける必要がありますが、画像認識の場合は、画像データさえあれば可能であり、コストの観点から注目されています。

戦略的に物流をサービス化する

リアル店舗とネット通販の在庫連携だけでなく、商品の受け取り方法も多様化が進んでいます。店舗や自宅のほか、自宅近くのコンビニエンスストアや、最寄り駅の宅配ロッカーなどでも受け取れるようになっていることはご存じでしょう。

例えばヤマト運輸は、Click & Collectサービスという、ネット通販で購入した商品を、購入者の希望の店舗で受け取ることができるしくみを作りました。あらかじめ指定しておくと、通勤帰りにスーパーやクリーニング店で商品を受け取ることができます。

機能での差別化が難しい商品や、複数の店舗で販売されている商品の場合、消費者は配送サービスの違いで購入先を変えることがあります。特に、配送費無料や着日時指定などは、消費者にとって魅力的なサービスでしょう。

月額定額で特典を得られる「アマゾンプライム」は、アマゾンの強みが物流であることを示しています。アマゾン以外で同じ商品が販売されていた場合でも、プライム会員は当日配送や送料無料のサービスによりアマゾンを選ぶことにつながります。当然、こうした戦略的な投資には多くのコストがかかり、ほかの企業がアマゾンのように物流へ投資するのはたやすくありません。物流を他社との差別化や競争力のポイントとするならば、物流サービスのデザインが重要です。

3 ビジネス事例研究①【ZARA】

物流で差別化を図り、競争力としている企業が、国内外問わず、業績を伸ばしています。その一例として、まずグローバルにビジネスを展開しているアパレルメーカーのZARAを取り上げ、その実態を解説します。

倒産危機からのSPAへの転換

アパレル製造小売業（SPA）インディテックスは、主力ブランドのZARAだけでも世界96カ国2000店舗以上を展開しています。業界では世界ナンバーワンの売上規模を誇る、スペインに本社を置く企業です。しかし実は、過去に倒産危機を経験し、そこから考えた生産・物流方式が今のビジネスの土台となっています。

もともと製造卸業として、小売店からの注文を受けて製造し、納品していました。ある時、ドイツの卸先のために製造した商品が突然キャンセルとなり、行き場を失った商品を抱え、資金繰りが厳しくなりました。そこで自社で小売店を設けて直接販売し、この危機をなんとか乗り越えたのです。これを教訓に、取引先に依存しないビジネスとして、みずから作って直接販売するモデルへの転換を決意しました。さらにインディテックスの特徴は、製造におけるスピードに着目したことです。

需要予測をできるだけ遅らせる

アパレル商品は、市場のトレンドがシーズンごとに変わるため、需要予測が難しい商材です。一般的にデザインから製造するまでに6カ月かかり、年4回のシーズンごとに展示会を開催します。展示会では、秋冬の時期に半年先の春夏用の商品を展示します。半年先の商品のサンプルを作成し、アパレルメーカーは季節が真逆である半年前に「何が売れるのか」を予測して、事前に見込み発注することになります。そのため精度は高いとはいえず、予測がずれた場合には、そのシーズンの終わりには大量の残在庫を残すことになります。

インディテックスは、この商品開発から製造までにかかる時間を、なんと

図17-3｜ZARAの競争力を支える戦略の特徴

従来のアパレル		ZARA（インディテックス）
	コンセプト	
商品中心		顧客中心
	製造	
PUSH型　需要を予測して作る		PULL型　需要に合わせて作る
	優先POINT（製造&デリバリー）	
コスト優先		スピード優先
	企画製造⇨デリバリー期間	
6カ月（海外生産・海上輸送）		2〜4週間（自国生産・航空輸送）
	販売方法	
欠品を防ぐ「売り減らし方式」		鮮度優先の「作り足し方式」

2週間にまで短縮しています。そのため、6カ月先を予測するよりも精度は高くなります。需要予測精度の向上というと、予測モデルやそれを担う組織に目が行きがちですが、予測のタイミングを遅らせるようにオペレーションを変えるという発想も参考になります。

コストが高くても航空機で運ぶ

通常、単価が比較的低いアパレル商品は、中国などの海外で製造して日本に輸送する際、コストを抑えるために船を使います。しかしインディテックスの場合は、航空機を使い、さらに週2回も世界中の店舗に運びます。工場があるヨーロッパ内ではトラック輸送ですが、全世界に出庫から72時間以内に届けているのです。これが予測以上に売れた商品の品切れ抑制に貢献し、売上伸長を支えています。

時間にこだわった物流設計は、「消費者が求めるものを、最適なタイミングで、最適な量だけ届ける」トヨタの生産方式であるジャスト・イン・タイムの考え方に基づいたものです。実際にインディテックスの創業者であるアマンシオ・オルテガ氏は、1980年代の後半に、トヨタにいた技術者をジャスト・イン・タイムのコンサルタントとして招聘し、その考え方を学び、現在のZARAモデルの原型を考案したのです（図17-3）。

具体的なオペレーションとしては、製造リードタイムの高速化と、市場動向の商品へのフィードバックにより、過剰在庫を抑制しています。これにより、廃棄やセールでの低価格販売を減らし、利益率を向上させています。つまり、航空輸送によってコストは上がっても、供給リードタイムを短縮することで需要予測精度を高めて過剰在庫を抑制し、値引きを必要最小限にすることで、**プロパー消化率**（値引きをしない定価での販売）を90%近くまで引き上げ、高い利益率を実現しています。

4 ビジネス事例研究②【アマゾンVSウォルマート】

物流で顧客満足度の向上を目指すグローバル小売企業

続いて紹介する事例は、米国における小売業界の頂上決戦です。小売業のトップの座にあるウォルマートと、ECの雄アマゾンの2社は2000年代以降、激しい競争関係にあります。両社の取引先であるメーカーも、売り上げに大きな影響を受けるこの2社の動向に注目しています。両社が激しくぶつかり合う領域の一つが物流です。

消費者への届け方を工夫することで利便性を高め、ウォルマートもアマゾンも競争力を追求しています。新型コロナウイルス感染症拡大前の2019年の両社の売上高は、ウォルマート5240億ドル（2020年1月期）に対し、アマゾン2805億ドル（2019年12月期）です。米国国内に限ると、ウォルマートが3998億ドル（U.S+Sam's Clubセグメント）に対し、アマゾン1708億ドル（北米セグメント）です。両社とも全売上の6割以上を米国で稼いでおり、そこでは物流領域で先進的な競争が始まっています。

ウォルマートは、米国国内に5000を超える実店舗を展開し、積極的なネット通販企業の買収などを通じて、急速にEC分野にビジネスを広げています。他方のアマゾンも、ECのトップ企業でありながら、米国国内を中心に約500店舗を展開する高級食材店のホールフーズ・マーケットを買収したほか、2018年には同社のECのしくみと連動した無人店舗をオープンさせています。これは両社とも単に販売チャネルの拡大を意図しているわけではなく、17章1で説明した店舗とネットを融合したオムニチャネルでの顧客満足度の向上を目指してのことでしょう。

それぞれの物流戦略

ウォルマートは、米国にある店舗網を活かし**BOPIS**（Buy Online Pickup In Store）というサービスを提供しています。これは消費者がネットで注文して、お店に車を停め、車内

図17-4｜アマゾンとウォルマートの戦略の違い

小売業視点 ＼ 顧客視点	製品	サービス
楽しさの拡大	**ブランド価値** 商品の優位性　ブランディング 例：ヴィレッジヴァンガード	**顧客体験** サービスや企業への共感　ファンの育成 例：高島屋、ドン・キホーテ
不満の解消	**低価格** 優れたオペレーション　高効率 例：ウォルマート	**利便性** 包括的な顧客理解　ストレスフリー 例：アマゾン

〈参考〉カーン小売成功のマトリクスより編集 Kahn, Barbara E.(2018)
"The Shopping Revolution : How Successful Retailers Win Customers in an Era of Endless Disruption," Wharton School Press.

で商品を受け取ることができるサービスです。温度や鮮度の管理が重要な生鮮食料品でも利用できるため、新型コロナウイルスの感染拡大を背景に、このサービスは2020年の米国で急速に消費者に受け入れられました。

アマゾンが展開する、アマゾンブック、アマゾンダッシュ、アマゾンゴー、アマゾンエコーなどのサービスは、消費者の利便性を高めつつ、消費者との接点を増やすものです。自社の配送サービスであるアマゾンフレッシュや、ネットで注文した商品の受け取りサービスであるアマゾンロッカーなどからも、顧客接点としての物流を強化している様子がうかがえます。

両社ともこうした競争の中で、実店舗網を小売の拠点としてだけではなく、流通の拠点としても活用する方針を取り始めたことがわかります。

このように商品供給のプロセスをいかに快適なものとして提供するかは、メーカービジネスにおいて極めて重要です。製品やサービスとの関わりを通じて得られる体験は**ユーザーエクスペリエンス**（UX／User eXperience）とよばれ、この観点を取り入れることが競争力になるのです。

2018年にバーバラ・カーン教授が提唱した「**小売成功のマトリクス**」では、小売業の競争優位性を「楽しさの拡大」「不満の解消」という軸と、「製品の価値」「顧客体験」という提供価値に関する2軸で整理しています[100]。

アマゾンは、多くのカテゴリーを揃えることで「不満の解消」を追求して、ストレスフリーな「顧客体験」を提供しており、ウォルマートは「エブリデーロープライス」を掲げ、いつでも低価格という「製品価値」で「不満の解消」を実現してきました。ここで紹介した新しい物流の取り組みは、購買体験における「不満の解消」をさらに高めるものです。今後、購買における「楽しさの拡大」を実現する物流の工夫も生まれるかもしれません。

18章

物流の進化でメーカーのビジネスが変わる

1 リバース・ロジスティクス

米国小売業の風物詩「ブラックフライデー」

「ブラックフライデー」という米国発祥の年末商戦は、日本でも親しまれるようになりました。これはもともと米国で11月末の感謝祭の日に行われる年に一度の大バーゲンで、日本でいう「年始の福袋セール」に似ています。

両者の違いは、消費の目的です。感謝祭からクリスマスにかけての「ホリデーシーズン」は、米国人がプレゼント（贈答品）を大量に購入するタイミングです。

売る側の目的として在庫を一掃して、かつ売り上げを伸ばすことが考えられます。特に米国は年末決算の会社が多いので、ホリデーシーズンの売り上げが極めて重要です。

贈り物文化の米国において日本と決定的に異なるのは、小売業のほぼすべてで返品が自由という点です。このサービスは1980年代から変わらず、日本にはコストコがそのスタイル（返品自由）をもち込んでいます。贈り物の場合は、金額を表示しない返品用のレシート（ギフトレシート）をつけることが一般的です。返品後は、同額の商品と交換するか、現金を受け取ることができます。つまり、ブラックフライデーで積み上げられた売り上げは、年明けに大量の返品を見込んだものでもあります。

「返品」を想定した仕入れ・生産・販売

このことは、世界標準のSCMでは織り込み済みで、APICSのSCORモデルでは「仕入れ・生産・販売」に加えて「返品（リターン）」が想定されています。またの名を「**リバース・ロジスティクス**（**静脈物流**）」といいます。

もっとも、ギフトレシートやブラックフライデーは、実需を超えた消費を促進しているともいえ、結局のところ「廃棄」を増やすことになっている点が、近年問題視されています。これは小売りに限らず、製造過程の廃棄についても通底するトピックです。また、SDGs#12「作る責任、使う責任」とし

図18-1｜今後のサプライチェーン

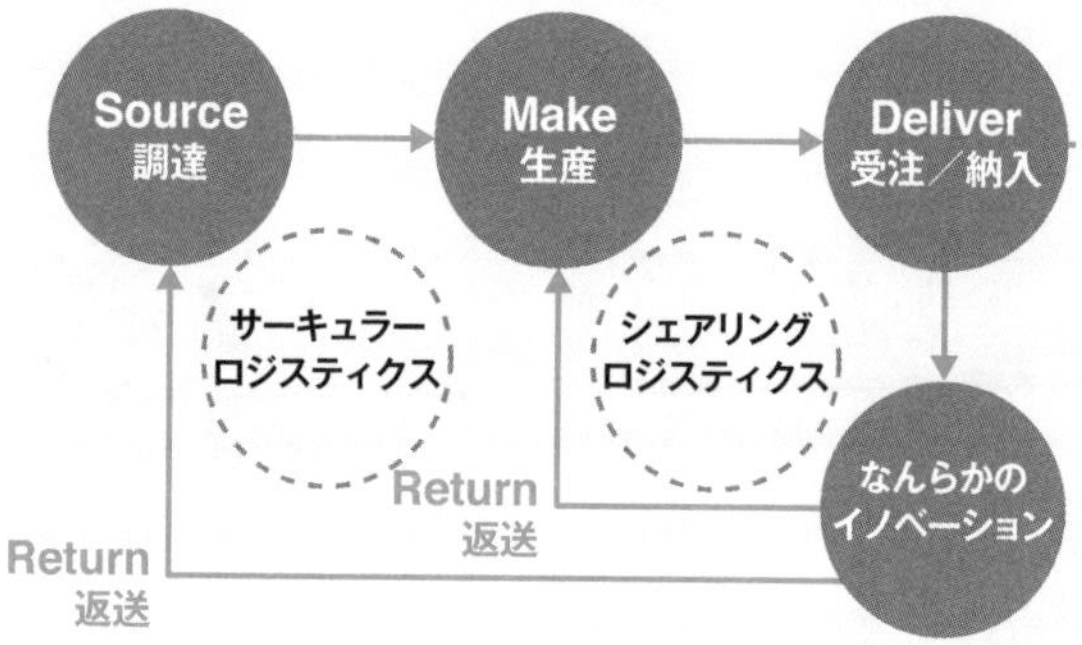

出所：公益社団法人日本ロジスティクスシステム協会(2020)「ロジスティクスコンセプト2030」をもとに筆者作成

て、知られる論点でもあります。メーカーのビジネスにおいては、この「廃棄」を減らす文脈において、「リターン」の役割を再考する動きが見られます。具体的には**「シェアリング」「サーキュラー」**によって「廃棄」自体を産まない循環型の産業生態系に進化する、ということが真剣に議論されています（図18－1）。

このような、これからの「メーカーのビジネスのエコシステム」を考える上でこのリターンなど、ロジスティクスの役割が極めて重要です。天然資源に始まり、天然資源に戻す循環が、「持続可能な」メーカービジネスにおいて求められています。9章では「工場は地球につながっている（9章4項）」ことについて触れましたが、実は本書で紹介したメーカービジネスのさまざまな要素は全地球的なシステムとして連鎖しており、ロジスティクスもその重要な要素の一つとして位置づけることができるのです。

このホリスティック観点は、1972年にローマ・クラブがMITの研究に基づいて行った提言『成長の限界』（ダイヤモンド社）によって広く知られるようになりましたが、実に50余年後の今日においても依然として問題状況が存在しています。本章では、メーカーのビジネスにおいてこのような観点からロジスティクスに期待されるイノベーション（図18－1）について触れたいと思います。

2 フィジカル・インターネット(PI)

物流はノンコア領域か

メーカーのビジネスにおいて、物流の機能を専門の物流企業に委託することがあります。これは、商品開発・製造・販売といった活動をビジネスの中核(コアコンピタンス)として位置づけ、これら以外の活動を社外にゆだねる事業戦略の一つで、所有権の移転を伴う契約や代金決済などの「**商流**」とものの流れである「物流」を分離して考えます。商流と物流の分離である「**商物分離**」とは物流を非中核(ノンコア)領域として整理する発想であり、メーカーのビジネスで広まりました。

商物分離においてメーカーが物流機能を委託する先としては、三菱倉庫や日立物流などの企業が有名です。これらの企業は**サードパーティ・ロジスティクス**(**3PL**)ともよばれ、請け負う業務範囲は商品の輸配送だけでなく、物流戦略立案など、広範に及びます。

この商物分離の考え方には限界があることも指摘されます。本書で述べてきたように、メーカーのビジネスは極めて広範囲にわたってさまざまな要素が相互に関連して成り立っています。

これに対して商物分離の考え方は、物流を倉庫業務や輸配送といった限られた領域を対象とすることから、その効果も限定的であることが明らかになってきたのです。

メーカーのビジネスを構成する個々の要素である調達、製造、販売、回収といった活動を一つの流れとして捉えると、物流の守備範囲は広く、ほぼすべての活動において不可欠な要素であることがわかります。このことは17章の事例で取り上げた、物流を事業戦略の競争力としている企業からも見て取ることができるでしょう。

今後の物流とメーカーのビジネス

今後の物流とメーカーのビジネスのあり方を予感させる事例として、大手食品メーカー6社が連携した共同物流会社F-LINE(Food Logistics Intelligent Network)があります。[101]

互いの商品がライバル関係にある企

図18-2｜フィジカル・インターネットが実現した物流

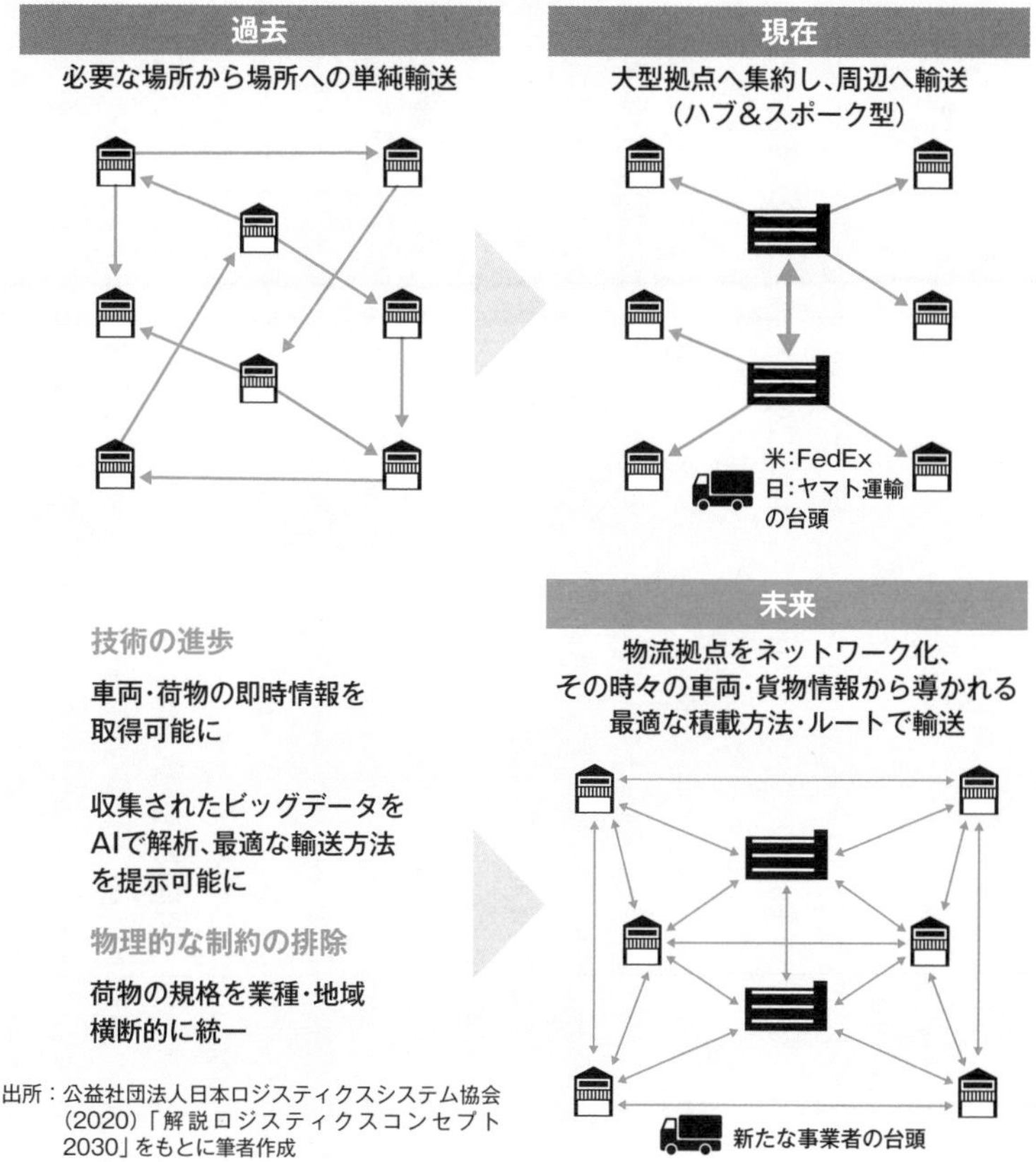

過去
必要な場所から場所への単純輸送
現在
大型拠点へ集約し、周辺へ輸送
（ハブ＆スポーク型）
米：FedEx
日：ヤマト運輸
の台頭
未来
物流拠点をネットワーク化、
その時々の車両・貨物情報から導かれる
最適な積載方法・ルートで輸送
新たな事業者の台頭
技術の進歩
車両・荷物の即時情報を
取得可能に
収集されたビッグデータを
AIで解析、最適な輸送方法
を提示可能に
物理的な制約の排除
荷物の規格を業種・地域
横断的に統一

出所：公益社団法人日本ロジスティクスシステム協会（2020）「解説ロジスティクスコンセプト2030」をもとに筆者作成

業（味の素、カゴメ、日清オイリオグループ、日清フーズ、ハウス食品グループ本社、ミツカンの6社）が共同物流体制を構築し、物流領域での過度な競争を避けることを目的として立ち上げられたプロジェクトです（2019年に5社で株式会社化）。

物流の進化を促進させる フィジカル・インターネット

このような企業間の物流共同化を行うためには、情報の連携やオペレーションの標準化が極めて重要です。各社のパレットやケースなどの規格が統一されていなかったり、運ぶ商品の容積や、配送先の情報が共有されていないと成り立ちません。

物流の将来を考えるうえで特に期待を集めている概念の一つに「**フィジカル・インターネット**（**PI**／Physical Internet）」があります（図18－2）。これはインターネットのしくみに関する基礎概念を物流の世界に応用する発想です。物流におけるさまざまな輸送経路を「網（メッシュ）」に見立てることで、インターネット網を縦横に移動するデータパケットと同様に、商品など物理的な「もの」の輸送経路を構築することを目指すものです。

普段使う「インターネット」という用語は、実は広域の通信ネットワーク（ＷＡＮ＝Wide Area Network）を指しています。つまり、企業や家庭の中など限定的な範囲の通信ネットワーク（ＬＡＮ＝Local Area Network）同士をつなぐ、汎ネットワーク（Inter-network）通信を意味しています。ＰＩにおいてこのＬＡＮに相当するのが、各企業が自前で整備した物流網や、既存の鉄道網や航路といった個別の物流モードであり、これらを俯瞰的に汎輸送モード（Inter-modal）の大きなネットワークと捉える観点が強調されます。ＰＩの社会実装を推進することは、物流経路の標準化です。これによって期待されるのは輸送経路の分散化や冗長化といったまさに私たちがインターネットに期待するところと通底します。

この概念は欧州では**ＡＬＩＣＥ（欧州物流革新協力連盟**：Alliance for Logistics Innovation through Collaboration in Europe）が２０１５年より２０４０年にかけて段階的に社会実装するためのロードマップを提唱・実行しているほか、日本においても前出のＪＩＬＳ（公益社団法人日本ロジスティクスシステム協会）が「ロジスティクスコンセプト２０３０」において物流分野のユートピアモデルの一つとして取り上げるなど、国内外の注目を集めています。

3 π《パイ》コンテナ

荷姿の標準化：πコンテナ

PIについては、さまざまな輸送モードを全体としてより大きな輸送網と見なすとともに、貨物そのものについてもインターネットの概念を援用することが検討されています。

インターネット通信において飛び交うデータは「パケット（小包）」という単位で認識されています。詳細な説明は割愛しますが、このパケットを用いたデータ通信（パケット通信）は、大きなデータを小分けにして通信網に送り出し、届いた先で再び一つのデータとして復元するという発想に基づく通信技術です。この方法は大きなデータを一度に通信網に送り出すことで通信経路を占有する事態を避けられるため、通信網の効率的な利用を促進するという特徴があります。

PIにおいても、このパケット通信の考え方を応用することが検討されています。PIにおいてパケットに相当するのは、サイズを標準化された大小のコンテナ（PIから通称πコンテナとよばれる）で、貨物を小分けにしたのち、さまざまな経路で分散輸送するための技術です。

なお、インターネットにおいて「パケット」は、単にデータを小分けにするだけでなく必ず「発信元」「届け先」といった元のデータを復元するために必要な諸情報がつけられています。

もう少し正確にいえば、パケットを構成するこれら2種類のデータはそれぞれ「**ペイロード**（貨物）」「**ヘッダ**（送り状）」とよばれ、ペイロードは容量の上限が決まっており、ヘッダはIP＝Internet Protocolという一種の標準言語で記述されている点に特徴があります。これらのことからPIにおいて実際にものの輸送を担うことになるπコンテナ（図18−3）についてもパケット通信と同様、サイズと貨物に付される諸情報の標準化が極めて重要であることがわかります。

また、標準化されたコンテナの利用は、PIを実現するための必要条件ともいえます。輸送する商品を物理的に保護し、匿名化し、IoT技術により

図18-3 | **πコンテナ**

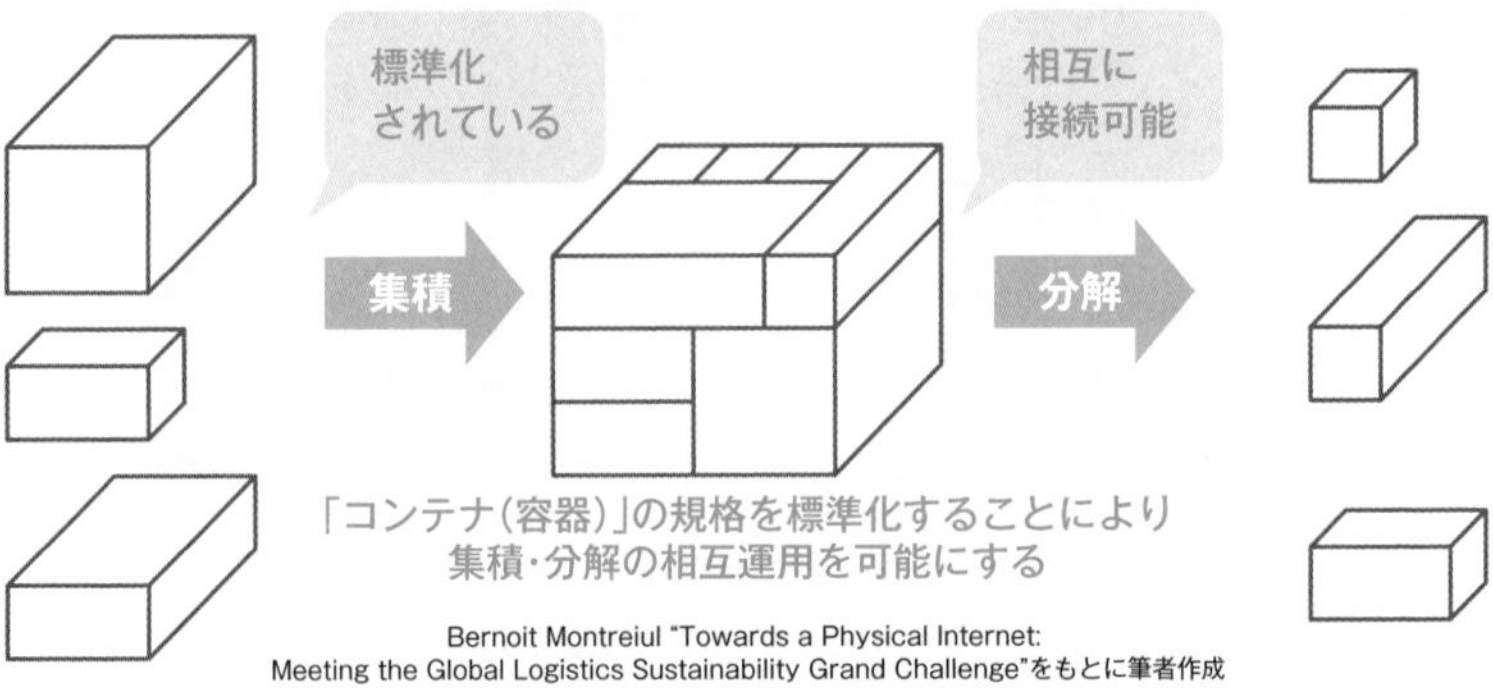
標準化
されている
集積
相互に
接続可能
分解
「コンテナ（容器）」の規格を標準化することにより
集積・分解の相互運用を可能にする

Bernoit Montreiul "Towards a Physical Internet:
Meeting the Global Logistics Sustainability Grand Challenge"をもとに筆者作成

πコンテナを最小で一貫したユニットとして識別することで、世界中の輸送手段を組み合わせることが可能になります。それは、国や企業の枠を超えて、オープンに船・鉄道・トラックなどの輸送を効果的かつ、効率的に活用することになります。

もっとも、いったん小分けにして送り出した荷物を受け取る際に復元するという発想は、「言うは易し」ですが実現するための技術とこれを多くの利用者が受け入れることが必要です。このため社会に実装されるまでには、乗り越えるべきハードルがいくつもあります。この画期的なアイデアの社会実装については、メーカービジネスに携わる実務家の将来に向けた取り組みに負うところが大きいといえるでしょう[102]。

4 物流のDX

物流のデジタル化

2015年以降、物流業務を支える要素技術のデジタル化が急速に促進され、物流業務のあり方は大きく変容しつつあります。物流オペレーションの担い手が人からAIやロボットに置き換わり始めており、先述のロジスティクス4・0の世界が、まさに近くまで来ています。

例えば、これまで大きさも形も異なる衣類とアクセサリーを同じ段ボールに詰めるといった「**ピッキング**」のような複雑な作業を、ロボットに担わせるのは難しいと考えられていました。しかし画像認識技術やAIを組み合わせることで、ロボットが人の代わりを務めることが可能になってきているのです。

このことは「AI・ロボットによる**省人化**」としてニュースで取り上げられる機会が多く、皆さんも興味があるでしょう。しかしこの変化をよく観察すると、ロボットやAIによる人の業務の代替は、物流オペレーションにおける労働集約的な業務で促進されていることに気づきます。

つまり、この潮流とともに、人はよりクリエイティビティや対人コミュニケーションが重要な分野を担うことになるでしょう。これは3章4項で少し紹介した需要予測のデジタルトランスフォーメーション（DX）と同様の論点です。

標準化の遅れ

しかし、日本の物流におけるDXはあまり進んでいません。DXを進めるには、これまで現場で使用していた紙の伝票などの帳票をデジタル化することから始めますが、それには入力するデータの規格を揃える必要があります。これまで人手で行っていた作業をシステムやロボットを使って処理するには、データの標準化を行う必要があるのです。

例えば物流現場の事例として、パレットやコンテナボックスの標準化があります。たとえば、製品倉庫内に点在

図18-4 物流の標準化と自動化

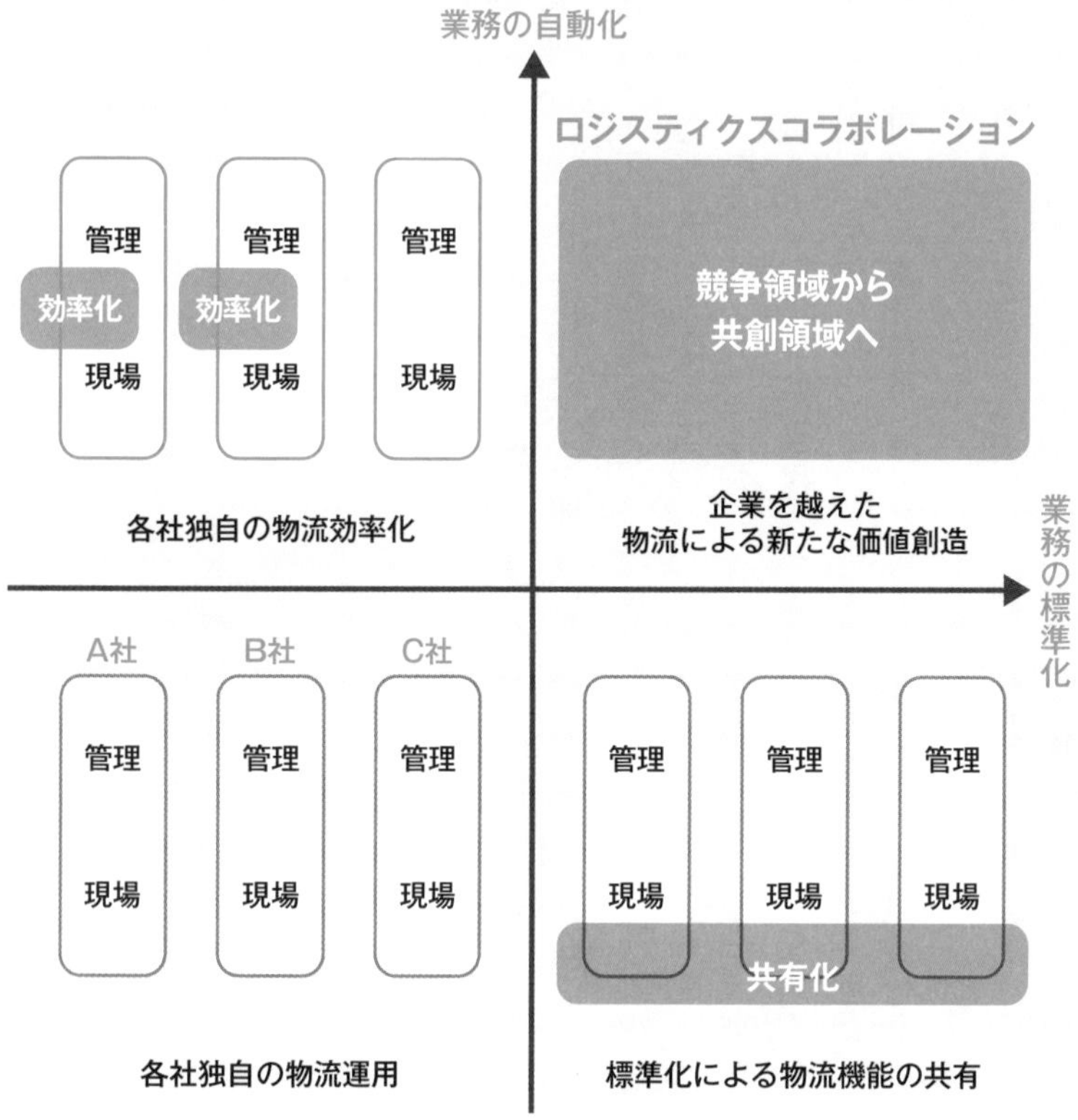

する出荷貨物を1カ所に集積して輸送用のコンテナに積み込む「**バンニング**」とよばれる作業があります。このバンニングの現場では、倉庫内で出荷貨物を載せて動かすためのパレットの規格と、これをコンテナに積載するためのパレットの規格が異なる場合が多く、出荷担当者は個々の出荷貨物を手作業で積み替える作業を日常的に行っています。しかし、これらのパレットの規格が統一されていれば倉庫内で用いたパレットをそのままコンテナに載せることができて、現場の作業負荷は大きく軽減されます。

そのパレットの標準規格として、JISで規定されている「T-11型」(1100ミリ×1100ミリ)がありますが、国内での使用率は3割程度と低く、標準化が進んでいません。それ以外は各社が独自サイズのパレットを使っています。

国によって標準サイズは異なりますが、例えばオーストラリアでは標準化パレットの使用率は99%で、ヨーロッパでは90%です。[103]標準化パレットの使用率からも、日本の物流標準化が遅れていることがわかります。

物流のDX待ったなし！

日本の生産年齢（15~64歳）人口は1995年の8700万人をピークに、2015年には7700万人まで減少しました。2060年には4800万人と、2015年の6割まで減ると予想されています（参考：総務省「国税調査」、国立社会保障・人口問題研究所「日本の将来推計人口」）。

なかでもドライバーや倉庫スタッフの不足は、**「経済の血流」**ともいわれる物流インフラを破綻させかねず、メーカーのビジネスにとっても事態は深刻です。本章で紹介した物流のDXは、これを克服するための一つのアプローチとして期待されています。しかし、これまでのしくみを大きく変える必要があります。

DXに関連する個別の要素技術についても、コンピュータに指示した通りに実行される**自動化**（Automation）だけでなく、コンピュータがみずから実行する**自働化**（Autonomation）や遠隔操作を可能にする技術の社会実装が進んでいます（図18-4）。

しかし、これらの要素技術がビジネスの世界に寄与する前提として個々の企業がもつデータの一部をほかの企業と共有することが必要と考えられています。これは9章2項で触れた「ブルウィップ効果」の主因である「情報の非対称性」を克服する努力に通じる論点といえます。つまり、これからのメーカーのビジネスにおいては競争領域と共創領域をしっかり見極め、他企業との連携（ロジスティクス・コラボレーション）を促進することも重要な課題といえるのです。[104]

この第5部では物流の観点から少し未来のメーカーのビジネスについても触れました。これまでのメーカービジネスの既成概念や常識にとらわれることなく、新しい価値を生み出していっていただきたいと願っています。それは、時には一つの事業部としての領域や、会社としての領域を超えた、業界全体や社会全体を考えることになるかもしれません。メーカービジネスを支えるさまざまな領域に関わる仲間が連携することで、この世界をもっと住みやすく、豊かにすることができるのです。

第5部の内容について より詳しく学びたい方のために

第5部で扱ったテーマをより細かく学ぶための参考文献を紹介します。

① 物流管理・ロジスティクスについて

- 小野塚征志（2019）『ロジスティクス4・0』日経文庫
- 丹下博文（2020）『企業経営の物流戦略研究』中央経済社
- 角井亮一（2014）『基本からよくわかる物流のしくみ』日本実業出版社
- 湯浅和夫、内田明美子、芝田稔子（2019）『「物流危機」の正体とその未来』生産性出版

② オムニチャネルについて

- 近藤公彦、中見真也（2019）『オムニチャネルと顧客戦略の現在』千倉書房
- 角井亮一（2015）『オムニチャネル戦略』日経文庫
- 秋葉淳一、渡辺重光（2104）『オムニチャネル時代を勝ち抜く物流改革の教科書』幻冬舎
- 鈴木康弘（2018）『アマゾンエフェクト！』プレジデント社

③ フィジカル・インターネットについて

- エリック・バロー、ブノア・モントルイユ、ラッセル・D・メラー 荒木勉訳（2020）『フィジカルインターネット』日経BP
- 公益社団法人日本ロジスティクスシステム協会（2020）『ロジスティクスコンセプト2030』

おわりに

全18章というかなりのボリュームでしたが、メーカービジネスのダイナミクスを感じていただけたのではないかと思います。総務や人事などバックオフィスの部門と、情報の秘匿性が高く業界による違いも大きい研究開発部門を除いた、メーカービジネスの価値を生み出す部門の仕事と、その連携を解説してきました。もちろん、書籍を読むだけではプロフェッショナルにはなれません。それを踏まえたうえで、実務で試行錯誤することがスキルを育てます。

本書の中でもたびたびお伝えしてきましたが、技術、社会構造、人の心理の変化によって、ビジネス環境は変わり続けています。そのため、表面的な知識やノウハウは時間とともに使えなくなっていくでしょう。しかし、その中でも普遍的なものはあり、メーカービジネスに携わるうえで重要なマインドやスタンスは、先人たちから学ぶことが有効です。本書でそうしたメーカービジネスの本質を、少しでも伝えられていたら幸いです。

顧客のニーズは、可視化されているものだけではなく、潜在的なものもあります。例えばiPhoneは多くの消費者が望んでいたから開発されたのではなく、スティーブ・ジョブズが提案した新しい価値に多くの消費者が魅せられた、といったほうが正しいでしょう。本書が顧客のニーズを「知る」ではなく、「考える」や「予測する」と表現した意味はここにあり、日本のように成熟した社会ではより、そうしたマインドが重要になるはずです。

顧客サービスとコストのバランスも、業界ごとに唯一の正解があるわけではないことがおわかりいただけたと思います。メーカーの戦略、その時々の市場環境、競合のアクションなども踏まえ、常に考え続けなければ、競争に負けてしまうでしょう。そのためには、古典的な在庫管理や、比較的新しい概念であるS&OPというコミュニケーションの基本的な知識と、その実務における難しさを知っておく必要があります。

メーカービジネスにおいて従来から重視されてきた工場の製造や、比較的外注される傾向にあった物流も、今後それぞれを単独で進化させていくのは有効ではないと感じていただけたのではないでしょうか。メーカーの戦略として包括的に考える中で、それぞれの革新の方向性を考えていく必要があります。だからこそ本書で提示したように、横断的に各専門領域の実態と最新の課題を把握することが、これからのビジネスパーソンには求められるのです。

これからのメーカービジネスが目指すのは、価値のある商品を作り、顧客に届け、自社の利益を上げることだけではありません。自社と間接的に取引のある企業の労働環境や人権、社会、地球へも気を配り、新たな価値創造と伝達を通じて、それらすべてが豊かになることへの貢献が求められます。そのためには、一部のビジネス領域では競合とも協働することが有効ですし、より多くの企業、大学などとも連携していくことが、メーカーの競争力につながっていくでしょう。

本書をお読みいただいたみなさまと、メーカービジネスで関われる日が来ることを楽しみにしています。ともに、よりよい世界をつくっていきましょう!

2021年8月吉日

メーカービジネスを愛する4名の実務家

マスタースケジューリング (MS) 91, 94-95
マテリアル・ハンドリング 195
マテリアル・リクワイアメンツ・
　プランニング (MRP) 91, 92
マルチチャネル 215
マルチボーティング 59
見込生産方式 150
三菱電機 184
メイド・イン・ジャパン 105-106
メーカー i, 2
モーダルシフト 135
目標ピラミッド 59
ものづくり 98

や

ヤマト運輸 202
ユーザーエクスペリエンス 223
ユニ・チャーム 154
ユニリーバ 124
輸配送管理システム 193
予実 42
　――比較 168
予測精度 35, 37
ヨドバシカメラ 203

ら

ライオン 154
ライン生産方式 98-99
楽天 203
ラストワンマイル 202
リードタイム 22
　調達―― 22
　輸送―― 22
リスク 113-114, 115
リバース・ロジスティクス 226-227
流通 194
流通加工 194-195
利用可能性ヒューリスティクス 80
類似品 76
レポートライン 178
635メソッド 59, 65
ロジスティクス 190-192
　サーキュラー―― 227
　シェアリング―― 227
　――4.0 193, 233
ロット 137
ロングテール戦略 156

日本標準産業分類 2
日本郵便 202
ニューリテール 215
ノイズ 30, 32
納期 196
——遵守率 171, 206

は

バイアス 24, 36
確証—— 80
認知—— 80
ハウス食品 166
80：20の法則 155
バックオーダー 140
バックオフィス 10
バリューチェーン 8
パレートの法則 155
判断的予測 77
バンニング 234
販売費および一般管理費（販管費） 127
ピーター・ドラッカー 190
東日本大震災 111-112
東日本旅客鉄道 218
ビジネスモデル 174
ビッグデータ 47
備品 135
費用 196
品質 196
——管理課 90
——機能展開 63
ファーストリテイリング 180
ファブレス経営 176
ファントムオーダー 110
フィジカル・インターネット 229-230
フィジカル・サプライ 190
フィジカル・ディストリビューション 190
フェアトレード 183
フォーカスグループインタビュー 59, 63
フォーキャスティング・ポリシー 81
フォード 99
フォレスター効果 110
付加価値 88
負債 27
物的粒度 74
物流 190
アウトバウンドの—— 190
インバウンドの—— 190
外的—— 194
静脈—— 194, 226-227
動脈—— 194
内的—— 194
——ABC 210
——インフラ 200-201
——会計 198, 210
——管理システム 193
——センター 152
——二法 202
——費 197-198
部品展開表 66, 94-95
ブラックフライデー 226
ブランド 136
ブリヂストン 166
ブルウィップ効果 110
ブレインストーミング 65
フロー 100
プロジェクト生産方式 99
プロパー消化率 221
プロモーション 70
コンシューマー—— 71
トレード—— 71
リテール—— 71, 79
平均絶対誤差率 35
ペイロード 231
ヘッダ 231
ベンチマーク 63
——調査 63, 65
保管 194-195
ポスト・イット 20
ボトルネック 101
ホルト・ウインタースモデル 32-33
ホンハイ（鴻海） 181

ま

マーケティング 70
マーチャンダイジング 176
マクドナルド 124

既存―― 76
――開発 6, 52-53, 54-55
――供給 6
――のコンセプト 54
――のライフサイクル 76, 157-159
商物分離 228
情報 6
情報管理 217
情報処理 194-195
情報の非対称性 111
消耗品 135
ショールーミング 214
食料品 2
ショップ（各工程） 100
新型コロナウイルス感染症 108
人口 200, 235
人事 11
新製品 2
垂直統合 180-181
水平統合 181
水平分業 180-181
スコアリング＆スクリーニングマトリクス 59
ストラクチャルホール 25
スマートフォン 157
正規分布 143
生産管理課 90
生産技術課 90, 100
生産計画 6
製造課 91, 98
製造業 2
製造原価 118, 119-120, 122
製造工程 98
製造指図書 92
製品 4, 52
製品のライフサイクル 157
制約理論 102
積載効率 207
セブン－イレブン 179
センシング 6, 48, 83-83
前年比 31
戦略 12
コストリーダーシップ―― 175
差別化―― 175
事業―― 175
集中―― 175
組織―― 176
組織 178-179
ソニー 124
損益計算書（PL） 27, 121

た

貸借対照表（BS） 27, 121
代表性ヒューリスティクス 80
宅配クライシス 202
棚卸し 122
棚卸資産 28, 119, 122
――回転率 123
単価 2
単能工 99
チャンス 62
定番品 2
定量的モデル 77
ディープラーニング 47
デカップリングポイント 150
デジタルトランスフォーメーション 48
デマンドインテリジェンス機能 43
デマンドプランナー 25, 42, 160-161
デマンドブリーフ 42
デルファイ予測 81
電気自動車 182
電子機器受託製造サービス 181
投下資本 125, 128
投下資本回転率 125, 129
投下資本利益率 129-130
特徴量エンジニアリング 48
独立需要 30
トヨタ自動車 167
トラッキング・シグナル 36
トレンド 32

な

ナレッジマネジメント 78
ニーズ 20-21, 62
荷役 146, 194-195
――の自動化 192
ニトリ 154

誤差率分布……36
誤出荷率……206
コスト……118, 119-120
　購入——……146
　顧客損失——……146
　在庫——……146-147
　廃棄——……146
　発注——……146
　販売機会損失——……146
　保管——……146
　輸送——……146
　——構造……176
混載倉庫……152
コンセプト……64
コンセプト分類ツリー……59
コンテナ……192

さ

サージカルマスク……109
サードパーティ・ロジスティクス……228
サービス……4, 52
在庫……27, 134, 146
　安全——……136, 139, 143, 145, 160
　原材料——……134
　サイクル——……136, 139
　仕掛品——……134
　製品（商品）——……135
　戦略——……161
　バッファ——……136
　ヘッジ——……137
　輸送中——……135
　ロットサイズ——……139
　——アロケーション……22
　——回転率……28
　——のアウトプット……138
　——のインプット……138
最小発注量……157
財務……11
財務3表……27-28
財務諸表……12, 27-28, 121
佐川急便……202
サプライチェーン……109-110, 115
　——マネジメント……25, 109-110
サプライヤー……5, 103
　——倉庫……152
　——・リレーションシップ・マネジメント……103
サムスン……166
参入障壁……182
仕入れ……90-91
仕掛品……122
事業戦略……12
資金繰り……123
時系列分析……31
次元解析……59
資材所要量計画……91
試作品……67
資産……27
市場調査……77
指数平滑法……32-33
　二重——……33
　三重——……33
システムダイナミクス……115
資生堂……154
実車……207
実車率……207
実働率……208
自動化……235
自働化……235
自動車……2
品切れ許容率……144
品揃え……44
シナリオ分析……77
資本……27
ジャスト・イン・タイム……221
収益モデル……176
受注組立生産方式……150
受注生産方式……22, 151
受注設計生産方式……152
需要……20
　従属——……30
　需給——……166-167
　——マネジメント……45-46
需要予測……6, 23, 24-26, 30-31, 40-41
　新商品の——……74-75
商材……2
商品……4, 52

WTP ……21
ZARA（インディテックス）……180, 220-221
πコンテナ……231

あ

アイデア……64
アクティビティ単価……210
アクティビティマップ……56-57
アップル……168
アナリティクス……82-83
アナログレコード盤……159
アパレル……9, 12
アマゾン……124, 156, 191, 222-223
粗利……121
安全在庫係数……144
安全リードタイム……143
イノベーション……13, 14
　オープン――……14
因果モデル……34
ウォルマート……222-223
売上原価……119-120, 123, 197
売上高物流費比率……206
売上高利益率……125
売掛金……123
エスノグラフィー……63
欧州物流革新協力連盟……230
応用研究……13
汚破損率……206
オムニチャネル……214-215
オリコン……195
卸売業者……153
温室効果ガス排出削減目標……184

か

買掛金……123
開発研究……13
改良……54-55, 68-69
拡大生産者責任……5
カスタマーサービス……10
カタログ調査……65
価値連鎖……8
活動基準原価計算……130, 210
カニバリゼーション……216
川上……180
川下……180
観察研究……59, 63
完成品……4, 82-83
感応度分析……59
キーパーツ……103
企業の社会的責任……183
基準生産計画……91, 94-95
季節性……32
基礎研究……13
キャッシュコンバージョンサイクル……123-124
キャッシュフロー計算書……27, 121
供給計画……168
競争力……14
共同配送……208-209
業務フロー図……209
グリーン調達……185
クリティカルパス分析……59
クレーム発生率……206
クロスチャネル……215
クロストンモデル……34
経営企画……12
経営戦略……12
経済協力開発機構……5
経済の血流……235
経理……11
系列（ケイレツ）……182
ゲームプレイング……24
欠品許容率……144
研究開発……12, 13
原反……110
限定合理性……80
コアコンピタンス……228
工場……88, 152
購買課……91, 103
小売り成功のマトリクス……223
小売店……154
コカ・コーラ……166
顧客関係管理……46
顧客情報……217
顧客体験……191
国連責任投資原則……185
誤差率……78

索引

英数字

3PL …… 228
ABC分析 …… 155
AI …… 47, 233
ALICE …… 230
ARIMAモデル …… 33
ASCM/APICS …… 8, 45-46
Assumption Baesdモデリング …… 77
ATO …… 150
Bio-Inspired設計 …… 65
BOM …… 66, 94-95
BOPIS …… 222
BS（バランスシート） …… 27, 121
BtoB …… 44
BtoC …… 44
CASE …… 182
CCC …… 123-124
Climate&Culture …… 53
CPFR …… 45
CRM …… 46
CSR …… 183
CX …… 191
Demand forecasting …… 30
Demand planning …… 30
DtoC …… 216
DX …… 48
　物流の―― …… 233-235
EMS …… 181
ESG投資 …… 185
ETO …… 152
Finished Goods …… 5
F-LINE …… 228-229
FORECAST関数 …… 31
GAP …… 180
IBF …… 44, 160
ICT …… 11, 209
IoT …… 209
IR …… 11
IT …… 11
JFEスチール …… 166
KPI …… 25, 170
Manufacturer …… i
MAPE …… 35
　売上加重平均―― …… 35-36
MASE …… 36
MOQ …… 157
MP&C …… 96
MRP …… 91, 92
MS …… 91
MTO …… 151
MTS …… 150
ODM …… 181
OECD …… 5
OEM …… 5
OMS …… 218
P&G …… 124
PESTEL …… 115-116
PI …… 229-230, 231-232
PL …… 27, 121
POS …… 45
PRI …… 185
QCD …… 89, 196
QFD …… 63
QR …… 196
R&D …… 12-13
RFID …… 217-218
ROI …… 170
ROIC …… 129-130
S&OP …… 96, 164-171
SCM …… 25
SDGs …… 183-185
seasonal-ARIMAモデル …… 33
SKU …… 30, 155-156
　――マネジメント …… 156
SPA …… 220
SRM …… 103
T11型 …… 234
TMS …… 193
TOC …… 102
T型フォード …… 99
UX …… 223
VATI分析 …… 102
VMI …… 104
VoC …… 63
WMS …… 193, 218

https://gemba-pi.jp/post-197361
105. JILS(2020)「解説　ロジスティクスコンセプト2030」

〈その他〉
・山口雄大（2020）「知の融合で想像する需要予測のイノベーション　第５回プロフェッショナルの直感が有効になる時（前編）」Logistics systems 29（2）, p.30-33.　https://ci.nii.ac.jp/naid/40022241291/
・参考ウェブサイト：DataRobot.「ユーザー事例講演：新製品の需要予測におけるプロフェッショナルとAIの協同」. 2020年12月10日.
https://www.datarobot.com/jp/recordings/ai-experience-japan-dec-2020-on-demand/user-case-study-day2-shiseido-ai-in-forecasting-demand-for-new-products/（参照2021-1-3）
・Yudai Yamaguchi & Akie Iriyama. "Improving Forecast Accuracy for New Products with Heuristic Models." *Journal of Business Forecasting*, Fall 2021, p.26-28.
・参考ウェブサイト：日本オムニチャネル協会
https://www.omniassociation.net/cms/joa/index.html（参照2021-1-2）

84. 経済産業省、2018年５月時点
85. 日経新聞2020-12-06
86. “特集　ESG経営の実践” Diamondハーバード・ビジネス・レビュー2021年1月号
外務省 “JAPAN SDGs Action Platform 取組事例”
https://www.mofa.go.jp/mofaj/gaiko/oda/sdgs/case/org1.html　(参照2020-12-30)
経済産業省 ESG投資：
https://www.meti.go.jp/policy/energy_environment/global_warming/esg_investment.html (参照2020-12-01)
環境省「グリーン調達推進ガイドライン(暫定版)」平成24年3月：
https://www.env.go.jp/policy/env-disc/com/com_pr-rep/rep-ref06.pdf (参照2020-12-01)
87. APICS. “*Certified in Logistics, Transportation and Distribution (CLTD) Body of Knowledge ver. 2.0*”. 2020
88. Amazon Annual reports, proxies and shareholder letters
89. John Mangan. “Global Logistics and Supply Chain”. 2008
90. 小野塚征志『ロジスティクス4.0』日経文庫、2019
91. 日本経済新聞「日本企業も「循環経済」、欧米スタートアップと連携　イオン、容器の再利用システムに参加」2021年4月26日、https://www.nikkei.com/article/DGXZQODZ15A9Z0V10C21A1000000 (2021-05-30参照)
92. 岡本清『原価計算』国元書房、2000
93. 国立社会保障・人口問題研究所「日本の将来推計人口（平成29年推計）」, http://www.ipss.go.jp/pp-zenkoku/j/zenkoku2017/pp29_gaiyou.pdf (2021-05-30参照)
94. 日本生産性本部「労働生産性の国際比較2020」2020, https://www.jpc-net.jp/research/detail/005009.html (2021-05-30参照)
95. 花王「よきものづくり」の現場, https://www.kao.co.jp/employment/kao/work/logi/　(参照2020-12-01)
96. 近藤、2019
97. Macy's アニュアルレポート2011
98. 劉潤, 2019
99. 近藤公彦、中見真也『オムニチャネルと顧客戦略の現在』千倉書房、2019
劉潤『事例でわかる新・小売革命』CCCメディアハウス、2019
オムニチャネルの先駆者に学ぶ！米国百貨店メイシーズの戦略
https://ec-orange.jp/ec-media/?p=2968
アリババが打ち出した、「ニューリテール」その本質とは
https://business.nikkei.com/atcl/seminar/20/00003/021400005/
100. ネクストデジタル, 2020
101. Kahn, Barbara E. 2018
102. そのコンセプトは「競争は商品で、物流は共同で」というもので、その推進役として各社の経営トップが参画するなど、各社の本気度がうかがえます。
日本経済新聞2018年5月16日「国内食品大手６社、2019年1月から九州で共同配送を順次開始――配送拠点・配送車両を共同利用」
http://cargo-news.co.jp/cargo-news-main/1517
103. IP通信についての参照；ISO　OSI参照モデル、またはDARPA　RFC1122
104. GEMBA物流容器「パレット」から読み解く、日本の物流システムの課題：

69. 一般社団法人電子情報技術産業協会統計資料（2020年3月）https://www.jeita.or.jp/japanese/stat/cellular/2020/03.html
Thomas E. Vollmann他，"*Manufacturing Planning & Control System for supply chain management*," McGraw - Hill, 2004
Philip Kotler, Kevin Lane Keller『コトラー&ケラーのマーケティング・マネジメント』丸善出版、2014年
一般社団法人日本レコード協会音楽ソフト種類別生産数量推移
https://www.riaj.or.jp/g/data/annual/ms_n.html
70. Chaman L. Jain. Benchmarking New Product Forecasting and Planning. Institute of Business Forecasting & Planning, *Research Report* 17. 2017.
71. 山口雄大『需要予測の戦略的活用』日本評論社、2021
72. Chaman L. Jain, 2017. 山口, 2021
73. APICS, "*Operations Management Body of Knowledge Framework (OMBOK) Third Edition*, 2011
John Dougherty & Christopher Gray, "*Sales & Operations Planning – Best Practices*," 2007
J.R. Tony Arnold, Stephen N. Chapman, Lloyd M. Clive『Introduction to Materials Management 6th edition』(2007)
74. GAZOO <プリウス誕生秘話>第3回 49日間の苦闘
https://gazoo.com/feature/gazoo-museum/car-history/16/01/01/(2016-01-01)
MONOist 佐藤知一/日揮 "納期と在庫のトレードオフを解決する知恵とは？" https://monoist.atmarkit.co.jp/mn/articles/0811/25/news142.html (2008-11-25)
ダイヤモンド・オンライン PwCコンサルティング "サプライチェーン改革がうまくいかない3つの理由"
https://diamond.jp/articles/-/123012?page=2(2017-04-13)
John Dougherty & Christopher Gray, "*Sales & Operations Planning – Best Practices*," 2007
75. Apple financial Data, 2019
76. M.E. Porter, 1980
77. 日本貿易振興機構、地域・分析レポート、2020
78. M.E Porter, "*Competitive Strategy*," 1980
参考ウェブサイト：日本貿易振興機構（ジェトロ）"アジアの労務コスト比較、意外に大きい賃金水準の地域差"
https://www.jetro.go.jp/biz/areareports/2020/cbdf0cefc691ae25.html (2020-04-15)
Apple financial Data: https://s2.q4cdn.com/470004039/files/doc_financials/2019/ar/_10-K-2019-(As-Filed).pdf
79. ダイヤモンド・オンライン「ソニー、パソコン事業売却決定 "ソニーらしさ" の追求で吹っ切れたか」
https://diamond.jp/articles/-/48422?page=2 (参照2020-12-01)
経済産業省 ニュースリリース"大手コンビニ3社の店舗配送における共同配送の実証実験を実施します" 2020-07-22
www.meti.go.jp/press/2020/07/20200722004/20200722004.html
日経クロステック "鴻海、EVプラットフォーム参入の衝撃 巨大分業の幕開け" 2020-11-02
https://xtech.nikkei.com/atcl/nxt/column/18/01456/00003/ (参照2020-12-01)
80. Diamondハーバード・ビジネス・レビュー2021年1月号
81. https://unsdg.un.org/2030-agenda/universal-values/leave-no-one-behind
82. 外務省、2020
83. 三菱電機、2020

185, 1124-1131. 1974
43. 「『移動』を変えるMaaS　トヨタ、パナなど一斉に参戦」日本経済新聞、2018年5月24日
44. 谷川俊太郎『いっぽんの鉛筆のむこうに』福音館書店、1989
45. APICS, "*Operations Management Body of Knowledge Framework (OMBOK) Third Edition*," The Association for Operations Management, 2011
46. 山本圭一・水谷禎志・行本顕『基礎から学べる！世界標準のSCM教本』日刊工業新聞社、2021
47. 藤本隆宏『生産マネジメント入門Ⅰ【生産システム編】』日本経済新聞出版社、2001
48. 藤本隆宏『生産マネジメント入門Ⅱ【生産資源・技術管理編】』日本経済新聞出版社、2001
49. エリヤフ・ゴールドラット『ザ・ゴール』ダイヤモンド社、2001
50. 産業構造の変化：https://core.ac.uk/download/pdf/6358312.pdf?repositoryId=153
51. 海外生産比率：https://www5.cao.go.jp/j-j/wp/wp-je13/h05_hz020217.html
52. J. Forrester "Industrial Dynamics: A major breakthrough for decision makers", *Harvard Business Review*, vol.36 (1958), pp.37-66
53. Hau L. Lee, V. Padmanabhan, Seungjin Whang, "Comments on "Information Distortion in a Supply Chain: The Bullwhip Effect" -The Bullwhip Effect Reflections" *Management Science* Vol. 50, No. 12 (2004) pp.37-66
54. ポール・ミルグロム、ジョン・ロバーツ『組織の経済学』NTT出版、1997
55. Yossi Sheffi『*The Power of Resilience*』The MIT Press、2015
56. D・H・メドウズ, D・L・メドウズ, J・ラーンダズ, W・W・ベアランズ三世『成長の限界』ダイヤモンド社、1972
57. ピーター・M・センゲ『学習する組織』英治出版、2011
58. 環境省『花粉症環境保健マニュアル』https://www.env.go.jp/chemi/anzen/kafun/manual/1_chpt1.pdf
59. 岡本清『原価計算』国元書房、2000
60. "Gartner Supply Chain Top25 Methodology," https://www.gartner.com/en/supply-chain/trends/supply-chain-top-25-methodology (2020-12-27)
61. 田中亘『会社法（第2版）』東京大学出版会、2018
62. 大野耐一『トヨタ生産方式』ダイヤモンド社、1978
63. ASCM/APICS 2020
64. 久保幹雄監修『サプライ・チェインの設計と管理』、朝倉書店
65. 東京海洋大学　http://www2.kaiyodai.ac.jp/~kurokawa/lecture/lm/old2010/a/08-05-1.pdf
需要予測の誤差を用いた安全在庫の計算方法：日本経営工学会論文：
https://www.jstage.jst.go.jp/article/jima/51/4/51_KJ00001917793/_article/-char/ja/
David Simchi-Levi 他, "*Designing and Managing the Supply Chain : Concepts, Strategies and Case Studies*," Irwin Professional Pub, 2021
66. ニトリホールディングス "統合報告書2020年2月期"
https://www.nitorihd.co.jp/pdf/annual2020.pdf(2020-02-22)
資生堂 "ニュースリリース：ユニ・チャーム、資生堂、ライオンの3社、店頭販促物の物流を統合、共同配送を5月より開始"
https://corp.shiseido.com/jp/news/detail.html?n=00000000002607(2019-01-29)
67. 食品新聞 "生産・物流の効率化へSKU削減を推進　J-オイルミルズ"
https://shokuhin.net/32249/2020/06/01/kakou/yushi/(2020－06-01)
68. 山口雄大『新版 この1冊ですべてわかる　需要予測の基本』日本実業出版社、2021

Research Report 13. 2014
25. Ruslan Salakhutdinov and Geoffrey Hinton. "An Efficient Learning Procedure for Deep Boltzmann Machines". *Neural Computation*. Volume 24 Issue 8 August 2012 p.1967-2006
26. DataRobot. 「新製品の需要予測におけるプロフェッショナルとAIの協同」. 2020年12月. https://www.datarobot.com/jp/recordings/ai-experience-japan-dec-2020-on-demand/user-case-study-day2-shiseido-ai-in-forecasting-demand-for-new-products/ (2021-05-30参照)
27. Alexander D'Amour, Katherine Heller, Dan Moldovan, Ben Adlam, Babak Alipanahi, Alex Beutel, Christina Chen, Jonathan Deaton, Jacob Eisenstein, Matthew D. Hoffman, Farhad Hormozdiari, Neil Houlsby, Shaobo Hou, Ghassen Jerfel, Alan Karthikesalingam, Mario Lucic, Yian Ma, Cory McLean, Diana Mincu, Akinori Mitani, Andrea Montanari, Zachary Nado, Vivek Natarajan, Christopher Nielson, Thomas F. Osborne, Rajiv Raman, Kim Ramasamy, Rory Sayres, Jessica Schrouff, Martin Seneviratne, Shannon Sequeira, Harini Suresh, Victor Veitch, Max Vladymyrov, Xuezhi Wang, Kellie Webster, Steve Yadlowsky, Taedong Yun, Xiaohua Zhai, D. Sculley. "Under specification Presents Challenges for Credibility in Modern Machine Learning". Cornell University. 2020. https://arxiv.org/abs/2011.03395v1
28. Kenneth B. Kahn, Editor. "THE PDMA HANDBOOK OF NEW PRODUCT DEVELOPMENT". John Wiley & Sons, Inc. 2012
29. Christopher A. Mattson, Carl D. Sorensen. "*Product Development: Principles and Tools for Creating Desirable and Transferable Designs*". Springer. 2020
30. Kenneth B. Kahn, Editor. "THE PDMA HANDBOOK OF NEW PRODUCT DEVELOPMENT". John Wiley & Sons, Inc. 2012
31. Kenneth B. Kahn, Editor. "THE PDMA HANDBOOK OF NEW PRODUCT DEVELOPMENT". John Wiley & Sons, Inc. 2012
32. Christopher A. Mattson, Carl D. Sorensen. "*Product Development: Principles and Tools for Creating Desirable and Transferable Designs*". Springer. 2020
33. Christopher A. Mattson, Carl D. Sorensen. "*Product Development: Principles and Tools for Creating Desirable and Transferable Designs*". Springer. 2020
34. Kenneth B. Kahn, Editor. "THE PDMA HANDBOOK OF NEW PRODUCT DEVELOPMENT". John Wiley & Sons, Inc. 2012
35. 3M, 「呼吸用保護具に関するソリューション」, 3M Science. Applied to Life, https://www.3mcompany.jp/3M/ja_JP/worker-health-safety-jp/safety-equipment/respiratory-protection-program/, (2020-09-29参照)
36. ACNielsen. "Trade Promotion Practices Study.". *Consumer Insight Magazine*. 2002.
37. Kenneth B.. "The PDMA HANDBOOK OF NEW PRODUCT DEVELOPMENT", John Wiley & Sons, Inc. 2012
38. Kahn, Kenneth B.. "The PDMA HANDBOOK OF NEW PRODUCT DEVELOPMENT", John Wiley & Sons, Inc. 2012
39. Simon, H. A. "Rational choice and the structure of the environment". *Psychological Review*, 63, 129–138. 1956
40. A. Tversky and D. Kahneman. "Judgement under Uncertainty: Heuristics and Biases", *Science*, 185, 1124-1131. 1974
41. 山口雄大『品切れ、過剰在庫を防ぐ技術 実践！ビジネス需要予測』、光文社新書、2018
42. A. Tversky and D. Kahneman, "Judgement under Uncertainty: Heuristics and Biases", *Science*,

参考文献

1. 総務省「日本標準産業分類（平成25年10月改定、平成26年4月1日施行）－分類項目名」https://www.soumu.go.jp/toukei_toukatsu/index/seido/sangyo/02toukatsu01_03000044.html#e (2021-05-30参照)
2. 経済産業省「4 拡大生産者責任（EPR）をめぐる議論と現状」、https://www.meti.go.jp/policy/recycle/main/data/research/pdf/111028-3_jpc_4.pdf (2021-05-30参照)
3. APICS『第16版　サプライチェーンマネジメント辞典　APICSディクショナリー』生産性出版、2020
4. 文部科学省「民間企業の研究活動に関する調査-用語の解説」https://www.mext.go.jp/b_menu/toukei/chousa06/minkan/yougo/1267199.htm (2021-01-04参照)
5. 経済産業省「我が国の産業技術に関する研究開発活動の動向－主要指標と調査データ－」、2018年９月、https://www.meti.go.jp/policy/economy/gijutsu_kakushin/tech_research/aohon2019.pdf (2021-01-04参照)
6. Patrick Gilbert, Natalia Bobadilla, Lise Gastaldi, Martine Le Boulaire and Olga Lelebina. "*Innovation, Research and Development Management, First Edition*". ISTE Ltd and John Wiley & Sons, Inc., 2018
7. Moon, Mark A, "*Demand and Supply Integration: "The Key to World-Class Demand Forecasting, Second Edition*", DEG Press, 2018
8. Ronald S. Burt. "Structural Holes and Good Ideas". *American Journal of Sociology*, Vol. 110, No. 2 (September 2004), pp. 349-399
9. 西山茂『決算書＆ファイナンスの教科書』東洋経済新報社、2019
10. Sheldon, Donald. "*World Class Sales & Operations Planning: A Guide to Successful Implementation and Robust Execution*" J. Ross Publishing. 2006
11. APICS. "CPIM PART1 VERSION6.0" 2016
12. Winters, Peter R. "FORECASTING SALES BY EXPONENTIALLY WEIGHTED MOVING AVERAGES". *Management Science* (pre-1986); Apr 1960; 6, 3; ABI/INFORM Collection pg. 324
13. Winters,1960
14. Robert G. Brown, Richard F. Meyer and D. A. D'Esopo. "The Fundamental Theorem of Exponential Smoothing". *Operations Research*, Vol. 9, No. 5, pp. 673-687. 1961
15. Brownら,1961
16. Robin M Hogarth & Spyros Makridakis. "FORECASTING AND PLANNING: AN EVALUATION". *Management Science* (pre-1986); Feb 1981; 27, 2; ABI/INFORM Collection pg. 115
17. Geman, S., Bienenstock, E. and Doursat, R. "Neural networks and the bias/variance dilemma". *Neural Computation*, 4(1): 1–58. 1992
18. Henry Brighton, Gerd Gigerenzer. "The bias bias". *Journal of Business Research* 68 (2015) 1772–1784.
19. 山口雄大『新版 この１冊ですべてわかる　需要予測の基本』日本実業出版社、2021
20. Moon, Mark A. "*Demand and Supply Integration: The Key to World-Class Demand Forecasting, Second Edition*", DEG Press. 2018
21. APICS. "CPIM PART1 VERSION6.0". APICS. 2018
22. Chase, Charles W. "*Demand - Driven Planning: A Practitioner' s Guide for People, Process, Analytics and Technology*". John Wiley & Sons, Inc. 2016
23. Chaman L. Jain. "The Impact of People and Process on Forecast Error in S&OP". *Research Report 18*. Institute of Business Forecasting & Planning. 2018
24. Chaman L. Jain. "Benchmarking Forecast Errors". Institute of Business Forecasting & Planning,

泉啓介（主に在庫管理、S&OPなどの章を担当）

外資系化学メーカーでSCMを担当。BtoBビジネスにおける工業用製品や建築用製品、ヘルスケア製品など、さまざまなカテゴリーの生産計画立案や需要予測、需給調整などを経験。国内外のグループ会社の生産計画立案業務の標準化とその展開等にも携わった。

ASCMの資格、CPIM（在庫管理や需給調整に関する知識）とCSCP（サプライチェーン全般のマネジメントに関する知識）を取得。同団体認定インストラクター。

サプライチェーン用語を解説するAPICS Dictionaryの翻訳メンバーにも、第14版より参加している。最新版は『ＡＰＩＣＳディクショナリー第16版』（共著・生産性出版, 2020）

小橋重信（主に物流の章を担当）

物流コンサルティングを専門とする株式会社リンクス代表取締役社長。

アパレルメーカーにてMD（マーチャンダイザー）やブランド運営を担当し、上場と倒産を経験。その後、SONY通信サービス事業部にてネットワーク構築の営業や、３PL会社のマーケティング執行役員を経て現職。

IFI（アパレル専門の教育機関）やECzine、ECミカタなどで物流をテーマとした講演を実施。

日本オムニチャネル協会の物流分科会リーダーを務める。

物流倉庫プランナーズのウェブサイトでコラム「攻めの物流、守りの物流」（https://lplanners.jp/blog/kobashi-05/）を連載中。

各部の執筆を担当した実務家

本書がほかの書籍と一線を画すのは、なんといっても執筆陣でしょう。まさに今、現役で異なる業界のメーカービジネスに携わっている４名の実務家が、それぞれの専門分野を担当しつつ、議論を重ねながら執筆しました。

メーカービジネスは複数の専門領域が協働して行われますが、一人がそのすべてについて詳しく知ったうえで、現役のまま執筆することは非常に難しいといえます。さらにそれが複数の業界の詳しい実情を踏まえたものとなると、おそらく無理でしょう。

ここでは４名の執筆者について、簡単に紹介します。

山口雄大（主に需要予測の章を担当）

入出庫、配送などのロジスティクス実務に従事した後、化粧品メーカーで10年以上、需要予測を担当。需要予測システムの設計、需要予測AI（下記参照）の開発などを主導した。

2020年、入山章栄早稲田大学教授の指導の下、「世界標準の経営理論」に依拠した、直感を活用する需要予測モデルを発表（山口,2020）。

ビジネス講座「SCMとマーケティングを結ぶ！　需要予測の基本」（日本ロジスティクスシステム協会）を担当するほか、コンサルティングファームで需要予測のアドバイザリーを務め、さまざまな企業や大学等で需要予測の講演を実施。

著書に『需要予測の基本』（日本実業出版社）や『需要予測の戦略的活用』（日本評論社）、『品切れ、過剰在庫を防ぐ技術』（光文社新書）があり、機関誌にコラム「知の融合で想像する需要予測のイノベーション」（Logistics systems）を連載中。

行本顕（主に生産、調達、リバースロジスティクスの章を担当）

国内大手消費財メーカー勤務。経営企画・財務・法務および海外調達・生産管理を担当。2010年より米国の販売代理店に駐在しS&OPを担当。元銀行員。法学修士。

グローバルSCM標準策定・推進団体であるASCM（Association for Supply Chain Management）の資格保有（CPIM-F, CSCP-F, CLTD-F）。同団体の認定インストラクターとして日本生産性本部や日本ロジスティクスシステム協会などにて「APICS科目レビュー講座」「『超』入門！世界標準のSCMセミナー」「S&OPセミナー」ほか複数のSCM講座を担当している。2020年、『ロジスティクスコンセプト2030』（JILS）を各分野の研究者・実務家と発表。同年よりJILS調査研究委員会委員。2021年よりJILSアドバイザーを兼任。

著書に『基礎から学べる！世界標準のＳＣＭ教本』（共著・日刊工業新聞社）、『ＡＰＩＣＳディクショナリー第16版』（共著・生産性出版）がある。

全図解　メーカーの仕事
――需要予測・商品開発・在庫管理・生産管理・ロジスティクスのしくみ

2021年9月28日　第1刷発行
2022年1月18日　第3刷発行

著　者――山口雄大、行本 顕、泉 啓介、小橋重信
発行所――ダイヤモンド社
〒150-8409　東京都渋谷区神宮前6-12-17
https://www.diamond.co.jp/
電話／03･5778･7233（編集）　03･5778･7240（販売）
装丁――――小口翔平＋加瀬 梓（tobufune）
本文デザイン―布施育哉
図―――――うちきばがんた（G体）
DTP―――桜井 淳
校正―――聚珍社
製作進行――ダイヤモンド・グラフィック社
印刷―――勇進印刷（本文）・加藤文明社（カバー）
製本―――本間製本
編集担当――柴田むつみ

ISBN 978-4-478-11294-6